경계의 **차이** 사이 **틈새**

경계의 차이, 사이, 틈새—성매매 공간의 다면성과 삶의 권리

초판 1쇄 인쇄 _ 2007년 9월 5일
초판 1쇄 발행 _ 2007년 9월 10일

기 획 _ 막달레나공동체 용감한여성연구소
엮은이 _ 김애령

펴낸이 _ 유재건
주 간 _ 김현경
편집장 _ 이재원
책임편집 _ 임유진
편 집 _ 박순기, 주승일, 홍원기, 강혜진, 진승우
마케팅 _ 이경훈, 김하늘
영업관리 _ 노수준
경영지원 _ 인현주
유통지원 _ 고균석

펴낸곳 _ 도서출판 그린비 · 등록번호 제10-425호
주 소 _ 서울시 마포구 동교동 201-18 달리빌딩 2층
전 화 _ 702-2717 · 702-4791
팩 스 _ 703-0272
E-mail _ editor@greenbee.co.kr

책값은 뒤표지에 있습니다.

ISBN 978-89-7682-701-2 03330

성매매 공간의 다면성과 삶의 권리

경계의 차이 사이 틈새

막달레나공동체 용감한여성연구소 기획

김애령 엮음

그린비

| **일러두기** |

1 이 책에는 '성판매자', '성판매 여성', '성을 파는 여성', '성산업 종사 여성', '성매매공간의 여성' 등의 표현이 혼용된다. 우리는 일반적으로 쓰이고 있는 '성매매 여성'이라는 표현은 부적절하다고 생각한다. '성매매'가 '성을 사고파는 일'을 의미하는 이상, '성매매 여성'이라는 조어는 부적합하다. 단, 인용문에서는 원저자가 쓰는 대로 '매매춘', '성매매 여성' 등의 표현이 포함되어 있다.

2 인용된 서지정보는 인용문 뒤 괄호 안에 저자명, 서명, 인용 쪽수 순으로 정리했다. 구체적인 서지사항은 이 책 뒤에 붙인 '참고문헌'에 모두 정리되어 있다.

3 인터뷰 내용을 직접 인용한 경우, 구어체 느낌을 살리기 위해 맞춤법에 맞지 않는 표현도 일부 허용하였다.

4 외국 인명이나 지명, 작품명은 〈국립국어원〉에서 2002년에 펴낸 '외래어 표기법'에 근거하여 표기했다.

5 단행본 · 정기간행물 · 소책자 · 신문 · 자료집 등에는 겹낫표(『 』)를, 영화 · 단편 · 기사 등에는 낫표(「 」)를 사용했다.

머리말

"그 쪽은 입장이 뭔가요?"

여기 묶인 글을 쓴 우리는, 이 질문을 자주 받아왔다. 특히 성매매방지법 시행 이후, 성매매 '문제' 해결을 위한 입장표명과 토론이 이루어지는 많은 자리에서, '피해여성'과 '성노동자' 사이, '금지주의'와 '합법화' 사이에서, 성매매문제에 대한 우리 '입장'의 '모호성'은 한 번도 명확히 정리된 적이 없었다.

"입장 없는 것도 하나의 입장"이라고 변명해 온 우리는 성매매공간의 안팎에서 수년간 활동하고 연구해 왔다. 우리는 그 기간 동안에 있었던 법의 개정, 정책의 변화, 사회적 담론의 수위와 지층의 변동에도 불구하고 성매매공간과 그 안에서의 삶이 참 변하지 않았다고 느끼기도 한다. 그러나 다른 한편 우리는 그 기간 동안 한 번도 같은 물음에 머물렀던 적이 없다.

"왜 그곳에서 벗어나지 못해요?"

우리도 간혹 받는 이 질문, 그것은 이 공간에 접근하고 여성들을 만나기 시작했을 때 우리가 가지고 있던 질문이기도 했다. 그러나 삶과 만나고, 그 삶과 대화하고, 공간 안에서의 관계와 분위기를 알아가면서부터 이 단순한 질문을 던지는 일이 점점 더 어려워진다. 우리에게는 이만큼 이해했다고 생각했던 그 지점을 무너뜨리는, 늘 버거운 새로운 질문들이 시시각각 다가온다. 그것은 삶의 복합성만큼이나 복잡하고 혼란된 질문들이다. 그렇게 우리도 활동가로, 연구사로 그곳에서 벗어나지 못한다. 우리를 벗어나지 못하게 하는 것은 명확한 입장도, 힘찬 의지도 아닌, 그저 새로운 질문의 늪이다. 같은 경험과 현상에 대한 새로운 재해석의 망들, 명명들 사이에서 만족스러운 해결보다 더 많은 혼란이 우리를 붙잡는다.

그러나 그것만은 아니다. 우리가 만난 많은 여성들의 위험하고 용감한 삶의 현실은, 결코 '가부장제로부터의 억압'이라는 구조적 이해만으로는 포착할 수 없을 교란의 지점이기도 했다. 억압과 폭력과 힘겨운 현실에 함께 분노하고, 그럼에도 불구하고 그 현실을 극복하고 살아가는 힘에 감동하고, 함께 힘 키우기에 몰두하면서 우리는 큰 틀이 작은 이야기들과, 구조적 문제가 미묘한 움직임들과 분리될 수 없음을 알게 되었다. 선명한 입장과 정치적 태도가 작은 틀 안에 이 복합성의 일부를 강조하고 많은 다른 지점들을 무화할 때, 이론적 담론의 정당성으로 현실의 다면성이 왜곡되고 재단당할 때, 우리는 우리 스스로가 대상화되고 규정당한 것처럼 당혹스러워 하고 분노하기도 한다. 복잡하게 얽힌 문제에 직면해서 무엇이 우선적으로 해결되어야 하는지를 고민하고 결정하는 일은 반드시 필요하다. 그러나 그 우선적 고려가 결코 성매매공간 전체를 재단하는 '프로크루스테스의 침대'가 될 수는 없다

(그리스 신화의 프로크루스테스는 자기 영지를 지나는 여행자들을 잡아, 자신의 침대에 맞춰 몸을 늘리거나 잘라냈다. 성매매 논의에 있어서 '인권'과 같은 이념적 지표가 이렇게 작동하기도 한다. 한 부분의 작은 구체성이 늘려져 전체가 되기도 하고, 그보다 많은 복합성이 그 틀 안에서 잘려나가기도 한다).

'성매매문제'에 관심을 가진/가질 이들에게 성매매공간이 담고 있는 다면성, 그 공간을 살아가는 사람들의 복합성과 차이를 엿보게 하고, 그럼으로써 그 문제의 지형을 더 잘, 그리고 더 가까이 이해하게 해 보자는 의도로 우리는 이 글을 쓰기로 마음먹었다.

그러나 이 글을 쓰는 과정은 결코 쉽지 않았다. 우리가 이 글을 쓰기 어려웠던 가장 큰 이유는, 우리의 언어가 다시금 그 공간에서 살아가는 여성들을 대상화하는 '권력'이 되지 않을까 하는 두려움 때문이었다. 경험을 본질화하고, 과정으로서의 삶, 아직도 지속되는 모색의 연속성을 뚝 끊어 고정시켜 버리는 것은 아닐까, 무어라 말하는 순간 말하지 못한 많은 지점들이 우리를 머뭇거리게 했다. 그 머뭇거림과 주춤거림, 더듬거림을 넘어서 우리는 우리가 지금 할 수 있는 만큼씩만 우리의 입장을 드러내기로 했다. 그것이 여전히 모호하고 충분히 정치적이지 않다 하더라도 우리가 이해하는 한에서 문제의 지형을 정리해 내놓기로 한 것이다.

이 책은 두 부분으로 나뉜다. 1부에서는 성매매의 사회구조적인 질문의 지형들, 성매매공간의 다층성, 현 성매매 법과 정책에 대한 논의들을, 2부에서는 그 지형의 안팎에서 살아가고 모색하고 노력해 온 여성들, 그 여성들과 함께한 경험들을 모았다.

1부를 시작하는 원미혜의 글은 우리 사회의 편견들을 되짚어가는 과정을 통해 성매매가 우리 사회에 던지는 질문들에 직면한다. 성판매자, 구매자의 성별구조, 위계화된 섹슈얼리티와 권력의 문제, 정상성의 밖에 놓인 당사자의 위치에 이르기까지 성매매를 통해 우리가 사유해야 할 방향들을 되묻고 있다. 이에 이어 백재희는 '인권' 이라는 정의로운 명분이 성판매자들의 경험을 어떻게 구획하고 재현해 왔는지를 성찰한다. 인권의 보호는 일차적으로 경험의 다면성을 이해하는 것에서 출발해야 하며, 그 복합적인 경험을 말할 수 있도록 하는 것에서 시작해야 한다는 단순한 주장을 여러 여성들의 이야기들 속에서 듣는다.

성매매방지법 시행 이후의 변화에 주목하면서 김애령은 '성매매방지법' 이 내포하고 있는 한계를 비판하면서 성매매 문제해결에 법만능주의적 접근의 위험성을 지적한다. 반면, 황정임은 현행 성매매방지법 이후의 확대된 지원 정책에 주목하면서, 현재 시도되고 있는 '탈성매매 자활지원 서비스 체계' 의 가능성과 한계, 개선 방향을 정책적으로 분석한다.

2부는 성판매 경험 여성들과 우리의 만남의 기록들이다. 이것은 우리의 바람과 욕구, 그녀들의 바람과 욕구가 만들어 냈던 오해와 이해의 교차점들에 대한 반성적인 성찰이기도 하다.

이희영은 성판매 경험 여성의 생애 이야기를 통해 그들의 삶의 굴절과 연속성의 의미를 찬찬히 되짚는다. 성매매가 여성들에게 치명적인 경험일 수도 있지만 우리가 생각하는 것만큼 결정적이지 않을 수 있음을, 성매매공간이 치명적인 폭력의 공간일 수도 있지만 사실 가부장제적 억압의 연속적 공간일 수 있음을 생애 이야기에 대한 섬세한 해석을 통해 보여준다. 엄상미는 '동료활동' 교육에 참가했던 성판매 경험 여성들과의 지속적인 상호작용의 역사를 기록하면서, 그 여성들이 스스로의 삶의 주인이 되어가고자 시도하고 노력했던 과정을 생생하게 보여준다. 1부의 황정임의 글이 자활 정책의 방향에 대한 소개라면, 2부의 최정은의 글은 그 정책이 실현되어야 하는 장에서의 다양한 시도들과 좌절의 역사를 기록한다. 때로는 편향된 접근이, 때로는 편견과 욕심이, 때로는 정책의 방향과 현실의 괴리가 그 좌절의 이유였음을 깨닫는 지금, 그 시도는 여전히 현재진행형이다. 마지막으로 김민지와 전유나는 구체적인 건강지원 사례들과 그 당사자들의 이야기를 통해 성판매 여성의 '건강'의 의미, 그것을 둘러싼 사회적 편견에 대해 묻는다. 그리고 그 편견은 어느 정도 우리 자신의 것일 수 있음을 반성한다.

* * *

우리의 욕심이 다면적인 성매매공간의 지형을 입체적으로 드러내는 것에 있었다 할지라도, 여기 묶인 글들이 그 다면성과 복합성을 충분히 포괄하지는 못한다. 단지 우리의 글이 성매매에 대한 주장을 담기보다는 우리의 고민의 과정과 해결하지 못한 물음들을 드러냄으로써 다르게 읽히기를 기대할 뿐이다.

이제 우리는 다시 현장으로 돌아간다. 성매매, 인권, 법, 정책, 자활, 건강과 같은 '규정짓기'도 '경계 그리기'도 어려운 개념들을 미뤄두고, 다시 그곳을 살아가는 여성들의 삶을 기록하고, 그것을 이해하기 위한 시도를 할 것이다. 그리고 그 시도들이 모이면, 우리의 또 다른 과정적인 입장이 한 자리에 모아질지도 모르겠다.

이 글을 쓴 우리들을 한 자리로 모아준 것은 '막달레나공동체 산하 용감한 여성 연구소'의 전신인 '막달레나의집 연구위원회'였다. 연구위원회의 알찬 모임과 현장 연구의 시도들이 '용감한 여성 연구소'의 출발을 가능하게 했고 그 첫 작업이 이 책이다. 이 과정의 축적이 있었다 하더라도 우리가 그린비를 만나지 않았더라면, 이 어려운 과정을 견디지 못했을 것이다. 우리로 하여금, 완성되지는 않은 더듬거리는 목소리나마 모아 내놓을 수 있도록 독려해 준 그린비 김현경 주간에게 감사한다.

이 모든 과정의 구심점이 되어준 막달레나의집 이옥정 대표와 우리와 만나 기꺼이 이야기를 들려주고 우리의 고민을 자극해 준 많은 여성들은 이 책의 드러나지 않은 저자들이다. 그들 모두에게 진심으로 고마움을 전한다.

2007년 8월

글쓴이들을 대표해서

김애령

머리말 5

1부 경계를 묻다

1장 성매매, 경계를 두드리는 소수자의 물음들 _ 원미혜 15

닫혀 있던 질문을 열며 15 | 열린 틈새의 질문들 : 성매매에 대한 파편적 이해와 오해 사이에서 18 | 질문의 방향들 : 타자화된 문제를 넘어서 49

2장 성매매공간의 다면성과 삶의 권리 _ 백재희 51

성매매와 인권을 이슈화할 때 54 | 상자 속의 상자, 그 안의 또 다른 상자 56 | 인권의 구체성과 삶의 권리 66 | 에필로그 : 2007년 나는 무엇을 보는가 73

3장 법은 무엇을 할 수 없는가? : 성매매와 법 _ 김애령 76

물음의 시작 76 | 성매매방지법의 출발 : 여성주의와 법, 그리고 성매매 79 | 원리상의 문제들 91 | 성매매방지법 이후 : 성매매방지법의 목적과 실행 95 | 법은 무엇을 할 수 없는가? 100

4장 탈성매매 여성을 위한 '자활' 지원정책이 걸어온 길, 나아갈 길 _ 황정임 106

정책현장 전면에 등장한 '성매매 피해여성을 위한 자활지원' 109 | 성매매 피해여성을 위한 자활지원정책의 급성장 110 | 성매매 피해여성을 위한 자활지원정책의 한계와 도전 117 | 성매매 피해여성 자활지원정책이 진일보하기 위한 향후 과제 124

2부 경계 사이에 놓인 삶의 실천들

5장 성매매의 체험과 생애 이야기 : 탈성매매 여성의 사례 재구성 _ 이희영 129

들어가는 말 129 | 생애구술 사례의 소개 131 | 나가는 말 181

6장 피해와 생존을 넘어 삶의 한복판에서 : 성판매 여성들의 동료활동 경험을 돌아보며 _ 엄상미 184

동료활동, 그 새로운 시도 185 | 우리의 필드를 찾아서 192 | 몇 가지 질문들 : 다양한 넘나듦으로 197 | 자기로부터의 탈출 201 | 혼자 떠나는 여행 205 | 필드워크하던 여성들, 그 후 209 | '생존가' 혹은 '피해여성'의 정체성을 넘어서며 215

7장 혹시 자활하셨나요? _ 최정은 221

글을 시작하며 221 | 낯선 풍경 속에서 223 | 시도와 좌절의 줄타기 226 | 우리에게 필요한 것은 빵보다 장미 230 | 패러다임의 전환 235 | 누구의 자활인가? 238 | 자활의 끝은 어디인가? 241 | "혹시 자활하셨나요?" 242

8장 성판매 여성의 건강을 고민한다는 것 : 막달레나의집 경험을 중심으로 _ 김민지 · 전유나 247

들어가며 247 | 현재 진행형일 수도 있는 지난 이야기 249 | 변화가 열어준 새로운 시도, 다양한 고민 258 | 자활하기 위한 건강, 혹은 삶의 권리로서의 건강 264 | 나가며 279

참고문헌 281

1

경계를 묻다

.1. 성매매, 경계를 두드리는 소수자의 물음들

원미혜

닫혀 있던 질문을 열며

너 : 너는 왜 '섹스워커'(sex worker)라는 단어를 쓰지 않아?

나 : 고민하고 있어. '섹스워커'라고 말해 버리면 뭔가 규정하는 거 같기도 하고, 가뜩이나 힘든 '여성'들에게 왠지 죄짓는 거 같기도 하구.*

너 : 너는 왜 성매매가 '성별'(gender) 문제라고만 생각해?

나 : 네 입장은 어느 정도 알겠어. 너는 트랜스(성전환자)이고 바이섹슈얼(양성애자)이고 또 자유로운 섹스워커이고 한민족이지만 유럽에서 살고……. 하지만 나는 페

---

* 성을 파는 여성을 지칭하는 용어는 '성매매 여성', '성매매된 여성', '성매매 피해여성', '성매매 생존자', '성노동자'(sex worker), '성산업 종사자' 등 다양하다. 그러나 이 글에서는 '성판매 여성' 또는 '성판매자'(장필화 외, 『성매매 방지를 위한 국외 대안사례 연구』, 여성부 연구용역보고서)라는 용어를 사용하고자 한다. 여기서 '성판매자'라는 용어를 함께 사용하는 것은 대다수의 성판매자가 '여성'이기는 하지만 모든 성판매자가 여성인 것은 아니기 때문이다. 또한 '매춘여성', '성매매 피해여성', '성노동자' 등의 명명은 행위자에 대한 고정된 이미지를 반영·재생산할 수 있기 때문에 '성판매자/여성'이라는 보다 중립적인 용어를 사용하고자 한다. 이렇듯 판매 행위와 구매 행위에 초점을 맞추는 용어를 사용하는 것은 그 행위가 당사자의 생애에서는 일시적일 수도 있다는 것과 성판매자들을 일방적인 사회구조의 피해자나 일탈자가 아닌 다양한 조건에서 움직이는 역동적 존재로 바라보는 관점을 지향하기 때문이다.

미니스트라서 '젠더' 에 관심을 가질 수밖에 없어. 그리고 성을 파는 대다수가 여성인 게 사실이고.

너 : 나도 페미니스트지만, 난 그렇게 생각하지 않아. 페미니스트도 아니고 그 누구도 아닌 섹스워커가 주인공이어야 해.

나 : 그래! 네 입장은 간단하고도 명료하구나. 근데 우리는 뭐가 이렇게 복잡하지? 그게 입장(position)이 없어서일까? 아니면 어떤, 입장의 차이일까?

너 : (서로 홍겹게 성에 대해 이야기하다가) 근데 넌 왜 섹스워커에게 가지 않니?

나 : 나? 어어…… 글쎄…… 여자들은 좀 다르지 않나?…… .

— 2006년 봄, 홍대 근처 카페에서

짐짓, 페미니스트와 섹스워커 운동가의 대답같이 이어지던 우리의 대화는 사적 질문에 다다르자, 테크놀로지컬하게 스위치가 내려졌다. 나는 그의 질문에 적지 않게 당황했다. 그것은 성을 살 수도 있음을 전제하고 있을 뿐만 아니라, 구체적인 '나' 를 향한 질문이었기 때문이다. 게다가 나는 여성이 아니던가?

여러 가지 이유에서, 우리 사회는 '성매매방지법' 을 필두로 새로운 질문과 사실들을 '실체' 로 접하게 되었다. 다양한 경험과 스토리를 가진 사람들이 자신의 존재를 드러내는 '목소리' 의 주인공으로 등장했기 때문이다. 물론 그들의 목소리는 너무나 미약하지만, 동일한 사회구조 속에서 다른 삶을 살아가는, 성매매를 하지 않는 '나/우리' 와 성매매를 하고 있는 '그들' 사이에 존재하는 일방적인 이해와 오해에 도전하고, 소통을 모색하도록 자극한다. 이러한 의미에서 트랜스젠더(성전환자)이자 한국인으로서, 유럽에서 성노동자 권리 운동을 하고 있는 그의 질문은 닫힌 경계를 묻는 '도전' 이 아닐 수 없다. — "당신은 왜 성매매를 하지 않는가?"

그의 질문은, 누대에 걸쳐 존재했을 법한 관습화된 질문의 방향을 바꾸는 것이다. 사실, 성매매를 논할 때 가장 빈번하게 제기되는 물음은 '그들은 왜 성을 파는가' 하는 것이다. 성매매 연구의 대부분이 '실태와 대책'이라는 천편일률적인 타이틀을 달고 있듯이,* 성매매는 특정한 대책이 필요한 문제적, 위기적 상황으로 우리에게 존재한다. 어떤 주제를 특정한 이슈나 프레임으로 가시화시키고 특정한 부분만을 체계적으로 강조하거나 배제 혹은 주변화하는 것은, 무엇이 정상이고 무엇이 비정상인지를 암암리에 규정함으로써 궁극적으로는 체제옹호적인 의미들을 생산해 낼 위험성을 안고 있다.

그나마 성매매방지법은 '성을 파는 여성'에게 초점 맞추어진 비난의 화살을 남성구매자와 가부장제사회에 돌리고, 성매매를 유지함으로써 유지되는 권력과 쾌락을 얻는 자의 이해관계에서 약자의 고통으로, 그 질문과 관심의 초점을 바꾸어 왔다. 그러나 곧이어 성구매자의 행복추구권 주장, 생존권을 위한 집결지 여성들의 시위, 성노동자회 결성 등 이전에 가시화되지 않았던 목소리들이 새롭게 터져나왔다.

한편에서는 '성매매는 인권침해 행위'라 하고, 또 다른 한편에서는 '성매매를 없애는 것은 성노동자의 생존권을 박탈하는 행위'라고 호소한다. 어느 편이든 입장을 드러내는 순간, 사람들로부터 무분별한

---

* 이러한 태도는 연구경향에서도 그대로 드러난다. 1960년대부터 2006년까지 학위논문 총 181편을 볼 때 나타나는 특징은 먼저, 연구주제와 대상의 제한성이다. 성매매와 관련하여 어떤 주제는 빈번하고, 어떤 주제는 부재하다. 외국인 성매매, 성구매자 연구처럼 새로운 변화에 영향을 받기도 하지만 여전히 성판매 여성에 대한 문제(유입동기 및 현황, 통제방법 등)가 압도적인 다수를 차지한다. 연구주제와 연구틀의 편중성은 사회적 관심과 관점을 그대로 반영하는 것이기도 하다. 다양한 연구주제, 새로운 방향의 접근이 부재한 것은 성매매에 대한 다각적인 접근과 상상력을 제한한다.

자유주의자이거나 보수주의자로 낙인찍히기도 한다. 그렇다면 과연 성매매에 찬성하는 것이 진보적일까, 반대하는 것이 더 진보적일까? 관념적인 수준에서라도 '진보적이고 싶은', 아니 적어도 '인권을 위해하지 않고자 노력'하는 우리는, 고민이 깊다.—성매매는 정말 잘못된 행위인가? 성적 자유인가? 노동으로 인정해야 하는가? 성을 파는 여성들의 인권문제에는 어떻게 다가설 수 있을까? 경험을 본질화하지 않으면서 어떻게 주변화된 '경험'에 다가설 수 있을까? 당사자주의만이 우선시되어야 하는가? 등. 이 글은 이러한 질문들에 조심스럽게 다가서고자 한다. 여기에서 제기된 여덟 가지 주제는 성매매문제에 접근하기 위해 생각해 보아야 할 아젠다임과 동시에, 성매매라는 주제가 우리 사회에 던져 주는 성찰적 물음이기도 할 것이다.*

열린 틈새의 질문들 : 성매매에 대한 파편적 이해와 오해 사이에서

1) 이해의 토대 : 성매매는 본질적으로 ○○한가?

많은 사람들이 성매매의 성격을 규정한다.
성매매는 악이다. 성매매는 성욕의 문제이다. 성매매를 없애면 성폭력이 증가한다.
성매매는 본질적으로 없어질 수 없다. 필요악이다. 윤리적으로 올바르지 못하다.
성매매는 인권을 침해하는 행위이다. 인신매매이다. 성 착취이다. 폭력이다. 노예

---

* 이 글은 그동안 필자가 발표한 다음의 원고들을 바탕으로 쓰여졌다. 「성매매 감소와 인권을 위한 모색 : 해외의 경우」, 『황해문화』, 제46호, 2005 ; 「여성 '인권'의 탐색을 위한 '위험한', 그러나 '피할 수 없는' 도전」, 『2005 서울여성영화제 국제포럼 자료집』 ; 「사회적 소수자의 인권 : 성판매 여성의 '인권' 탐색을 위한 시론」, 『한국사회복지학회 2005년 추계학술대회 자료집』.

노동이다. 성매매는 여성문제다. 남성문제다. 성매매는 성적 자유의 문제이다. 성매매는 계급의 문제이다. 노동이다. 노동이 아니다. 성을 파는 여성들은 불쌍하다. 성구매자는 나쁜 사람이다. 성판매자는 성병/에이즈의 주범이다.
이러한 규정은 정말 본질적으로 성매매를 설명하고 있는 것인가?

전통적으로 성매매는 성욕의 문제이거나 남녀의 생물학적 차이로 설명되어 왔다. 문제는 성매매가 성적 욕망이나 욕구와 관련이 없다는 것이 아니라, 생물학적 원인을 통해 성매매와 관련된 모든 문제를 근원화한다는 점에 있다. 이러한 관점들은 성매매문제를 자연화, 본질화하며 행위자 개인의 문제로 취급한다. 반면, 한편에서는 성매매를 사회구조의 문제로 환원하면서 성매매의 속성들을 규정한다. 어떤 이들은 성판매 여성이 빚에 의해 감금되거나 폭행당하는 현실을 들어 '성매매는 여성억압적인 것'으로 본질화한다. 또 어떤 이들은 '스스로 원해서 하는 일'이라고 선택의 자유만을 강조한다. 그러나 각각의 주장을 배반할 만한 사례들은 무궁무진하다. 예를 들어, '성매매는 인권을 위해한다'고 하지만 어떤 조건에서 그것은 다른 것보다 더 나은 선택일 수 있다. '성매매 노동이다'라는 규정에 대해서도 과연 인간이 매매되는 현실을 고려한다면 성매매를 자유로운 선택이라고, 일반적인 노동처럼 취급할 수 있을까라는 반문도 가능하다.

사실, 성매매 개념의 핵심은 '돈을 목적으로 하는 성행위', 상업적 성(commercial sex)이다.** 여기서 거래의 대상은 성적 서비스이다. 그

** 성매매방지법상 성매매의 정의는 "불특정인을 상대로 금품 그 밖의 재산상의 이익을 수수·약속하고 행위를 하거나 그 상대방이 되는 것을 말한다. 가)성교행위, 나)구강·항문 등 신체의 일부 또는 도구를 이용한 유사성교행위"이다.

러나 실제 성적 서비스를 제공하는 성산업은 포르노그라피, 폰섹스, 라이브섹스, 사이버섹스 등 좀더 광범위하다. 성행위라는 것이 '성교' 만을 의미하는 것이 아니라, 하나의 과정으로 존재하기 때문이다. 그렇다면 성매매와 다른 성적 서비스와의 차이는 무엇일까?

먼저, 폰섹스나 포르노그라피 등의 성적 서비스에서는 육체에서 분리된 목소리나 판타지 등이 이용될 뿐, 육체적인 접촉은 존재하지 않는다는 점을 발견할 수 있다. 육체적 접촉은 성매매와 다른 성적 서비스를 구분시키는 일차적인 요소이다. 한편, 성매매는 단란주점, 룸살롱 등 육체적인 접촉이 어느 정도 이루어지는 다른 성적 서비스와도 변별된다. 성매매에서 거래되는 성적 서비스는, 성교·성기 중심의 서비스이기 때문이다. 따라서 좀더 정확하게 말한다면 성매매는 '신체접촉을 통한 성교 중심의 성적 서비스' 를 팔고 사는 행위라 할 수 있다.

'성매매' 라는 개념은 분석적 차원에서는 구분이 가능할지 모르지만, 경험적으로는 명확하게 구별되기 어렵다. 예를 들어 '성매매' 하면 떠올리는 단어의 1위는 '사창가' (성매매집결지)이지만, 실제 돈을 주고 맺는 성적 거래는 다양하다. 단란주점, 노래방, 보도방, 사우나 등에서 이루어지는 '2차' 는 물론이고, 기지촌에서 미군과의 장단기 동거, 현지처, 원조교제, 국제결혼* 등도 있다. 특히 탈업소, 개인형 성매매의 경우 그 구분은 더욱 명확하지 않다. 성매매를 그만둔 여성 A는 현재 공장에 다니면서도 집결지에서 알게 된 단골들과 주기적으로 만나 돈을 받고 성관계를 맺는다. 성을 사는 자와 파는 자가 맺는 관계 역시 업소형태, 관계의 지속성, 매개경로 등에 따라 그 상호작용은 다양하게 구성된다. 싱글 남성인 단골손님과 친구처럼 애인처럼 지내는 관계가 있는가 하면, 성행위만으로 끝나는 단발적인 관계가 있고, 모욕적인 행위를 요구하는 폭력적인 관계도 있다.** 업주와의 관계는 손님과의 관계보다 매우 위계적 · 위압적이고 착취적인 것이 현실이지만, 이 또한 다양한 관계방식이 존재하며, 성매매방지법 이후 그 관계양상이 급변하고 있는 것도 사실이다.

성매매는 특정한 맥락을 떠나서 그 자체로 '착취 · 폭력적'이거나 '해방적 · 자유적'인 속성을 갖는 것은 아니다. 가정에서 부부 간에 이루어지는 성에도 폭력이 개입되면 '성폭력'이 되지만 그것으로 부부간의 성 그 자체를 성폭력으로 규정할 수 없는 것처럼, 성매매도 그 자체로 폭력이 되는 것은 아니다. 현재 성매매를 둘러싼 조건이나 관계들의 모습 일부만으로 성매매 행위를 본질화할 수는 없다. 성매매의 속성은 조건에 따라서 변화될 수 있는 것이다.

또 성매매를 성욕의 문제로 자연화하거나 사회구조의 문제로만 환원하게 되면 개인과 개인, 개인과 구조 사이에 존재하는 세세한 권력에 대한 민감성을 놓치게 된다. 특히 성매매는 성적 행위이자, 경제적 행위이다. 성윤리와 노동의 문제가 결부되어 있다. 성적 행위에 돈이

---

* 최근 이슈가 되고 있는 "베트남 신부, 절대 도망가지 않습니다"라는 국제결혼 알선 현수막은 결혼의 성매매적 성격을 보여줌과 동시에 인종차별과, 사적 영역에서 정당화되어 온 결혼의 폭력성을 극적으로 드러낸다.

** 플라워즈의 연구는 폰섹스 산업을 이용하는 소비자의 유형을 다음과 같이 구분한다. 특정한 성행위에 관한 대화만을 요구하는 '마약밀매자형', 폭력적인 여성혐오증을 가지며 어린이를 성애 대상으로 삼는 '정신병자형', 동일한 교환원에게 지속적으로 결혼하자고 조르는 '순정파형', 교환원의 성적 관심에 질투심을 느끼고 낭만적인 성적 관계를 유지하는 '질투형', 교환원들에게 성적 · 개인적 관심을 불러일으키는 '매력형'. 이러한 구분은 구매자와 서비스 제공자 사이에 존재하는 다양한 상호작용의 가능성을 보여 준다(에이미 플라워즈, 『판타지공장 : 내부자의 시각에서 본 폰섹스 산업』).

매개된 행위의 특징은 '권력관계'가 개입됨을 의미한다. 따라서 성매매의 핵심에 다가서기 위해서는 권력의 문제를 중심에 놓고 생각해 보아야 한다.

성매매에서 작동하는 권력관계는 적어도 세 가지 층위에서 생각해 볼 수 있다. 첫째로, 구매자와 판매자, 업주와 고용인 사이의 권력관계가 있다. 서비스를 구매한 자가 가지는 권력, 고용주가 갖는 권력이 성판매자에게 작동하게 된다. 두번째로, 행위자의 성별에 따라 구조화된 권력관계가 존재한다. 동일한 행위를 여성이 했느냐, 남성이 했느냐에 따라 그 평가가 달라진다. 이러한 성별화된 권력관계는, 왜 대부분의 성판매자가 여성인지를 가늠하게 하는 토대가 될 수 있다. 마지막으로 성매매 행위자와 공적 시선 사이에서 작동하는 권력관계를 생각해 볼 수 있다. 즉 행위에 대한 사회적 평가와 행위자 개인 사이에 발생하는 권력관계가 있다는 것인데, 성매매 행위자에 대한 사회적 낙인이 바로 그것이다.

이러한 권력관계에 대한 민감성이 더욱 필요한 이유는, 권력은 고정된 것이 아니라 상대적이며 역동적으로 움직이기 때문이다. 성구매자 또는 고용주가 성판매자를 일방향적으로 억압한다거나, 사회적 인식이 개인을 피해자로 만든다는 식의 올드 버전으로는 권력의 역학, 내밀한 상호작용, 욕망과 동기, 성산업의 의미 등 현실의 맥락들을 읽어낼 수 없다. 특히, 소수자 안의 또 다른 소수자의 목소리를 놓치지 않기 위해서는 권력에 대한 도식적인 이해에서 벗어날 것이 요청된다.

성매매를 억압적으로 만드는 데에는 다양한 조건들이 존재한다. 중요한 것은 선험적으로 성매매를 규정하는 것이 아니라 성매매를 둘러싼 조건들에 대해 민감성을 발동시키고 이를 개선해 나가는 것이다. 조건의 변화야말로 구체적인 삶의 변화의 시작이기 때문이다.

2) 당신이 여성이라면, 당신이 남성이라면? : 성별화된* 권력구조

만약 어떤 사람이 당신에게 "왜 성을 사지/팔지 않나요?"라고 질문한다면, 당신은 어떻게 대답하게 될까? 여성과 남성이 같은 반응을 보일까? 남성이라면, "너는 왜 성을 팔지 않니?"라는 질문에 어떤 대답을 하게 될까? 여성에게 "너는 왜 성을 사지 않니?"라고 묻는다면 어떤 반응을 보일까? 당신은 어떤 질문에 더 익숙한가? 당신이 여성이라면, 당신이 남성, 또는 제3의 성을 가진 사람이라면 어떤 대답을 하게 될까?

여성과 남성에게 성매매는 동일한 이슈일 수 있을까? 모든 성판매자가 여성은 아닐지라도 대다수가 여성이라는 통계적 사실들은 광범위하게 퍼져 있는 문제의 영역을 보여 준다.

때때로 정형화된 질문의 방향을 바꾸면 잘 드러나지 않던 핵심적인 전제들이 뚜렷이 보이게 된다. "너는 왜 성을 팔지/사지 않니?"라는 질문은 성별에 따라 섹슈얼리티가 작동하는 방식을 보여 준다. 아마도 남성에게 성을 팔지 않는 이유를 묻는 것은 너무 도전적이어서 희화화된 질문으로 받아들이기 십상일 것이다. 그러나 실제 남성의 성판매 행위는, 여성보다 더 크게 비난받는다. 남성이 성을 파는 행위는 여성보

* 성별화된다는 것은 남녀의 차이를 지속적으로 생산하고 재생산하는 과정, 계층, 그리고 구조를 의미한다. 즉 여성들보다 남성들에게 혜택을 주는 사회적으로 구성된 결과, 젠더에 관한 가정들이 생산되는 과정, 이런 가정들에 의해 형성된 제도를 의미한다(박홍주, 「성별화된 노동시장과 여성의 일」).

다 우월한 것이어야 할 '남성성'을 훼손시키기 때문이다. 이성애 관계에서 성을 사는 행위는 남성의 전유물이다. 여기서, 성을 파는 행위와 사는 행위 간의 위계가 있음을 알 수 있다. 이러한 위계는 남성과 여성이라는 성별에 의해 더욱 고착화된다.

반면 여성에게 "왜 성을 사지 않니?"라는 질문은 성희롱이 되기 십상이다. 심지어는 수치심을 자극할 확률이 높다. 그만큼 여성에게 성을 사는 일과 성을 파는 일은 모두 터부시된다. 남성은 성구매 행위에서 어느 정도 자유로운 반면, 여성에게는 큰 비난이 된다. 여성의 성판매 행위 또한 낙인의 대상이 된다.

가부장제사회에서 여성은 '성'에 의해 good과 bad가 결정된다. 순결한 여성(마리아)과 순결하지 않은 여성(창녀)의 이분법적 구분, 그리고 이러한 경계 사이에서 여성은 끊임없이 서로를 의식한다. 조금만 긴장을 늦추었다가는 '헤픈 여성'으로 비난 받기 십상이라, 여성들은 단장을 할 때도 '헤픈 여성'으로 보이지 않기 위해 의식한다. 성을 팔지 않는 여성은 물론, 성산업에 종사하는 여성 역시도 '헤픈 여성'으로 취급되는 것을 두려워하며 노심초사하기도 한다.* 이렇듯 성매매는 단순히 어떤 특정 여성에게만 해당되는 문제가 아니라 모든 여성들의 행동에 제약을 가한다. 여성에게 있어 성매매는 매우 불편하고도 치열한 주제이다.

반면 남성은 성에 의해 good man과 bad man으로 구분되지 않

---

* 여성들 간의 차이와 포지셔닝에 관한 좀더 자세한 논의는 원미혜의 강의 노트(「성판매 여성의 '인권', 어떻게 접근할 것인가?」)를 참조하라.

는다.[**] 남성은 사회적 지위, 능력 등 다른 정체성에 의해 평가되지, 결코 성에 의해 판단되지 않는다. '헤픈 남성'은 오히려 능력 있는 남성상으로 우월시되기도 한다. 남성에게 성구매 행위는 별 문제될 것 없는, 자연스럽기조차 한 것으로 취급되어 왔다. 남성들은 성매매에 대해 좀더 관용적이고 쿨하게 반응하며, 성매매를 권리의 문제로 받아들이는 성향이 강하다.[***] 이러한 의식 저변에는 여성과 남성이 놓인 상이한 사회적 현실이 존재한다. 남성은 여성과는 달리 자신의 성적 매력을 팔아야만 살아남는 세상에 살고 있지 않다. 성희롱의 대상으로 노출되는 현실을 살지도 않으며, 성매매를 한다고 회식에서 왕따를 당하는 일도 없다. 남성은 천지사방에서 다른 남성이 성을 파는 현실을 목도해야 하는 것도 아니다. 성의 상품화로 자신의 몸이 비인격적인 '대상'으로 취급되는 경험을 할 필요도 없다. 성에 대해 수치심을 느끼지 않아도 된다. '남성이 성을 팔지 않아도 되는 사회', 성매매에 대해 불편함을 못 느끼는 사회의 중심에 있는 남성들은 자신의 인식과 경험을 당연한 것, 자연스러운 것으로 받아들이고 그것을 문제 삼지 않는다. 불편함은 언제나 주변인, 소수자의 몫이다.

성매매는 흔히 '여성문제'로 일컬어진다. 그러나 성매매는 '여성'

** 남성은 '성을 사는 남성과 사지 않는 남성' 정도로 구분될 수 있다. 성을 파는 남성은, 있다 해도 거의 예외로 취급된다. '성을 파는 남성'과 '성을 사는 남성' 사이의 연결은 강하지 않다. 여성의 경우와 달리 성을 파는 남성과 팔지 않는 남성은 서로 경쟁하거나 비난받지 않기 위해 안간힘을 쓰지는 않는다. 그들 사이에는 어떤 연속선도 없기 때문이다.

*** 성별, 사는 자, 파는 자의 포지션에 따라 전혀 다른 경험의 역사쓰기가 가능하다. '향락업소', '유흥업소' 등의 용어처럼 성적 서비스는 '사는 자'의 쾌락에 집중되어 정의되어 왔다. 이에 반해 『너희는 봄을 사지만 우리는 겨울을 판다』에서는 책 제목에서 보이듯, 성을 파는 자의 포지션에서 전혀 다른 경험들이 기록되고 쓰여지고 있다.

이 일으키는 '문제'이거나, 문제 있는 특정한 여성에 국한된 문제가 아니다. 성매매의 일차적인 원인은 성의 구매를 가능한 것으로 만드는 '남성중심성'에 있고 여성이 성을 팔 수밖에 없는 '열악한 구조'에 있다. 한편 구매 행위 중심에서 본다면 성매매는 남성들이 일으키는 '남성문제'이기도 하다. 그러나 좀더 정확하게 표현한다면 성매매는 성별화된 문제, 즉 성별에 따른 권력관계의 문제이다.

그것은 먼저 성을 파는 대다수의 사람들이 여성이고 성을 사는 사람 대다수가 남성이라는 사실에 기반한다. 여성은 성별화되어 있는 노동시장에서 주변화되고 있으며, 여타 노동시장으로의 진입이 제한되어 여성의 빈곤화는 지속되고 있다.* 이 사회 안에서 여성이 남성에 비해 가난할 수밖에 없다는 것이 여성이 성을 파는 존재가 되는 가장 일차적인 이유이다. 여기에 덧붙여 여성들은 사회화되는 과정에서부터 성적 존재로 길들여진다. 남성의 성적 존재가 되는 것, 이것은 남성중심사회에서 여성의 생존조건이기조차 하다. 남성권력은 섹슈얼리티를 통해 작동한다.

성매매가 성별화된 주제라는 것은 단순히 성을 팔고 사는 행위자, 그 일을 선택한 당사자들만의 문제에 국한되지 않는다. 이를 문제 삼는 사람들 또한 성별화된 경제사회적 토대 위에 살고 있으며, 성별에 따라 심리적, 경험적으로 상이한 위치에 놓여 있기 때문이다.

우리는 성매매에 대해 이야기할 때 성별에 따라 편이 갈리는 것을

---

* 노동자원으로서의 섹슈얼리티, 성별화된 노동시장과 여성의 빈곤화에 대해서는 문은미(「노동자원으로서의 섹슈얼리티 연구 : 이십대 행사도우미를 중심으로」), 박홍주(「성별화된 노동시장과 여성의 일」)의 연구 등을 참조하라.

쉽게 볼 수 있다. 각종 토론회뿐 아니라, 다정한 연인들도 성매매에 대해 토론하다 보면 청군과 백군으로 갈리고 급기야 싸우기까지 한다. 사실 대다수의 여성에게 성매매는 매우 불편한 주제이며, 쿨하기가 힘들다. 여성들에게 '성매매'는 매우 복잡한 감정을 자극하기 때문이다.

예를 들어 남성들은 성을 팔고 사는 '권리'를 중심으로 말하는 경향을 보이는데, 어떤 문제를 해결하려 할 때 개인 간 '권리'의 문제로부터 사유하는 것이 남성들에게 익숙한 방식이기 때문일 것이다. 반면 여성들은 '권리'중심적 사유에 익숙하지 않을 뿐만 아니라, 성매매를 대할 때면 감성적으로 훨씬 더 복잡해진다. 예를 들어 집결지를 지날 때 여성들은 일단 수치심을 느끼게 된다. 불쌍한 느낌이 들기도, 화가 나기도 한다. 마치 '내'가 전시된 듯한 느낌을 갖게 되기도 한다. 남성들은 그런 감정이입이나 복합적인 감정을 느끼지 못하고, 느끼지 않아도 되는 문화적 조건 속에 살고 있다. 사회생활을 할 때 남성들이 동료여성을 소외시키고 자기들끼리 2차를 가는 문화, 성적 서비스가 뒷거래되어야 돌아가는 정치·경제적 문화, 여성의 몸이 팔릴 수 있다는 문화적 조건은 여성들에게 열악성을 강요하는 토대가 된다. 그렇기 때문에 성매매는 단순히 성판매자만의 문제가 아니라 여성 전체의 문제이며, 성별화된 이슈로 존재하는 것이다.

그러나 우리는 남성과 여성이 매우 다른 심리적·경험적 토대에서 이야기하고 있다는 사실을 종종 놓치곤 한다. 성별화되어 있는 사회에서 성별(gender)은 경험과 인식의 차이를 만드는 중요한 변인이다. 성매매가 남성과 여성에게 다르게 놓여 있는 것이라면 남성과 여성에게 다르게 접근할 수밖에 없을 것이다. 파는 사람과 사는 사람의 문제가 상이한 구조 속에 놓여 있다면, 그 상이한 구조와 경험에 토대하여 문제에 접근해야 함을 의미한다. 여기서 가장 우선적으로 고려해야 할 사항은 과연 누가 구조적으로 불평등한 권력관계에 위치하는가이다.

3) 성매매는 노동이 아닌가? : '노동이다'와 '아니어야 한다'의 큰 차이

집결지에서 한 여성이 손님을 받고 있다. 그녀는 무엇을 하고 있는가? 그녀는 지금 '피해' 당하고 있는가? 아니면 어떤 서비스를 하고 있는가? 당신은 '노동'이 무엇이라 생각하는가? 노동은 언제나 보람된 것인가? 아니면 너무나 고통스럽기만 한 것인가? 성적 서비스를 제공하는 행위가 노동이 아닐 수 있는 근거는 무엇인가?

한 외국인 여성이 감금된 채 3년 동안 성을 팔도록 강요당했다. 업주는 국가로부터 강력한 처벌을 받았고, 외국인 여성은 보호기간을 거쳐 강제출국되었다. 그것으로 끝인가? 3년이라는 시간 동안 그녀가 제공한 성적 서비스는 무엇이며, 그에 상응하는 임금은 어떤 명목으로 받을 수 있을까? 원칙적으로 성매매는 '불법'이므로 그녀의 노동 또한 무효인가? 만약 성판매 여성이 교통사고를 당해 보상을 받아야 한다면, 그녀의 일실(逸失)노동의 보상은 어떻게 가능할까? 그녀는 '무직자'로 처리되어야 할까?

우리 사회에는 성매매가 노동이 될 수 없는 이유와 노동이어야 하는 이유가 공존한다. 한편에서는 성판매자의 열악한 상황을 극복하기 위해 노동자로 인정하고 그 권리를 향상해 주자는 의견이 제기된다. 다른 한편에서는 성매매는 노예노동이며, 그렇기 때문에 인권유린적 행위를 노동으로 인정할 수 없다고 한다. '노동'이라는 명명에는 단순히 그 행위가 돈벌이가 되는지의 여부뿐 아니라, 윤리의 문제가 포함된다. 성매매가 과연 노동인가 아닌가의 여부는 사회적 인정과 승인, 나아가

합법화와도 연동된다. 정치적으로 매우 예민한 사안이 아닐 수 없다.

사실 대부분의 사람들은 성매매가 만일 정상적인 것으로 취급된다면, 이 사회는 얼마나 더 오염될까를 걱정한다. 보수적인 관점에서 성매매가 정상적인 성윤리를 오염시키는 악으로 취급되었다면, 성매매에 반대하는 페미니즘의 입장에서 성매매는 가부장제로 심하게 오염된 영역으로 이해된다. 노선은 다를지라도 이들은 모두 오염물이 확산되지 않도록 하는 목표를 상정한다. 특히 인권의 문제를 우려하는 일부에서는 성매매를 노동으로 인정하게 되면, 성매매에서 발생하는 '인권' 문제나 성별문제들이 정당화될까 염려한다. 이러한 우려는 관념적인 차원에서조차도 그들의 '일'을 부정하는 이유가 된다.

그럼에도 불구하고 자본주의 사회에서 성판매 행위(성교 중심의 성적 서비스)가 '노동'이 아닐 이유를 찾는 것은 생각보다 쉽지 않다. 왜 성을 파는가? 가장 즉각적인 이유는 '경제적 목적' 때문이다. 경제적 목적이 노동을 규정할 수 있는 충분조건은 아닐지라도 성적 서비스를 파는 사람들에게 그것은 '일'이다. 자본주의 사회에서 다른 서비스 노동과 크게 다를 바가 없다. '몸값'이라는 말을 아무런 거리낌없이 사용할 수 있는 스포츠 선수나 연예인의 경우, 그들의 몸이나 몸의 능력의 일부분이 상품이 된다는 사실에 거부감을 갖는 사람은 거의 없다. 시간이 지나도 숙련이 될 수 없고 오히려 가치가 떨어지는 노동, 행사 도우미 등과 같은 성적 요소가 포함된 여성들의 노동, 감정노동으로 혹사당하는 여성노동, 가사노동처럼 비가시화되고 은폐된 여성노동 등 (성교 중심의) 성적 서비스 노동은 비숙련 노동에 집중되어 있는 다른 여성노동과 그 맥을 같이한다.

사실 굳이 성매매만을 문제 삼는 것은 차별적이다. 예를 들어 룸살롱에서 손님 A가 매우 수치스러운 행동을 요구하고, 손님 B는 성매매 집결지에서 성구매를 한다고 했을 때 손님 A는 처벌하지 않고 손님 B만을 처벌하는 것은 정당한가? 인터코스(성기삽입) 여부만으로 어떤 행위를 불법화하는 것은 불공평할 수 있다. 물론 '돈'이 매개된 성적 서비스는 가시적인 권력과 관련되어 있고 폭력에 노출될 확률도 높다. 돈은 흔히 치욕스럽거나 혐오스러운 행위를 보상해 주는 존재로 간주되기 때문이다(에이미 플라워즈, 『판타지공장』, p.31). 그러나 성이 상업화되어 있다고 해서 그 속에서의 권력관계가 반드시 위계적인 것은 아니며 권력관계가 존재한다고 해서 권력이 매번 폭력적이거나 위계적인 방식으로 행사되는 것은 아니다. 즉 권력관계가 존재하는 것 자체가 어떤 행위를 부정할 수 있는 충분한 이유는 되지 못한다는 의미이다.

물론 '일'로서의 성매매가 좋은 일이거나 전망이 있는 노동인 것은 아니다. 그럼에도 33만 명에서 120만 명으로 추정되는 많은 사람들이 그 일을 한다. 어떤 사람은 일시적으로, 어떤 사람은 장기적으로, 어떤 사람은 좀더 좋은 조건에서, 어떤 사람은 더 열악하고 끔찍한 상황에서 말이다. '월수입 300만 원 보장'과 같은 감언이설에 속은 경우도 있지만, 많은 사람들이 그 일이 무엇인지 알고도 그 일을 선택하거나 그 일을 지속한다. 그만두고 싶어도 다른 대안이 없어서 그 일을 계속하는 사람도 있지만, 돈을 모아 다른 일을 하는 사람도 있다. 때론 서비스 노동자로서의 고통, 보람을 느끼는 것도 사실이다.

따라서 그동안 은폐되어 왔던 여성의 성노동을 제대로 평가하고 사회적으로 가시화하자는 의견(고정갑희, 「성매매방지법과 여성주의자들의 방향감각」)에 주목할 필요가 있다. 예컨대 공적 영역에서 소외되고 배제된 여성들의 '가사노동'을 인정하는 것이, 모든 여성을 가정주부로 만들겠다는 의지는 아니지 않은가? 가사노동의 인정이 여성의 공적 영역으로의 진출을 막고 현모양처 이데올로기를 강화시키며 성별분업을 고착시킨다는 우려는, 지나친 도식화이다. 실제 여성이 '전업주부'가 되는 것에는 다양한 요소들이 개입되기 때문이다. 또한 가사노동의 인정은 국가나 임금을 받는 누군가가 주부에게 직접 임금을 지급하는 것을 의미하지 않는다. 가사노동을 사회적으로 '인정'하는 방식은 그와는 다른 의미를 갖는다. 그것은 많은 경우 이혼 시에나 사고 시에 활용된다. 구체적인 상황에 놓인 인권 보호의 장치가 되는 것이다.

마찬가지로, 성매매를 '노동/일'로서 인정하는 것이 그 자체로 합법화를 의미하거나 성매매의 무차별적 정당화를 의미하지 않는다. 가사노동을 노동으로 인정하는 것이 여성을 가사노동자로 고착화하는 것이 아니듯이, 성매매를 일로서 인정하는 것이 많은 여성들을 섹스워커로 만드는 것은 아니다. 이러한 생각은 젠더억압을 섹슈얼리티억압과 동일시하며 성매매를 여성억압의 결과가 아니라 원인으로 파악하는 것에서 오는 오류이다. 성매매를 노동으로 인정하게 되었다고 해서 더 많은 여성들이 성판매를 하거나 더 많은 남성이 성구매를 하게 된다는 사실은 어디에서도 발견되지 않는다. 성매매는 성문화, 성의식, 경제, 사회, 제도, 문화 등의 제반 요소들과 결부되어 있기 때문이다. 성매매는 결혼뿐 아니라 자유연애와 경합한다. 또한 성윤리, 생활방식, 제도, 이주 등 다양한 요소의 영향을 받는다.

젠더억압이 성매매와 같은 섹슈얼리티를 통해 작동한다고 보는

캐슬린 배리(『섹슈얼리티의 매춘화』)의 가장 큰 오류는, 가부장제는 섹슈얼리티뿐 아니라 다른 요소들에 연동하여 작동하고 때로는 각 요소들과 경합하면서 구성된다는 사실을 간과한다는 데에 있다. 그것은 이론과 현실 사이의 간극 같은 것이다. 결혼, 연애관계뿐 아니라 남녀관계에 성매매적 권력구조가 만연해 있다 하더라도, 그러한 성적관계가 현실적으로 존재하는 성매매와 동일시될 수 있는 것은 아니다. 가부장제사회에서 성매매와 결혼은 어떤 연속선상에 있지만, 동시에 서로 다른 위치에 있다. 정실부인과 슈퍼모델과 집결지 성판매 여성과 국제결혼을 한 이주여성은, 설사 동일한 구조를 공유한다고 하더라도 동형의 위치에 존재하지 않는다. 그 안에 존재하는 여성의 현실이 다르고 고통의 내용도 다르기 때문이다.

성적 서비스를 파는 여성과 팔지 않는 여성 간에는 무수한 다른 조건들이 개입되어 있다. 여성의 성이 상업화되고 성적 서비스를 요구받는 시대라고 해서 모든 여성들이 성을 판매하는 여성이 되는 것은 아니다. 남성중심적 사회에서 파생되는 온갖 문제들을 성매매라는 주제를 통해 해결하거나, 결혼제도에서조차 적용되기 어려운 도덕적 '엄격성'을 성매매에 적용시킬 수는 없다. 그런 광범위한 문화적 책임을 특정한 집단, 행위자에게만 묻는 것은 부당하다. 그것은 '차별'이다. 어떤 노동은 위험스럽고, 어떤 노동은 소비적이며, 어떤 노동은 착취적이다. 그것이 위험하고 착취적이라고 해서 성매매의 노동적 속성을 부정할 수는 없다. 중요한 것은 성매매를 매혈 등 신체를 파는 행위와 빗대거나 성매매를 노예노동으로 본질화할 수 없다는 것이다. 성매매와 결부된 조건들은 사회적으로 변화하며 변화 가능한 것이다. 따라서 성매매의 합법화 여부를 떠나서, (성기 중심의) 성적 서비스를 '일'로 이해하는 것은 성매매의 현실에 접근하는 첫걸음이 될 것이다.

4) 성을 파는 사람들의 '인권'이 말해져야 하는 이유 : 주변성에 대한 이해

> 성매매를 노동이 아니라고 할 근거가 없다면, 또 성노동을 주장함으로써 노동권의 보호를 주장할 수 있다면, 왜 많은 성판매 여성들은 스스로 성노동자로 선언하면서 성노동 권리 운동에 참여하지 않을까? 성판매 여성들은 왜 스스로의 권리를 주장하는 집회 장소에서조차 자신을 드러내지 못하고, 권리 주장의 주체로 나서는 것을 저어하는 것일까? 그들이 권리 의식이 없기 때문일까? 아니면 정말 억압적인 상태에 젖어 버려 그런 것일까?

성판매 여성이 스스로 권리의 주체로 나서기 어려운, 스스로도 자신이 하고 있는 일을 '노동'으로 규정하고 권리를 주장하기 어려운 가장 일차적인 이유는 사회적 낙인(stigma)에 있다. 성판매를 하는 여성들에 대한 비난뿐 아니라, 성매매에서 벗어난 여성조차도 '주홍글씨'를 가지고 살아간다. 이러한 낙인은 사회 곳곳에 만연해 있고 미세한 일상에 스며들어 있다. 그들은 자신이 하고 있는 일로 인해 이미 모든 사회적 보호망의 밖으로 밀려난다. 그들은 가장 기본적인 인권과 존엄성조차도 보호 받지 못한다.

사회적 낙인에 의해 자신의 경험을 드러낼 수 없는 조건은 여성의 탈성매매를 어렵게 할 뿐 아니라 업주나 성산업에서의 착취적 관계에서조차 의존성을 높이는 조건으로 작동한다. 또한 자신의 노동을 평가받지 못하며, '성노동자'로 자신의 처우를 개선할 집단적 파워를 행사하는 것도 어렵게 한다.

최근 성매매집결지에서 만난 여성 B(49세)의 경우 탈성매매하여 두 아이를 낳아 기르며 살다가 다시 성매매공간에 돌아왔다. 그는 결혼생활을 하는 십여 년 동안 전직 성판매 여성이었다는 사실에 대한 남편의 욕설과 심한 폭력을 참아야 했다. 그는 이를 견디다 못해 이혼을 했고 심각한 질환과 장애로 인해 직장을 갖는 것이 어려워 다시 집결지에서의 삶을 선택하게 되었다. 그는 결혼생활 동안 누구에게도 자신의 과거를 빌미로 한 남편의 폭력에 대해 말할 수 없었다고 털어 놓는다. 또한 성매매방지법 이후, 집결지 여성들이 시위에서 마스크를 써 얼굴을 가리고 나온다든가, 스스로의 조직이나 사회적 활동을 하기가 매우 어려운 상황인데 이는 일차적으로 우리 사회의 사회적 낙인이 강하기 때문이라 할 수 있다. 사회적 낙인은 그들의 열악한 지위를 단적으로 보여 줄 뿐 아니라, 그 열악한 지위를 강제하는 힘이다.

그들이 처한 주변성의 두번째 이유는 성매매 경험 자체가 가진 열악성이다. 성매매가 이를 경험한 모든 여성에게 동일한 트라우마를 남긴다거나 그 자체로 폭력적인 경험으로 규정될 수 있는 것은 아니지만 구매자의 폭언과 폭력, 착취적인 성산업구조와 열악한 노동조건, 빚에 의한 인신구속과 강제 등은 여성들에게 고통과 인권문제를 지속적으로 발생시키고 있다. 착취적인 성산업의 노동조건은 다른 노동자 집단과 비교해서 성판매 여성들이 열세에 있음을 의미하며, 그것을 강제하는 구조를 개선하기 위해서는 정서적·육체적·법적 지원이 필요하다.

마지막으로 성매매를 선택, 유지하게 했던 개인적 조건의 열악함과 그 조건을 만드는 사회적 구조가 그들이 처한 주변성의 이유가 된다. 남성중심적 사회에서 자신의 섹슈얼리티를 팔아야 살아갈 수 있는 구조적 열악성에 많은 여성들이 노출되어 있지만, 특히 성판매를 하게 된 대부분의 여성들은 다른 대안을 찾기 어려울 정도로 경험적 자원이나 물적 자원이 일천하며, 계급적으로나 문화적으로 소외된 집단이라 할 수 있다. 이러한 사회적 주변인, '소수자'로서의 열악성은 사회적 지원을 요청한다.

5) 주변화의 이유는 무엇인가? : 보수적 성도덕의 위계질서

> 그렇다면 성판매 여성들이 그렇게 열악한 조건에 처하는 이유는 무엇일까? 그들에게 그렇게 벗을 수 없는 낙인이 찍히는 이유는? 스스로 그것을 극복하기 어렵게 하는 것은 무엇인가? 그들은 왜 열악한 주변부에서 기본적인 인권조차 보호 받지 못하고, 그렇다 하더라도 나서서 권리 주장을 하기도 어려운 것일까?

한 연구에 따르면,* 일반인들의 소수자에 대한 사회적 거리감을 측정한 결과, 대인 간 신체적 거리감에서 가장 멀게 지각된 집단이 약물중독자에 이어 '성판매 여성'으로 나타났다. 전과자보다도 성판매 여성에 대한 사회적 거리감이 더 멀게 나타난 것은 우리 사회에서 이들에 대해 가지는 사회적 편견이 매우 강하다는 것을 보여 준다.

성매매를 말할 때면 성윤리가 거론된다. 우리 머릿속에 있는 성에 관한 의식을 논하지 않고서는 성매매를 다룰 수 없기 때문이다. 대부분

---

* 송관재 외(「사회적 오점 보유자들에 대한 편견과 차별 및 자존감에 관한 연구 : 지체장애인 및 윤락녀를 중심으로」) 연구는 남녀 총 1,815명을 대상으로 지체장애인, 비만인, 이혼녀, 불임여성, 정신지체인, 약물중독자, 작은키, 이혼녀, 시청각장애인, 전과자 무의탁노인, 고아, 윤락녀 12개의 집단('오점 보유자 집단'이라는 용어로)에 대한 사회적 거리감을 조사하였다.

의 사람들에게 성매매는 '나쁜 성'(bad sex)으로 존재한다. 성매매를 반대하는 입장이 아니더라도 성매매를 전적으로 올바른 것으로 인식하는 경우는 드물다. 우리 사회에서 '좋은 성'(good sex)은 목적을 위한 수단이 되어서는 안 된다. 소위 '정상적인' 관계에서 성행위는 관계의 지속성, 전인격성 등을 전제하고 기대한다. 성은 이성애 관계에서, 재생산을 위해, 일부일처제의 가정 내에서, 지속적이며 정서적인 관계 등을 전제로 할 때 '좋은'(good)것이 된다. 다른 세대와의 성, 난교, 기구 사용, 포르노그라피, 생식과 무관한 성, 혼외 관계의 성, 일시적인 관계, 가학적/피학적 성관계 등은 '나쁜 성'으로 간주된다(Gayle Rubin, "Thinking Sex : Notes for a Radical Theory of the Politics of Sexuality").

성매매의 경우, 가정 밖에서 이루어지는 일시적 관계라는 점에서 전통적인 성윤리를 위반한다. '전인격적인 성'과도 거리가 있어 보인다. 성매매는 일회적이며 파편적인 관계를 전제하며 익명적 관계를 전제로 하기 때문이다.* 또한 '상업적 성'인 성매매에는 성인 간의 이성애뿐 아니라 동성애, 서로 다른 세대 간의 성관계('원조교제' 등), 사도-마조히즘적 행위 등 다양한 성적 관계와 행위가 포함될 수 있다.

이렇듯 성관계에 대한 의식 안에는 좋은 성과 나쁜 성을 구분하는 성적 위계구조(sexual hierachy) 질서가 작용하며, 그러한 성규범들은 우리의 일상을 강제하고 지배한다. 예를 들어 이성애가 중심이 되는 사

* 익명성은 도시적 특징이기도 하고 책임지지 않아도 되는 편안하고 나이브한 관계를 보장하기도 한다. 공식적으로 성매매가 비난받는 현실에서, 익명성은 사회적 자아의 보호벽이기도 하다. 그러나 익명적인 관계는 거래 당사자를 폭력적 상황에 노출시키게 될 확률을 높인다. 특히 성산업 종사자들은 지역 '이동'이 많은데 이는 자신의 아는 관계, 지지세력의 부재를 의미하며, 상황에 대한 통제권이 약할 수밖에 없음을 드러낸다.

회에서 동성애는 주변화된다. 성(sexuality)의 억압이 존재하는 것이다. 이성애중심사회에서 동성애는 지배적·중심적·다수적 가치를 위협하고 그것에 저항한다.

그렇다면 성적 위계질서 안에서 차별받는 성매매는 어떠한가? 그렇다면 모든 성적 행위들은 단지 상대적일 뿐, 본질적 가치는 없는가? 우리는 성이 상품화 되는 현상에 어떤 입장을 취할 것인가?

사실, '상품화된 성' 을 인정하는 것은 그다 쉽지 않은 일이다.** 우리의 정서로는, 다른 상품과 마찬가지로 성이 하나의 기성제품으로 존재한다는 사실에 거부감을 가질 수 있다. '상품' 은 공적 영역에, 성은 사적 영역에 속하는 것으로 취급되어 왔기 때문이다. 사적 경계 안에 있는 성은 상호작용, 친밀함의 일부이기도 하며, 개체성과 유일무이한 관계의 고유성이 강조되는 영역 안에 존재한다. 반면, 공적 영역에 존재하는 상업적 성은 정형화된 상품으로 존재한다. 공적인 영역에서의 성은 익명적이고 몰개체적이며, 기계적이기조차 하다. 공들인 관계에서나 얻을 수 있는 욕망과 친밀함은 기성제품처럼 마련된 프로세스를 따라 작동되고 연기되며 배출된다. 여기서 성판매자는 다른 서비스 노동이 그러하듯이 '가면' 을 쓰고 일하며, '자아' 와 일을 분리한다. 이러한 관계들은 종종 '거짓' 과 기만으로 읽히기도 한다.***

** 여기에는 인격을 담고 있는 몸을 욕망의 대상으로 동일시하는 문제, 여성이란 존재를 '성적 대상' 으로 취급하는 시선, 몸을 규격화하고 아름다움을 재단하는 문화적 강요 등의 문제들이 제기될 수 있다.

*** 종종 여성들은 일을 하는 동안의 자신은 '그곳에 없다' 고 생각한다. 일할 때 손님들이 자신을 대하는 태도에 훼손되지 않고 진정한 자아를 보호하기 위한 자구책의 하나이다(캐슬린 배리, 에이미 플라워즈 연구 참조).

과연 그러한 성행위가 바람직한가를 되물을 수도 있다. 그러나 익명적 관계, 혼외관계들이 지속적인 관계보다 더 많은 성적 판타지와 욕망을 실험하게 될지도 모른다. 인터넷에서 익명이나 가명으로 사람들과 만나 관계를 맺듯이 익명성이 강한 성매매는 만남의 한 조류이기조차 하다. 성에 대한 엄정한 도덕적 판단을 유보하고 본다면, 어떤 사람들에게 이것은 관계의 방식, 욕망의 해소방식이기도 하다. 몸에 그다지 좋지 않는 인스턴트 식품이 우리의 허기진 배를 채워 주듯이 말이다.

6) 성매매는 기존의 질서에 저항하는가? : 성해방 ≠ 여성해방

> '좋은 성'과 '나쁜 성'을 가르는 성도덕의 지배적 위계질서 내에서 성매매를 위반적인 것으로 볼 수 있지 않을까? 당신이 성매매를 한다면, 당신은 비난받아 마땅한가, 아니면 억압적인 성도덕에 도전하는 주체인가? 당신은 지배적인 중심의 가치에 저항하는 소수자인가? 만약 남성이 성을 구매했다면 소수자일까? 만약 남성이 성을 파는 일을 하고 있다면 그는 소수자일까? 성을 구매하는 여성은? 성을 파는 여성은 어떤가? 당신이 어떤 조건에서 계속 성을 판매하는 일을 하게 된다면 당신의 인권은 어떤 의미에서 더 고려되어야 하는가?

성판매 여성은 '정상적인' 성윤리에 의해 차별받아 왔다. 이러한 점에서 보자면 성매매 당사자들은 동성애자와 마찬가지로 '성적 소수자'(sexual minority)라고 할 수 있다. 두 집단 모두 섹슈얼리티억압에 근거한 사회적 차별과 주변적 위치를 공유하기 때문이다. 그럼에도 불구하고 성매매는 동성애와는 다른 지위를 갖는데, 그 차이를 고려하는 것은 우리 사회에 존재하는 성매매의 지형을 이해하고 구체적인 인권의 내용에 접근하는 데 도움이 될 것이다.

먼저, '소수자' 개념은 다수자와 소수자 사이에 존재하는 권력관계에 중심을 둔 개념이라 할 수 있다.* 우리 사회가 소수자의 권리와 인권이 다원적으로 인정되는 공동체를 꿈꾼다면,** 좀더 전략적 차원에서 소수자의 인권과 권리가 어떻게 옹호될 수 있는지 소수자가 가진 소수성과 그 포지션이 의미화되어야 할 것이다. 소수성의 가능성을 옹호하는 들뢰즈와 가타리에 따르면, 다수성(majorité)은 척도와 규범, 혹은 모델의 형식으로 현재적인 상태를 유지하는 권력이라고 할 수 있다. 반면 소수성(minorité)은 새로운 변이와 생성을 통해 그 척도와 규범을 변형시키는 잠재적 변이능력이다(이진경, 『노마디즘』). 이러한 소수성은 지배적 가치와 차별을 깨는 중요한 원동력이며, 최근 '소수자 운동'

---

* 먼저, 소수자의 문제는 수의 문제가 아니다. 남아프리카 공화국에서는 백인이 10%도 안 되지만 정치력, 경제력, 군사력에서 다수 흑인을 압도하기 때문에 백인은 소수자라 할 수 없다(한인섭, 「왜 소수자 약자의 인권인가?」, p.21). 또한 남성은 다수자이고 여성은 소수자라고 할 수 있는데, 이는 남성이 여성보다 수가 많기 때문은 아니다. 남성중심성, 백인중심성, 내국인중심성 등 소수자와 다수자의 구분은 척도와 중심, 표준이 되는 지배적인 영향력에 근거한다고 할 수 있다. 그러나 용어 사용에 있어서, '소수'(minority)라는 단어가 반드시 수적 개념은 아닐지라도 수적 '열세'를 암시하므로 그 오해를 피하기 위해 주변인("the marginalized")이란 단어로 바꾸어 사용하기도 한다(김지혜, 「몸, 자기치유 워크샵」). 반면 고병권은 주변화(marginalization)와 대비해서 소수화(minoritization)라는 용어 사용을 제안한다(고병권, 「우리는 모두 소수자이다 : 박경석과 고병권의 대담」). 그에 따르면 '소수성이란 지배적 척도로부터의 탈주' 혹은 '지배적 척도와의 거리'이다. 들뢰즈와 가타리 이론에 기반해 보면, 주변화가 척도에 의한 부차화를 가리킨다면 소수화는 척도로부터의 탈주를 가리킨다. 주변인으로서의 대상이 지배적 척도에 의해 인정받기를 꿈꾼다면, 소수자로서의 대중은 척도로부터 탈주하는 상이한 의미를 갖기 때문이다.

** 한인섭은 소수자, 약자는 단일가치로 몰아가는 경직된 일방향성에서 얻기 어려운 문화적 다양성, 풍부성을 제공하고 전체사회의 깊이와 포용력을 더해줄 것이라고 전망한다(한인섭, 「왜 소수자 약자의 인권인가?」, p.51). 그는 기존 질서는 인권의 도전 앞에 자신의 변화를 강요당하며, 새로운 인권의 도전을 수용할 수 있도록 변화되어야 한다고 주장한다. 그럼으로써 기존 질서는 보다 풍부하고 다양한 사고, 관심, 이익을 포용하는 방향으로 변화할 것이며, 그것이 전체 구성원을 위한 사회발전이기도 하다는 점을 강조한다. 한국 사회의 질을 바꾸고 문화적 다양성을 수용할 수 있는 방식으로의 변화는 결국 소수자의 권리문제를 본격적으로 제기함으로써 가능해진다는 것이다(한인섭, 같은 글, p.22).

에서는 다수성과는 대별되는 소수성의 의미가 당사자 운동의 핵심 개념이 되고 있으며, 성매매에 있어서도 '보수적인 성윤리'에 도전한다는 의미에서 '성노동자'(sex worker) 권리 운동을 촉발하는 배경이 되고 있다.

이런 점에서 볼 때, 일부일처제라는 '중심적' 가치의 성적 위계 속에서 '나쁜 성'(bad sex)로 취급되는 성매매의 지위는, 지배적 성적 질서 밖에 존재한다는 점에서 저항성을 갖는다. 여기서 성매매 행위자는 동성애자와 마찬가지로 '성적 소수자'라고 말할 수 있다.

그러나 동시에 성매매는 기존의 남성중심적 다수성을 유지하는 제도이기도 하다. 여기서 성매매 행위가 가진 소수성의 의미는 상실된다. 우리 사회에서 공식적으로는 성매매를 나쁜 것으로 취급하지만 비공식적 남성문화 안에서의 성구매 행위는 지극히 '정상적인' 것이다. 물론 이 성매매라는 장치 속에서 여성과 남성은 각기 다른 대우를 받아왔다. 그러나 성도덕의 차원에서 비난받고 낙인찍히는 성판매 여성의 현실적 존재기반은 역설적이게도 지배적인 남성중심적 가치와 제도의 실천에 있다. 성구매 행위는 남성중심적인 기존 질서의 위협이 아니라 그것을 온존시키는 장치로 작동한다. 따라서 성판매자는 공식적이고 지배적인 성도덕에서 볼 때 주변적인 존재이지만, 결과적으로 가부장제 질서가 유지되는 것에 협력하는 존재라는 점에서는 결코 저항적이라고만 볼 수 없다. 남성적인 지배질서의 관점에서 볼 때, 그들의 정체성은 결코 '전복적 소수자'의 위치에 놓이지 않는다.

'성매매'라는 성적 실천이 단순히 '바람직하지 않기 때문'에 전복적 소수자로서의 의미가 퇴색되는 것이 아니라, 성매매가 그동안 굳건

하게 유지되어 왔던 남성중심의 권력관계를 공고히 하는 데 기여하기 때문에 소수성을 갖지 못하는 것이다. 따라서 소수자로서 받게 되는 차별을 없애기 위해서 성매매 그 자체가 무차별적으로 옹호될 수는 없는 것이며, 성매매에 대한 옹호가 성판매 여성에 대한 차별의 철폐를 가져다 줄 수도 없을 것이다. 게다가 성매매를 옹호하는 것은 성판매 여성에 대한 차별을 철폐하기 위한 것이라기보다는 일차적으로 남성중심적인 가치를 유지하기 위한 것이 될 가능성이 현저하다.

또한 성판매자들의 성적 소수자라는 상황을 극대화할 경우, 그래서 성도덕만이 그들을 주변화하는 원인인 것처럼 확대될 경우, 성판매자들을 존재하게 하는 중첩된 사회구조적인 요인들(여성에게 불리한 노동시장, 남성중심의 성문화, 성산업의 착취구조 등)이 비가시화될 수 있으며, 여성이 성매매를 선택하고 유지할 수밖에 없도록 만드는 가부장적 자본주의의 구조 또한 간과될 수 있다. 성판매 여성이 성산업으로 유입되는 구조적 동기에는 '빈곤의 여성화'와 '섹슈얼리티의 매춘화'* 라는 남성중심적 실천이 전제되어 있다. 섹슈얼리티억압은 성판매 여성에 대한 사회적 낙인에만 그 원인이 있는 것이 아니라, 성매매를 가능하게 하는 모든 지배적 가치와 사회구조와 공존한다. 즉 사회적 낙인은 도덕적 비난의 결과인 것만이 아니며, 여성을 남성의 이해에 의해 점유되는 존재로 만드는 지배적 가치가 오히려 사회적 낙인을 생산하

* 급진적 여성주의자인 배리에 따르면, 성매매는 사회·정치적으로 여성을 주변화하는 유해한 가부장적 신념과 가치를 집약하고 실행하는 조직화된 제도이다. 가부장제 사회에서 사랑, 결혼, 노동 영역에서 요구되는 여성의 섹슈얼리티는 성매매는 크게 다르지 않다. 이것이 곧 '섹슈얼리티의 매춘화'이다(캐슬린 배리, 『섹슈얼리티의 매춘화』).

는 일차적인 원인인 것이다.

성판매자의 주변적 위치에서 갖게 되는 성도덕에 대한 전복성은 일부 요소로 존재할 뿐이다. 성판매자가 억압으로부터 해방되는 것은 성매매의 '정상화'를 통해 성적 위계를 전복함으로써 쟁취되는 것이 아니라, 성매매를 강제하는 정상성과 지배성에 저항함으로써 성취될 수 있다. 성매매로부터 벗어나지 못하도록 하는 억압적 구조에 도전하는 것이 지배가치에 대한 도전, 기존 질서의 전복을 의미할 수 있으며, 성판매자의 인권, 피해자로서 보호받을 권리를 강조하는 것 역시, 기존 질서에 저항적인 소수자 운동이 될 수 있다.

7) '고통 받는 타자'에 대한 동정심만으로 충분한가? : 당사자성의 문제

얼마 전 소설 「늙은 창녀의 노래」가 연극무대에 다시 올랐다. 10년 전 무대에서와 마찬가지로, '늙은 창녀'는 강간당하고 폭행당하고 버림당한 삶을 통해, 마지막에는 구원자로서 그 모든 것을 품으려 한다. 늙은 창녀건 젊은 창녀건 수많은 소설과 미디어에서 창녀는, 남성을 타락시키는 악녀이거나 반대로 좌절된 남성성과 동일시된 불쌍한 '대상'이다. 그들에게는 의리있는 이웃도, 죽고 못 사는 친구나 동료도 없다. 이런 판타지들과 내가 만나 온 여성들의 가장 큰 차이는, 여성들에게 성매매 공간은 각자 삶의 역사와 관계들이 교차하는 일상적 삶의 공간으로 존재한다는 사실이다.

우리가 성매매를 사유할 때 가장 우선적으로 고려해야 할 대상은 구조적으로 가장 열악한 집단인 성을 파는 사람들이다. 그렇다면 그들에 대한 이해는 어떻게 가능한가? 그들이 처한 주변성/열악함을 이해하고, 그들을 '도움을 필요로 하는 존재'로 이해하면 되는 것일까, 아니면 당사자 스스로의 활동과 입장만이 중요한 것일까?

이제까지 성판매 여성들은 극단적으로 형상화된 담론 안에 존재한다. 유혹자, 폭력의 희생자 또는 노동하는 주체(성노동자, sex worker)로 이야기되고 구획된 규정들은 성판매 여성을 특정한 표식에 가두어 왔다. 특히 '헤픈 여성들이 성매매를 자발적으로 선택한다'는 지배적인 인식은 성매매를 옹호하고 성판매 여성을 비난하거나 성산업에의 폭력과 착취의 문제를 외면하는 논리로 사용되어 왔다. 이렇듯 성판매자에 대한 사회적 비난이 쏟아지는 상황에서, 여성은 가난한 가족의 희생자이거나 성폭력, 인신매매와 감금, 착취의 피해자가 되어야만 그나마 그 비난을 면할 수 있었다.*

특히 2000년대에 들어 본격화된 '인권'의 목소리는 성을 파는 여성들이 당하는 고통, 성산업에서의 억압과 착취에 대한 사회적 책임감을 고무시키고 성매매 근절론을 주창하는 근거가 되어 왔다. 그러나 성매매방지법 이후, 집결지 성판매 여성들의 시위와 노동권 주장은 그 동안 피해자 중심의 논리로 현직에서 일하는 당사자의 의견이 누락된 채 '대변'되어 온 역사를 반증하는 것이기도 하다. 이러한 사건은 이제까지 성판매 여성의 '인권'에 대해 누가, 무엇을 말하는가를 되묻게 했다. '헤픈 여자'에 대한 이미지뿐 아니라, '피해' 경험의 강조도, 많은 경우 목소리를 '대변'하고자 하는 이들이 자신의 논리를 정당화하기 위한

---

* 성판매 여성에 대한 도덕적 비난만큼이나 '희생자'로서의 표상은, 자신의 관심과 이해에 부합하는 관점을 정당화하기 위한 수단이 되어 왔다. 예를 들어 '양갈보'라는 비난에는 단순히 '헤픈 여성'이라는 성도덕적 비난뿐만 아니라, '외국 남성'에게 몸을 판다는 민족주의적 비난이 공존한다. 이러한 비난에 반대하여, 기지촌 여성을 미군에게 희생되는 '불쌍한 누이'로 표현하는 민족주의 진영의 담론은 '자국 여성의 순결을 지키지 못한' 남성의 자존심을 자극하고 고무시킨다.

사례나 증거로 차용해 왔다.*

당사자가 아닌 누군가가 대신해 주는 대리주의의 심각한 문제는, 개인의 선택이나 자유의지를 부정할 뿐 아니라 당사자들을 주체적 의지나 사유를 갖는 존재로 상정하지 않는다는 것이다. 사실 1961년 윤락행위등방지법 이래로 '성판매 여성'은, 한국 여성복지 정책의 중요한 대상으로 존재해 왔다. 여기서 여성들은 '요보호자'로서 성산업으로부터 구출되어 재활/자활시켜야 할 대상으로 취급되어 왔다. 특히, 최근에는 여성의 성산업 경험이 전쟁에 가까운 트라우마를 남긴다는 식의 연구를 비롯하여, 성산업 경험이 여성에게 얼마나 치명적인지를 강조하는 담론들은, (좋은 의도에도 불구하고) 성판매 경험 여성들을 문제를 가진 치료의 대상으로 전락시킨다.

도덕적 비난이 난무하는 현실에서, 이제까지 성판매자들은 말할 수 없는 조건에 있었다. 그렇다면 이제, 당사자의 경험, 당사자의 권리가 가장 우선시 되어야 하는 것일까? 사실, 성매매방지법의 제정을 전후로 해서 당사자의 '고통'에 대한 목소리가 가시화되고, 그 어느 때보다도 당사자의 목소리의 중요성이 부각되었다. 그러나 이렇듯 당사자의 입장만을 고수하는 것은 자신의 체험을 특권화하는 태도라고 할 수 있다. 특히, "성매매에서의 고통은 겪어 본 사람이 아니면 모른다(그래

---

* 우리 사회에서 '인권'은 진보적인 가치이며 규범으로 간주되기도 한다. 그러나 '인권'은 경합하는 개념이며 논쟁적인 개념일 수밖에 없는데, 인권 개념은 너무나 포괄적이어서 실제 '누가', '어떤' 인권을 문제 삼는가에 따라 전혀 다른 내용을 담기 때문이다. 따라서 "인권은 추상적인 도덕적 범주에 기초하는 것이 아니라, 구체적인 사회적 투쟁의 결과이고 국지적인 한 장소와 규범적 질서 속에 존재하지만 그것을 넘는 권력과의 의미의 연계망과 접합되는 것"(김은실, 『일상의 억압과 소수자의 인권』, p.130)으로 이해되기도 한다.

서 반대/근절해야 한다)"거나 "가난한 여성의 고통을 중산층은 알지 못한다(가난한 여성들의 생계보장을 위해서 성매매를 합법화해야 한다)"는 식으로, 그 내용이 상반되었을 때 당사자성만으로는 주장의 입지를 세우기 어렵다.—이럴 때 외부자는 어떤 증언을 믿어야 하는가? 각자의 고통은 당해 보지 않은 사람은 모른다는 식의 태도는 고통의 체험을 특권화하는 것으로, 외부와의 연대를 불가능하게 만든다.** 극단적인 당사자주의는 '성판매자'와 '정상인'의 경계를 대립적인 구조로 고정화한다.

당사자성이 성판매자의 인권과 더 나은 미래를 보장해 줄 수 있는 것은 아니다. '성매매의 문제는 섹스워커가 결정해야 한다'는 식의 주장은 당사자를 주체로 만들지만, 스스로를 고립적 주체로 만들게 될 우려가 있다. 특히 성산업에서의 중간착취자로부터 자유로울 수 없는 성노동자의 조건도 고려되어야 한다. 따라서 어떤 진보적 지향이 없다면 당사자성의 강조는 권력화되고 악질적으로 변할 위험성을 가지고 있다. 고통받는 타자에 대한 동정심, 감정이입, 공감 등은 필요한 덕목들이다. 그러나 당자자에 대한 민감성이 없다면 그것은 자기기만일 수 있다. 사실, 사회적 지원이나 당사자 운동은 서로 대립적인 것이 아니다. 성산업에서 벗어나고자 하는 사람들에게 도움을 주고, 성판매자 스스로의 긍정성을 높여 주는 당사자 운동은 반드시 필요하다.***

** 이러한 입장은 '소수자의 역사는 어떻게 가능한가?'라는 문제를 추적한 이진경의 「소수자와 반역사적 돌발」과 고병권의 「우리는 모두 소수자이다」 대담 내용을 참고함.

*** 성판매 여성 '스스로' 어떻게 당면하는 문제들로부터 건강과 안전을 지키는가에 대한 노하우, 공동체 문화에 대한 이해와 연구 또한 필요하다.

8) 소수자의 관점

> 인권은 보편적인 것이 아니라 모든 개인들에게 보장되어야 할 권리, 보편적 개념의 '인권'이 아니라 '소수자/주변인'이라는 특정한 포지션에서 출발해야 한다. 물론 성판매 여성의 인권문제에 접근함에 있어, 당사자 여성들의 목소리만이 유일하게 중요하다는 전제도 위험하다.* 성판매자의 경험과 목소리를 경청하고 소수자로서 차별받지 않는 조건을 만들어 내는 것은, 인권의 구체적이며 다양한 내용에 접근하기 위한 가장 중요한 출발점일 것이다. 그렇다면 성판매 여성의 주체성을 부정하지 않으면서 그들의 열악한 인권을 사회적 차원에서 돌보는 것은 어떻게 가능한가?

이러한 문제에 접근하기 위해 가장 먼저 짚고 넘어가야 할 것은, 이제까지 담론이 성판매 여성의 '경험'을 고정적인 것으로만 이해해 왔다는 사실이다. 성판매 여성의 경험의 가시화는 정치적 의미를 갖지만, 동시에 그 경험을 본질화하는 위험을 갖는다.

여성의 삶의 현장이 다양하듯, 성산업에서 여성이 놓인 구체적인 조건과 경험은 상이하다. 성판매 경험이 여성들에게 단일한 경험이나 정체성으로 환원될 수 있는 것도 아니다. 그들을 하나의 본질적인 경험

---

* 스피박의 지적대로 "하위주체들에게 시혜적으로 주체성을 부여하면서 그들 스스로 말하게 하자는 지식인의 논리는 젠더화된 하위주체를 점점 더 비가시화하고 더 착취하는 구도를 강화하는" 함정이 있다(태혜숙, 『한국의 탈식민 페미니즘과 지식생산』, p.93에서 재인용). 하위주체로 존재하는 성판매 여성들은 지배적인 담론에 포섭되지 않는 절대적인 타자로 존재하지 않으며, 지배적인 헤게모니 안에 머물 수밖에 없기 때문에, 여성들만의 순수하고 '진정한' 목소리에 대한 기대는 오히려 대화를 방해할 수 있다. 그러나 여성들이 말할 수 없었던 조건에 대한 고려가, 그녀들을 말하고 있지 않는 '무기력한 존재'로, 지배적인 담론의 '희생자' 내지는 '꼭두각시'로 취급해야 함을 의미하지 않는다. 이들은 자신의 생존권을 호소하고 자신들의 목소리를 들릴 수 있도록 하기 위해 지배담론의 코드를 이용하기도 하고, 때론 사회적으로 자신들을 드러냄으로써 사회적 인식과 자신들의 인식과 경험을 재규정하기도 한다. 중요한 것은 그녀들에게 침묵을 강요하는 조건, 또는 말할 수 있게 하는 '조건'에 대한 고려다.

으로 고정화하는 것은 다양하고 역동적인 존재로서의 성판매 여성들에 대한 접근을 불가능하게 한다. 성판매 여성들은 다른 사람들과 마찬가지로 조건에 따라 선택하고 움직이는 역동적인 존재이다. 또한 성판매 여성들은 다중적 주체성을 소유하며, 이는 개인에 따라 다양한 억압의 층위들이 존재함을 의미한다.

산도벌(Chela Sandoval)은 억압이 중층적이고 복합적일 때, 고정된 주체에 대한 단편적인 기술로는 문제해결이 불가능하다는 점을 지적하면서, '전술적 주체성'(Tactical Subjectivity)이라는 개념을 제안한다("U.S Third World Feminism"). 이는 당면 과제의 상황과 맥락에 따라 각 정치학의 한계와 위험을 인식하면서 일시적인 공존을 채택하는 것을 의미한다. 계급, 인종, 성적 위계, 나이, 신체능력 등 억압이 중층적일 때, 한 가지 정치학적 원칙이나 내용만으로 주체를 환원하여 설명할 수 없고, 그렇다고 모든 '차이' 만을 강조할 경우, 운동의 행위주체를 잃게 될 수 있기 때문이다. 여기서 '전술적' 이라는 것은 본질이 아니라, 상황적·맥락적 존재로 고려되어야 함을 의미한다. 전술적 주체성이라는 개념을 염두에 둘 때, 우리 사회에서 성판매 여성을 이해하는 데 유용한 접근방식, 즉 그들을 비난하거나 피해자화하지 않으면서도 열악한 '인권' 에 접근할 수 있는 방법은 '소수자' 라는 관점에서 출발하는 것이다.

성판매자의 '인권' 이라 함은, 성판매자라는 이유로 차별받지 않을 권리일 뿐 아니라, 성판매를 할 수밖에 없는 상황으로 강제되지 않을 권리이다. 그것은 성판매자가 모두 성매매구조의 피해자이거나 혹은 '피해자' 가 되어야만 보호될 수 있는 인권을 갖는다는 것을 의미하지 않는다. 그들의 열악성은 성산업 안에만 존재하는 것이 아니라, 구조적·체계적인 제도화된 성(gender/sexuality)차별 속에 존재하며 또한 미세한 일상적 차별 속에 존재하기 때문이다. 성판매 여성들은 공식적이고 제도화된 차별뿐 아니라, 비공식적이며 사적인 영역에서도 차별을 받아 왔다. 사실, 성판매 여성들의 존재 자체가 여성차별의 결과이기도 하다.

그러나 성판매자의 위치를 고정된 본질이 아니라, 사회적 결과물이며 변화 가능한 역동성을 지닌 것으로 전제해야 한다. 성판매 여성에 대한 상투적이며 일면적인 이미지와 환상을 넘어서, 그녀들의 행위성과 주체성이 복원되어야 한다.

'소수자'의 관점은 항시 타자를 만들어 내는, 소수자를 특정방식으로 위치지우는 중심성에 대한 회의와 성찰을 가능하게 한다. 사회적 낙인과 편견은 여성을 동일한 방식으로 위치지우고 규정하는 기제이다. 소수자 관점에 근거해 볼 때, 성판매 여성의 '문제'는 성판매 여성들 내부에만 있는 것이 아니다. 연구자, 사회복지사, 정책입안자 등 성판매 여성을 둘러싼 사람들이 자기중심적 태도와 관점을 성찰하고 점검해야 한다. 문제 해결은 대상자에 대한 이해를 필요로 하며, 그 이해는 일방적인 것이 아니라 상호적인, 새로운 지평에서 이루어져야 한다. 또한 기존의 접근이 성판매 여성에게 집중된 것이라면, 소수자의 관점은 성판매자에 대한 '차별'에 대한 인식, 곧 이들에 대한 차별을 생산하는 이 '사회'로 그 관심이 전환되어야 함을 의미한다. 성판매 여성에 대한 사회적 거리감과 편견 등 이제까지 접근되지 않았던 차별의 문제에 대한 해결방안이 모색되어야 할 것이다.

질문의 방향들 : 타자화된 문제를 넘어서

이제까지 성매매 주제는 '나/우리'의 문제와 결부되기보다는 사회적 문제, 즉 '타자'의 문제로 취급되어 왔다. 성매매 문제에 관한 한, 우리는 '여기'에 있고, 그들은 '저곳'에 있다. 성매매는 우리에게 지겨울 정도로 익숙하면서도, 항상 '문제'이기 때문에 충격적이지 않으면 언급조차되지 않는 언제나 '낯선' 주제이며, 그 낯선 거리감이 고정되어 있을 정도로 타자화된 영역이다.

우리는 성매매를 '나'와 연결시켜 말하는 것에 익숙하지 않다. 사회 문제이거나 인간의 욕망에 관한 문제로 취급한다. '내'가 드러나지 않을 때 그것은 종종 보편을 가장하게 된다. 성매매가 본질적으로 나쁘다든가, 좋다든가, 필요하다든가 등, '나'를 드러내지 않는다는 것은 각자가 다른 위치에서 말하고 있다는 사실을 감추게 된다. '나'를 언급하게 될 때 적어도 보편적이고 객관적인 관점에서 성매매가 옳고 그르다는 식의 오류는 피할 수 있는데도 말이다.

나의 위치를 점검하는 것은 나의 중심적 가치를 상대화하기 위한 것이다. 의도하지 않았을지라도, 내 중심적 가치나 경험이 다른 사람을, 특히 나보다 더욱 열세인 사람들을 억압하는 데 일조할 수 있기 때문이다. 물론 서로의 차이만을 강조하거나 '우리는 똑같다'는 식의 관점은 상호이해를 방해할 수 있다. 자신의 특정한 경험과 인식에 기반한 생각을 보편적인 것으로 포장하거나 '그들'의 특수한 상황만을 지나치게 강조할 필요는 없을 것이다. 성매매를 '당연한' 것으로 받아들이거나 무조건 '나쁜 것'으로 취급하는 태도는 모두 위험하다는 말이다.

'나'와 '그들'의 경험과 인식의 차이를 드러내는 것은 대화의 물꼬를 트는 기반이 된다. 그것은 그들과 우리, 나와 너의 차이를 만드는 '조건'들을 보여 줄 수 있기 때문이다. 이러한 조건에 대한 이해는 상호이해와 의사소통의 출발점이기도 하다. 차이나 동일성은 본질적이거나 고정된 것이 아니며, 각자를 둘러싼 조건과 인식의 변화에 따라 변화가능한 것이다.

우리 안에 있는 중심성/정상성을 반추하고 점검하는 것은 성을 팔지 않는 사람에게만 국한된 요청은 아니다. 그것은 어쩌면 '우리'와 '그들' 안에 모두 거주할 수 있다. '정상성/중심성'에 대한 인식과 태도는 낙인과 경계를 넘어 동일하게 작동할 수 있기 때문이다. 사실, 원론적인 측면에서 보자면, 자본주의·남성중심사회의 삶 속에서 '우리'와 '그들'을 가르는 구분은 명확하지 않다. 자본주의 사회에서 서비스노동과 섹스노동의 차이는 그다지 크지 않다. 그럼에도 불구하고 '그들'에게는 '우리/일반인/정상인'과 비교되는 차별과 경험이 실재한다. '우리'와 '그들'을 구분하는 임의적인 경계와 '그들'에 대한 상상적 실체가 실제 생활세계에서 그 힘을 발휘하고 있다.

우리와 그들 내부에서 실재하는 '정상성'에 대한 인식과 태도, 그들에 대한 우리의 편견과 경계짓기, 그들이 경험하는 차별적 상황 등을 찾아내는 것으로부터, '나/우리'와 '그들'을 포함한 '우리'의 대화는 출발해야 하지 않을까 생각한다. 성매매라는 아젠다를 통해, 우리 사회의 '중심'이 성찰되고 재구성되길, 소수자의 역사가 만들어지길 기대해 본다.

.2. 성매매공간의 다면성과 삶의 권리*

백재희

성판매 여성의 인권을 이야기할 때 착취와 억압, 폭력을 언급하지 않는다면 과연 무슨 이야기를 할 수 있을까. 지금까지 내가 성판매 여성의 삶을 드러내는 방식은 착취·폭력에 대한 서술이었고, 성매매 피해는 강조되어 그들의 삶은 무력해졌다는 결론에 이르기도 했다. 하지만 성매매의 구조적인 착취만을 강조할수록, 여성들이 무력한 피해자가 되었다고 설명할수록 나는 여성들의 삶이 단순화되고 있다는 답답함을 느낀다. 1993년 기지촌 자원봉사활동이 인연이 되어 2002년 지금까지, 나는 적지 않은 여성들을 만났다. 사실 이 과정에서 내가 보고 들어온 성매매공간의 삶들은 성산업의 형태가 다양한 만큼이나 다양하고 변화무쌍하다. 그러면서도 나는 왜 성매매공간, 성판매 여성들의 삶과 경험이 단일하며 절대 불변하는 것처럼 기술했는가 되짚어 본다. 여성

* 이 글은 2002년 2월 제주인권학술회의(주최 : 한국인권재단)에서 발표된 글을 일부 수정한 것이며, 글을 쓴 시점은 2001년이다. 따라서 이 글에서 드러나는 성매매공간의 현장성과 본 저자의 인식의 방향 역시 2002년에 멈춰 있음을 밝힌다.

들의 삶이 다양하다는 것을 전혀 몰랐던 것은 아니지만, 그동안 나는 여성의 인권을 위한 제도와 정책이 만들어지기 위해서는 성매매 금지를 뒷받침할 확실한 피해의 증거를 계속해서 찾아내야 한다고 생각했던 것 같다.

여성들을 만나면서 나는 '무엇을 보는가'에 대한 변화를 겪고 있다. 성매매를 연구하겠다고 마음먹은 초기에는 성매매의 구조나 사회가 성매매를 어떻게 규정하고 만들어 내는지 발견하려고 했고, 그후에는 어떠한 권리도 주장할 수 없는 여성들을 보면서 성매매와 관련된 사람들과 성판매 여성, 성매매에 대한 법적 태도 등에서 어떠한 억압적 혹은 불평등한 사실들이 존재하는지 주시하기도 했다. 그러나 여성들의 일상에 대한 이해가 깊어질수록 나는 새로운 질문을 하게 된다. 성판매 여성의 경험은 그렇게 보편적이며 단일한가? 성매매공간의 모든 관계 속에서 성판매 여성을 착취의 피해자로 기술해야만 성매매를 반대할 수 있는가? 성매매공간에 대해 나는 무엇을 얼마나 어떻게 알고 있을까?

성매매공간에서 살고 있는 혹은 그곳에서 살았던 여성들을 만나는 것이 연구이자 일이 되면서, 그곳에 대해 이야기하는 것이 익숙해졌지만, 성매매공간이 아닌 다른 사회와 소통할 때 나는 '성매매'라는 단어에 대한 중압감을 갖게 된다. 특히 성매매에 대한 나의 입장을 밝히라는 요구를 받을 때는 매우 당혹스럽다. 한국 사회에서 성매매를 반대하는 것은 곧 법적 금지로 연결되고, 법적 금지를 반대하는 것은 곧바로 모든 형태의 성매매를 찬성하는 것으로 간주되는 이분법적 분위기 때문일까. 하지만 나는 법적 금지가 처벌로만 연결되는 것이 효과적인

가에 대한 회의를 갖는다. 또한 성매매가 여성에 대한 억압임을 주장하지만, 동시에 현재 성매매공간에 있는 여성들이 살아갈 권리도 보장되어야 한다고 생각한다. 법적 금지 때문에 여성 스스로 권리에 대한 목소리를 낼 수 없는 것 역시 불평등이며, 억압이라고도 생각한다. 때문에 나는 혼동되어 있으면서 계속 흘러가고 있는 나의 고민을 드러내고, 성매매와 인권에 대한 나의 접근이 모순적이라는 것을 밝히면서 이 글을 시작하려고 한다.

이 글에서 나는 성매매공간을 이야기하기 위해 국가의 법적 태도에 대한 논의를 하지는 않을 것이다. 성매매에 대한 기존 연구나 발표자료의 대부분에서 법적 태도는 언제나 중요한 배경으로 설명되었지만, 법적 태도와 정책은 각 국가마다 상이한 역사적 배경과 조건에서 형성된 것이며, 여전히 변화하고 있는 상황이기 때문에 법적 태도 역시 변화의 가능성을 가지고 있다. 또한 그 논의에서 나는 아직 어떠한 시원스런 해답도 얻지 못했기 때문에 국가의 법적 태도로 삶의 공간을 변화시킬 수는 없다고 생각한다. 따라서 내가 지금 이야기하고자 하는 것은 '성매매공간의 실재하는 삶은 매우 다양해서, 법에 끼워 맞추어 인권을 논하기에는 한계가 있으며, 성매매 찬반논쟁에 매달리면서 놓치고 있던 성매매공간에서의 삶의 권리는 무엇인가에 대한 구체적이고 정교한 질문이 필요하다'는 것이다.

이 글에서 인용되는 이야기를 해준 여성들은 현재 성산업에 종사하고 있거나, 이전에 성산업에서 일했던 경험을 가지고 있는 20~40대의 여성들이며, 연령과 지역이 다르고, 국적이 다른 경우도 포함되었다. 처음부터 특별한 목적—피해와 착취구조—을 위해 인터뷰하여 녹취한 사례도 있지만, "잘 지내죠?"라는 질문으로 시작하는 일상적인 대화에서 재구성된 이야기도 존재한다. 안타깝게도 인권이라는 화두를 가지고 여성들과 이야기했던 경우는 많지 않기 때문에 인권에 대한 여성들의 의견을 충분히 포함하지 못한 한계를 가지고 있다. 이러한 한계로 인해, 나는 성매매공간의 인권을 이야기할 때 '~라고 볼 수 있다'는 위치를 견지할 것이며, 여성들의 경험과 생각은 그들의 전하는 전체 이야기가 아닌, 나의 문제의식 안에서 선별되고, 나의 사고체계 안에서 분류되었음을 밝힌다.

성매매와 인권을 이슈화할 때

2000년 9월, 군산 성매매집결지의 화재사건으로 인해 많은 성판매 여성들이 죽음에 이르렀고, 여성에 대한 착취와 감금에 대한 명백한 증거를 보면서 사람들은 분노했다. "자유를 찾고 싶다. 죽고 싶다"는 글이 담긴 반쯤 불탄 여성의 일기장은 연일 매체에서 꿈을 잃고 살아가는 여성들의 이미지로 재현되었고, 이 사건 이후 '더 이상 강제와 감금이 존재하지 않도록 성매매 금지법이 강력해져야 한다, 피해여성을 보호해야 한다'는 공감대는 급격히 확대되었다.

하지만 그 사건이 사람들의 기억에서 흐려지면서 다시 여러 매체들은 '자유롭게 출퇴근하는 자발적인 여성들이 증가하고 있다'는 사례로 이동하곤 한다. 이때에도 여성들은 목소리와 모습은 가려진 채로 더 이상 감금으로 성산업공간에 매여 있지 않으며 '내가 선택했다'고 말한다. 게다가 가난, 가정폭력, 성폭력, 가족부양 등의 이유가 아니라 집이 싫고, 명품소비로 카드빚이 많아져서, 돈을 많이 버니까 등의 이유가 등장하기도 한다. 이 지점에서 감금과 착취에 분노했던 사람들은 더 이상 피해여성의 증언이 아님에 당황하며, '어쩔 수 없이'가 아닌 '자기 발로 간' 사람들이기에 보호의 대상으로 포함시키는 것에 민감한 태도를 보인다. 또 어떤 사람들은 이와 같은 여성들이 존재하지 않게 하기 위해서라도 금지법이 더 강화되어야 한다고 주장하기도 한다. 이렇게 성매매와 인권이 이슈화될 때, 여성들의 증언은 특화된 사건에 따라 이분화되고 있으며, 성매매공간의 삶의 모습은 피해와 피해 아닌 것으로만 이해되고 있다.

나이, 지역, 업소의 유형 게다가 국적까지 다른 여성들의 성판매 경험이 피해와 피해 아닌 것으로 모두 설명될 수 있을까. 물론 넓은 범위에서 공통점은 존재하겠지만 성매매와 성매매공간의 삶들은 분류하기 어려울 만큼 다양하며, 자신의 욕망과 일 그리고 정체성을 연결하는 방식 역시 상이하다. 하지만 성매매와 인권이 이슈화될 때 여성들의 경험은 부분적(주로 피해의 경험)으로 차용되고, 피해라는 단일한 경험으로 기술되면서 성매매공간의 여성들에게 존재하는 구체적인 일상은 드러나지 않는다. 이처럼 단일한 경험으로 인권보호를 주장하는 것은, 실제 일상에 존재하는 모순되고 설명하기 힘든, 복잡하게 얽혀 있는 상황을 존재하지 않는 것으로 치부하게 한다. 모든 이의 삶이 그러하듯이 성판매 여성의 일상에도 복잡하게 얽혀 있는 모순된 사실이 존재한다. 하지만 성매매를 이슈화하고, 여성들의 인권이 제기될 때 성판매 경험 여성은 그 존재 자체로서가 아닌 '피해존재'로서만 자리매김된다. 이러한 태도는 성매매공간 안의 여성들을 피해자와 피해자가 아닌 사람으로 분리시키고, 성매매가 사회적으로 이슈화될 때 여성들의 증언은 이분법적 사고를 뒷받침하는 것들로 구성된다.

이분화된 여성의 증언은 성매매 찬반논쟁의 주요한 도구가 되기도 한다. 성매매 금지를 주장하는 진영에서는 극악무도한 피해와 착취를 선택하고, 성매매를 찬성하는 진영에서는 자발적 선택과 성적 결정권을 논쟁의 도구로 선택하여 한발 물러섬 없이 대립하게 된다. 하지만 현실은 어떠한가, 두 가지 증언이 독립적으로 존재할까. 성매매공간에서 두 증언은 분리되지 않은 채 한 사람에게서 존재함을 발견하게 된다. 자발적으로 선택했다가 자포자기하기도 하며, 선불금이라는 착취적 조건에 놓여 하루하루가 고통이지만 그것이 개인적인 소비로 인한 빚에서 기인하기도 하는 경우는 흔하다 못해 당연하다. 이처럼 성매매공간과 여성들의 일상을 자세히 들여다볼라치면 그들의 일상에는 안타까움과 모순이 함께 공존한다. 따라서 실재하는 두 증언이 얼마나 복합적이며 연속적인가를 인정하는 것은 성매매공간의 인권에 대한 정교한 질문을 만드는 데 중요한 의미를 가진다.

상자 속의 상자, 그 안의 또 다른 상자

1) 왜 이런데서 일하냐고? 살아야 하니까

여성들의 이야기를 잘라내지 않고 다 듣다 보면 많은 부분이 모순적이다. 하지만 어느 것도 진실이 아닌 것은 없다. 서기은(가명, 25세) 씨는 화재사건이 있었던 군산 성매매집결지에서 일을 했었고, 손님과 경찰의 도움으로 최근 그곳을 떠났다. 그녀가 성매매공간에서 탈출한 것은

'10년을 일한다 해도 절대로 1억을 모을 수 없을 것 같다'는 결론을 내렸기 때문이지만, 그녀가 강조하는 자신의 모습은 성매매공간에서 '잘 살았던' 자신이다. 그녀가 나열하는 피해와 착취, 그로 인해 무력하게 살아가는 여성들의 존재는 분명했지만, 그와 동시에 그녀는 나름의 저항과 파워를 가지고 공간을 조정하는 여성들이 존재한다는 것도 강조한다. 예상과는 달리 그녀가 저항하는 대상은 착취하는 업주가 아니라 자신을 검거하거나 돕겠다고 찾아오는 낯선 이방인들이었으며, 그녀는 기왕이면 편하게 살아가기 위해 아가씨를 관리하는(때로는 업주의 입장에서 아가씨들을 통제하는) 역할을 적극적으로 획득하기도 했다.

> "마담이 되려면, 주인한테 잘 보여야 하지. 회사도 그러잖어. 그리고 단속반이 왔을 때, 따따따 잘 대들면 무조건 A⁺이지. 경찰이 아가씨들 면담할 때가 기회야. 전에 어떤 일 했냐고 물어보면 장난으로 '오봉, 빠순이' 그렇게 대답하고, 금시계, 반지, 팔찌 막 차고 들어가서 들은 척도 안하고 금만 열씸히 닦는거야. 담배 꼬나물고 머리 비비 꼬면서 '경찰하려면 몇 단이어야 되나요, 난 3단인데. 난 경찰은 좋은데 짭은 싫더라' 하면서 있는 대로 깐죽대는 거야. 경찰이 '협조 좀 합시다' 그러면 '협조 안 한 년이 누구여. 빨리 협조혀' 그러고. 아가씨들이 웃고 난리가 나는 거지. 근데 그럴 때 이상하게 속이 시원해지더라."

> "회의시간이 있어. 일종의 어떻게 하면 장사를 잘할까 이야기하면서, 일주일 동안 아가씨들이 잘못한 거 꼬집어서 졸라 까는 거야. 일단

그 주에 경찰면담이 있었다면, 면담 때 아무 말 안하고 있었던 아가씨부터 깨져. 난 면담 때 잘하니까, 이미 면담 전날부터 엄마(업주)가 힘들면 오늘 쉬라고 해. 그래, 경찰 면담하다가 경찰이 도망가게 해 줬다는 얘기도 듣긴 들었어. 근데 내가 그렇게 될 수는 없지. 도망쳐도 뻔하잖아. 또 다시 술집으로 가거나."

"한번은 시민단체인가 뭐시뚱인가에서 왔더라. 처음부터 아가씨들에게 '왜 이런데서 일하냐' 고 하는 거야. 뚜껑이 열리지. 누군 하고 싶어서 하나? 그리고 빚이 얼마냐, 도와주겠다. 그런 말이 무슨 소용이야. 화나는 건 인권을 찾아준다고 하는 사람들이 와서는 왜 우리를 무시하냐는 거지. 그 표정부터. 그 사람들은 우리가 쉽게 돈 벌고 헤프게 쓰기 때문에 일을 한다고 생각해. 그러면 나도 모르게 욕이 튀어나가는 거야. 그러면 주인은 좋아하지. 하지만 당시에는 주인에게 잘 보이려고 하는 게 아니야. 날 위해서 하는 거야."

서기은 씨는 성매매공간에서 발생하는 감금이나 착취가 있는 업소를 없애겠다는 정부의 발표가 내심 반가웠다고 했다. 하지만 여성들을 찾아 온 이방인들은 왜 그 일을 하게 되었는지, 착취와 감금이 사실인지에 대해 궁금해 했고, '이곳에서 어떻게 살고 싶은가' 를 묻지 않았다. 그녀에게 그들—여성들을 돕겠다고 찾아 온 외부인들—의 궁금증은 매우 불편했고, 또 다른 '인권침해' 로 다가왔다. 아이러니하게도 그들은, 성매매공간 안에 존재하는 여성들의 삶과 공존할 수 없는 사람들이었다.

2) 집에 가고 싶어 미치지. 하지만 가족은…… 그래도 주인은 우리를 이해해 줘

그녀가 말하는 성매매의 확실한 대책은 '전부 밀어 버리고 아가씨들을 다 집으로 보내는' 것이다. 가족이 싫어서 가출했고, 수없이 '사고 친' 경력 때문에 가족이 있어도 쉽게 돌아가기 어렵기도 하지만, 여성들에게 가족은 절대적인 그리움의 대상이기도 하다. 이 맥락에서였는지 확실치는 않지만, 그녀는 '성매매의 확실한 대책은 전부 밀어 버리고 아가씨들을 다 집으로 보내는' 것이라고 이야기한다.

"비가 오거나 명절이 되면, 집에 가고 싶어서 미치는 거야. 지나가는 사람들을 보면 부럽고 성질나지. 지금쯤 만두 만들어서 먹고, 지짐 냄새 풍기면서 TV 보겠지 하는 생각이 들면 일이 안 돼. 거기 아가씨들 대부분 그래. 집에 가고 싶다고, 전화라도 해보면 좋겠다고."

"씨발, 가족은 X도 아니야. 나한테 해준 게 뭐가 있어. 내가 다방 뛸 때, 언니가 대학등록금이 모자라서 여기저기 빚지러 다닌다는 이야기를 들었어. 그래서 빚을 땡겨서 집에 갔지. 언니는 나를 한번 쳐다보더니, 그 돈을 가지고 부엌으로 가더라. 아무 말도 안 하고 가스 불을 켜더니 그 돈을 태워 버리는 거야. 꼭지가 돌아가는 줄 알았어. 그래, 돈은 다시 벌면 돼. 근데 나를 무시하는 거, 내가 하는 일을 무시하잖아."

"아빠(주인)는 그래도 우리를 이해해 줘. 특히 나는 아빠한테 인정을 받았지. 그러니까 아가씨들이 주인한테 대들면 '싸가지 없게, 너는 부모한테 그렇게 대드냐' 고 쏴대거든. 아빠는 나 같은 애들을 키워 보고 싶다고 했어. 그러니까 막내마담이 된 거고, 한 10년 일하면 빚 까고도 한 1억은 벌 수 있겠다는 생각도 했어."

성산업공간에서 살면서 그녀가 끼적이던 낙서는 아직도 수첩 귀퉁이에 남아 있고, 가족에 대한 그리움으로 가득하다. 그러나 한편 그녀의 다른 마음은, 자신의 존재를 무시한 가족이기에 섬으로 팔려 나가는 일이 있더라도 가족에게는 도움을 청하지 않겠다고 결심한다. 그 결심의 내부에는 혈연가족으로부터 거부된 자신을 인정해 준 새로운 관계(주인엄마, 주방이모, 기둥삼촌)에 대한 강한 친밀감이 존재한다. 이처럼 존재를 인정받는 것은 성매매공간에서 느끼는 부정적인 현실보다 더 중요하며, 여성들을 성매매공간에 머물게 하는 하나의 이유이기도 하다.

3) 밀어 버려…… 죽어도 안 나가. 자유가 있어야지

성매매공간으로 들어올 때의 상황이 다들 다르듯이 벗어나고 싶어 하는 마음과 상황 역시 모두 같지는 않다. "하고 싶어서"라고 말하는 십대도 있고, 갈 곳이 없는 중년의 '아가씨' 들도 있다. 때문에, '밀어 버린다' 는 것이 얼마나 비현실적인지 그 공간에서 살다보면 누구든 알게 된다. 서기은 씨도 이를 모르지 않기에 '죽어도 안 나가는' 이모—중장년 여성과 핌프여성—들은 살아갈 수 있도록 해야 한다고 이야기한다. 아무도 그것을 단번에 해결해 줄 수 없다는 것을 알기에 여성들은 '그대로 살게 내버려 두라' 고 이야기하기도 한다.

"내가 대통령이면, 그런 가게 다 없애 버려. 그 아가씨한테 빚이 있으면 매달 얼마씩 갚으라고 하면 되잖아. (계속 살겠다고 하는 사람들은?) 나한테 데리고 와. 그런 여자가 어디 있어?"

"하긴, 이해할 수 없는 애도 있었어. 다방 다닐 때 한 애는 집도 괜찮게 산대. 대○동이 어디야. 잘사는 동네라며? 걔는 다방에서 일하는 게 좋대. 하긴, 경찰이 빼준다고 해도 나가지 않는 년들이 있어. 집이 군산인데도 군산에서 일하는 거 보면 대단한 년이지. 갈 곳 없는 여자들도 있지. 우리 가게 마담도 그렇거든. 그러면 죽어도 안 나가. 과부촌 이모들을 보면 더 이상 갈 데가 없어."

"자유가 있어야 해. 말하고 싶은 거 말하고, 하고 싶을 때 하고, 어쩔 수 없이 하는 사람은 노예지만, 자기가 하겠다고 하는 사람은 최소한의 보장이 있어야 해. 안정된 생활이 보장되고, 탈매춘 여자들에게는 의식주, 어느 정도의 생활비도 주고, 오락·건강·체력을 위한 센터도 있어야 해. 그곳 생활을 계속 원하는 여성들은 구타를 당했을 때, 뭐든 강요나 협박을 받았을 때 도와줄 수 있는 센터가 생겨야 한다고 생각해. 동네마다 관할 파출소가 있는 것처럼."

결국 그녀는 자유를 원했고, 말하고 싶은 것을 말하고, 그곳에 살고 싶은 사람에게는 최소한의 보장을 주는, 성산업공간 안에 존재해야 하는 인권을 구체적으로 나열했다. 그것이 법적으로, 제도적으로 가능한지의 여부를 그녀는 알지 못하지만, 자신이 원하는 것들만으로 이미 많은 대책이 나오고 있었다. 처음 그녀는 '그런 가게를 전부 밀어 버리' 라고 강력하게 주장했다. 그러나 실제 그녀가 말하는 대책은 공간 안에 살아가는 여자들을 대상으로 하고 있었다.

4) 그냥 내 일이야, 그런 여자들이라고만 하면 안 되지

성매매공간에는 다양한 연령대의 여성들이 있다. 대부분의 사람들은 50대 이상의 중년 또는 노년여성이 있음에 놀라지만, 특히 집결지나 기지촌의 경우 이러한 연령대의 여성들도 '아가씨' 로 살아가고 있는 것이 현실이다. 그들 중에는 빚이 있는 경우도 있지만 그 빚의 정도는 매우 적거나 없는 경우도 있다. 업주 없이 장사하는 여성들도 있고, 업주와 언니동생으로, 삶의 동반자로 의지하면서 살아가기도 한다.

김미옥(가명, 49세) 씨는 기지촌에서 '아가씨' 로 살다가 현재 바텐 일을 겸하고 있는 여성이다. 그녀에게 "왜 여전히 이곳에서 일하느냐" 고 물어 볼 때, 가장 쉽게 들을 수 있는 대답은 "그냥 내 일이다" 는 말이다. 하지만 이들에게 지금의 공간을 벗어나는 것은 돈의 문제가 아니더라도 낯선 공간으로 떨어지는 것이기 때문에 주인언니(업주)는 그 일을 그만두더라도 지속하고 싶은 관계이다.

> "내가 여기 나가서 뭘 할 수 있어. 식당이나 공장에 다닐 수 있을 정도로 몸이 건강한 것도 아니고. 이건 그냥 내 일이야. 언젠가는 그만두겠지. 그래도 나이 들어 양로원에나 갈 수 있을 정도로 돈은 벌어야잖어. 하루 벌어 하루 사는데. 어디 한번 아프면 순식간에 돈이 나가니까. 걸을 수 있을 때까지는 일해야지. 아예 못 걸으면 몰라도."

"그 주인언니도 고생 많이 했어. 아가씨들이 얼마나 속 썩이냐. 그래도 우리한테 잘해 줘. 내가 빚이 있기는 한데, 언니 때문에 사는 거야. 밥 안 먹고 있으면 끼니 챙겨 주고, 새벽에 일 끝나면 화투치지 말고 와서 자라고 하고. 내가 고생하는 거 알아주니까. 그러니까 사람들이 주인언니 욕하는 거 싫지. 주인언니가 이 장사 그만두고 미국 갈 때까진 이 집에서 일해야지."

성산업공간에서 나이든 여성들은 성판매자에게 부여되는 낙인과 비난을 당연한 것으로 여기며 살아왔다. 때문에 여성들에게 '그곳을 뜬다'는 것은 두려움이며, 그 일을 그만두는 것보다 계속 하는 것이 덜 어렵다는 것을 몸으로 체감해 왔다.

"세상이 변했고 요즘 애들은 똑똑해. 그러니까 이런 데서 일해도 돈 벌어서 나갈 수 있어. 지가 맘만 잘 먹으면. 요즘 애들은 약아서 심하게 하면 여기(미군클럽) 안 있어. 다른 데 갈 데가 많잖아. 시내 나가 봐. 그런 애들 갈 데가 얼마나 많냐. 걔들은 지들이 월급을 얼마 원하는지 막 말해. 우리 같으면 빚이 있는데, 어디 그럴 수 있나. 좋아진 거지. 그래도 갈보는 갈보고, 양공주는 양공주야. 이 나이에도 밖에 나가면 그런 소리 들을까 봐……. 우리가 부모한테는 못할 짓 했어도, 남들한테 그런 소리 들을 짓은 아니지."

젊은 시절의 자신과 비교하여 요즘 젊은 여성들은 한마디라도 떳떳하게 하는 것을 보면서 세상 좋아졌음을 실감하는 한편, 세상이 변하는 것이 두려운 나이에 서 있기에, 그들이 원하는 것은 공간을 벗어나는 것이 아니라 사람과 역사가 있는 자신의 삶의 공간에서 무슨 일—성판매이든 아니든—이든 하면서 살아가는 것이다.

5) 여기 온 건 내 결정이었어, 무조건 추방당하고 싶지 않아

성매매공간의 변화는 비단 업소의 유형에만 해당하는 것은 아니다. 일부이기는 하지만 90년대 후반부터 한국의 성산업에서는 국적과 인종이 다른 이주여성들이 일하기 시작했다. 자넷(Janet, 19세)은 미군을 대상으로 하는 클럽에서 만난 필리핀 여성이다. 그녀는 엔터테이너 고용계약을 통해 한국에 왔고, 자신이 합법적 지위를 가지며 클럽에서 손님을 즐겁게 하는 일을 하는 사람이라는 것에 대해 당당했다. 계약상 그들은 성판매를 하지 않으며, 성산업에서 일하는 외국여성들을 모두 성판매 여성이라고 보는 것은 옳지 않다. 물론 이들 역시 성판매를 거부할 수 없는 분위기에 놓이기도 하며, 더 많은 돈을 벌기 위해 스스로 선택하기도 한다.

한국의 성산업이 비대해지고 다변화되고 있다는 기사들에서도 이주여성들은 빠지지 않고 등장하기 시작했다. 엔터테이너로 일하는 이주여성을 만나는 것은 더 이상 낯선 일이 아니다. 그만큼 많은 여성들이 이 분야에서 일하고 있지만, 이들이 이주의 삶을 선택하고, 결정하고, 시도하는 맥락과 의미는 여전히 충분히 설명되지 못하고 있다. 이주여성들이 체험하고, 자신들의 것으로 소유한 삶의 의미는 무엇일까. 국제인신매매의 피해자라는 타이틀이 그들을 온전히 표현해 줄 수 있을까?

"손님 중에 나에게 하룻밤에 얼마냐고 하는 사람들이 있어. 그러면 나는 fucking girl이 아니라고 말해. 이곳에 엔터테이너로 온 거라고, 난 몸을 파는 사람이 아니라고. 그들이 계속해서 얼마냐고 하면 1,000달러를 내라고 해. 난 엔터테이너니까."

" 손님들이 내 몸을 만지고 무례하게 굴 때, 난 그를 보고 똑바로 이야기해. '난 니가 만질 수 있는 여자가 아니다.' 그래도 계속 그러면 그 자리에서 일어나 버려. 내가 남자들에게 '주스를 사줄 수 있냐?' 고 물어보지. 그건 나의 일이니까. 주스를 마시며 이야기를 나누는. 그러면 종종 남자들은 '좋아, 근데 그 다음엔 뭐가 있지?' 라고 말해. 내가 뭘 바라는지 물으면 '섹스' 라고 하지. 단지 우리가 필리핀 여성이기 때문에 주스 값으로 섹스하기를 원하는 거야. 나쁜 놈! 말도 안 되지."

"내 친구들은 다른 나라에 가서 일하는 게 두렵지 않냐고 했어. 난 아니라고 했지. 친구들은 반대하면서도 나에게 용감하다고 했어. 여기에 온 건 내 결정이었어. 난 한국 사람들에게 말하고 싶어. 아마 어떤 여자들은 성노동을 할 수도 있어. 우리가 이곳에서 할 수 있는 일이 나쁜 일이기는 했지만, 우리는 좋은 직업을 얻기 위해 최선을 다하고 있어. 겉표지만 보고 책을 판단하지 말라고 하는 말처럼, 나는 한국에 온 외국인이고, 때문에 한국규정을 따를 수밖에 없지만, 왜 공장에서도 클럽에서도 외국인에게 그렇게 대하는지 모르겠어. 난 무조건 추방당하는 걸 원하지 않아."

한국의 성산업에서 일하는 외국여성의 일부는 '인신매매의 피해자'로 보호받을 수 있다. 그러나 현재 인신매매 피해자 보호에 있어 최선의 방법은 본국송환이고, 빚을 떠안고 시작한 엔터테이너 이주노동은 더 큰 빚으로 남기 때문에 불법적이고 더욱 위험한 곳으로 이동하게 될 가능성이 높다. 특히 엔터테이너로 온 여성들은 대부분의 이주노동자들이 겪고 있는 불평등한 조건과 더불어 사회적 비난을 동시에 받아들여야 한다. 그 중에는 본국송환을 원하는 경우도 있지만, 추방으로 간주되는 본국송환보다는 정당한 대가와 피해에 대한 충분한 노동권리가 보장되기를 원한다.

인권의 구체성과 삶의 권리

2001년 천호동 성매매집결지에서는 여성들 스스로 '인권침해'를 신고했던 사례가 있었다. 경찰의 폭력적인 단속 과정에 대해 문제를 제기하며 40여 명의 여성들이 국가인권위원회를 찾았고, 그들의 의견을 제출했다. 그러나 이들의 목소리가 나왔을 때 사회에는 약간의 미동만이 있었을 뿐, 성판매 여성의 인권에 대한 사회적 동의를 일으키지는 못했다. 이는 군산의 화재참사가 발생했을 때와는 전혀 다른 반응이었다. 분명 이 두 가지 사례에서의 피해의 정도는 비교할 수 없을 정도로 차이가 있지만, 두 사례 모두 '인권'의 문제였다. 이 사건을 접하면서 나는 성판매 여성들의 생각을 듣고 싶었고, 황급하게 여성들을 만났다. 이 사건들에 대해 성매매공간에 있는 여성들의 관심은 높았고, 그들의 생각은 다양했다.

"우리 같으면 경찰한테 당했다고 어디 신고할 생각이나 하나. 그냥 체념하는 거지. 천호동에서 아가씨들이 경찰을 신고했다면서? 얼마나 대단해. 우리 같은 여자들이 목소리를 낼 수도 있구나 싶더라." (김미옥, 49세)

"난 군산에 불이 났다는 뉴스를 듣고, 아가씨들이 또 답답해지겠구먼 생각했어. 그런 사건이 생기거나 기자들, 높은 공무원들이 뜬다고 하면 가게들은 아예 문을 닫아 버리거든. 그러면 아가씨들은 꼼짝없이 갇히는 거야. 밤이고 낮이고 커튼 쳐놓고 밖에도 내다보지 못하면 창살 없는 감옥이지 뭐. 죽은 여자들만 불쌍한 게 아니야. 천호동도 마찬가지야. 업주가 시켰겠지. 근데 아가씨들도 살 방법이 없으니까 그랬는지도 모르지." (서기은, 25세)

"천호동 애들이 그런 얘기 한 건 대단한 거야. 업주가 시켰든 아니든. 아가씨들이 경찰에 잡혀 가서 윤락하지 않았다고 주장하지는 않아. 그래, 윤락은 했다, 그러면 그에 대한 처벌을 받겠지만 그런 여자들이라고 맘대로 하는 거는 안 된다는 거지." (김자영, 26세)

비록 천호동집결지 여성들의 행동이 업주들에 의해 조장된 것일지 모른다는 의견들도 있었지만, 내가 만난 여성들은 그것을 공개적으로 드러낸 것만으로도 의미 있는 일이라고 생각하고 있었다. 김미옥 씨는 자신이 '갈보' 라고 불려도 아무 말 할 수 없던 시절에 비해, 젊은 여성들이 목소리를 낸 것이 신문에도 나오고 TV에도 나오는 것은 흥분되는 일이라고 했다. 그들에게 있어 인권은 "그런 여자들이라고 맘대로 하지 말라는 것"이다. 이러한 요구는 어쩌면 너무나도 당연해서 오히려 인권을 보장하라는 말이 너무 거창한 것은 아닌가 싶기도 하다. 하지만 그들에게 있어 '맘대로 하지 않는 것'은 '여성을 처벌하지 말라'는 요구보다도 더 절실할 수 있다. 서기은 씨는 군산에서 일을 했고, 2001년 성매매와 여성의 죽음이 보도되는 것을 외부에서 보면서 현장에 있는 여성들이 더 어렵게 될 것을 우려하고 있었다. 또한 "책임자를 처벌하라, 단속을 강화하라"는 시민단체들의 주장이 그 공간의 당사자들의 일상에 어떤 영향을 미칠지 알기에 답답할 수밖에 없었다.

여성들은 누군가 죽어 나가고 나서야 사회적으로 관심이 되는 것보다 부당한 대우를 받으며 살아가야 하는 현재의 삶이 변화되기를 원한다. 여성들에게 단속이나 철저한 처벌도 중요하지만, 그들은 자신이 성판매 여성이라는 것 때문에 모멸적인 대우를 받는 것에 강하게 저항한다. 그리고 성매매공간의 여성들이 목소리를 가져야 함을 강조한다.

> "내가 다방에 다닐 때 강간을 당했어. 다방업주가 '내가 이런 장사해도 어린애들이 당하는 거, 그 꼴은 못 본다'면서 신고를 하라고 했지. 나도 처음에는 내가 강간신고 하는 게 괜찮을지 걱정했는데, 너무 억울하잖아. 그래서 신고를 했어. 근데 사람들은 내가 다방 기집애이기 때문에 무조건 내가 사기 친다고 생각해. 내가 진단서 끊고 그 새끼가 내 목을 졸랐다는 것이 인정되니까 그때서 경찰이 합의하라고 하더라. 맘 같아서는 그 새끼 처넣고 싶었어. 근데 내가 그런 일을 하니까. 그냥 합의한 거지."(서기은, 25세)

"아가씨들이 요구할 건 요구할 수 있으면 좋겠어. 아가씨 혼자서 얘기하면 죽는 거지만, 뭉쳐서 얘기해 봐. 업주들도 맘대로 못하지. 아가씨들 숫자가 얼마야, 업주보다 훨씬 많잖아."(김자영, 26세)

우리—성매매 밖의 사람들—가 보편타당한 인권이라는 밧줄을 잡을 때, 의도하였건 의도하지 않았건 피해사실은 강조되고 성판매 여성은 대상화되어 왔다. 극심한 착취의 피해자로 범주화하지만, 성매매에 대한 논쟁이나 정책개발에 있어서도 성판매 여성은 일부 증언만으로 주변에 머무르고 있었고, 성매매공간의 인권침해가 신문지상에 튀어나올 때에도 여성들은 예의주시만 하고 있을 뿐이었다. 서기은 씨의 경우 탈성매매를 하고 그곳을 벗어난 현재, 아무런 대책이 없다는 것을 실감하고 다시 성산업의 공간으로 들어갈 수도 있음을 걱정하고 있다. 그래서 서기은 씨는 성매매를 해결하기 위한 대책과 인권이 무엇인지 더욱 심각하게 고민하고 있으며, 무엇보다도 여성들의 목소리에 귀기울여야 함을 강조한다.

"말은 되게 많이 하면서 실제로는 입만 산 붕어들 같아. 아예 그런 말들을 안 하면 모르겠는데, 말로만 자기네들은 아주 심각하게 성질내면서 말하잖아. 하는 것도 없으면서. 난 거기서도 경찰들이 그런 데를 막는다고 해서 싫어하는 게 아니었어. 못할 거 뻔하면서 입으로만 하는 거잖아. 나 같은 사람들이 그런 일 하면 잘할 수 있을 것 같지 않아? 업소마다 아가씨 면담 다닐 때도 나같이 경험 있는 사람이 가면 진짜 이야기가 나올 수 있지."

서기은 씨는 인권을 이야기하는 사람들이 "단속을 철저히 해야 한다", "새로운 법을 제정해야 한다"는 것을 주장하고는 있지만 단속이나 법을 통해 여성들이 어떤 삶을 살아가게 되는지 구체적으로 알지 못한다는 것을 지적한다. 그 때문에 그들은 '입만 산 붕어'로 표현되며, 성매매공간을 가장 잘 알고 있는 여성들이 이야기할 수 있는 장이 마련되어야 함을 주장한다.

여성들은 스스로 두려워서 침묵하는 것이 아니라 극심한 피해 사실 외에는 들으려 하지 않는 사람들 때문에 침묵하는 것은 아닐까. 다른 인권운동에 비해, 특히 성판매 여성들의 인권은 학자 또는 운동단체들을 통해 대변되어 왔고, 사회적 공감대 형성과 대책 요구 등에 큰 성과를 이루었다. 그것이 가능했던 것은 논리적 타당성 때문은 아니었다. 여성들의 증언을 통해 성매매공간의 삶을 드러내었기 때문이다. 하지만 그들의 증언이 성매매 금지라는 범주하에 단일한 증언으로 이해되었던 것이 사실이고, 성매매공간의 다면적 권리가 모색되지 못한 한계를 가지고 있다. 따라서 이제 성매매와 인권에 대한 전면적인 접근을 위해 필요한 것은 피해여성의 증언이 아니라, 성매매를 경험하고 인식하는 주체의 목소리이다.

성매매 논의가 더 세련될 필요가 있는가. 앞뒤가 맞지 않는 현실이 존재하는데 언제나 일관된 정책과 법을 만들기 위해서 논리적 배경을 만들어 내고 있다면 그것은 현실과 매우 동떨어진 논의일 수밖에 없다. 모순적인 현실에 모순적인 대책이 문제가 되는 이유는 무엇일까. 사람들은 '그럼 뭐냐, 답이 없지 않느냐, 우선적으로 선택해야 할 것이 무엇이라고 생각하느냐' 등의 질문을 한다. 이때 나는 '둘 중의 하나를 선택하는 것이 인권에 중요한가' 라고 되묻고 싶다. 그리고 성매매에 대한 접근이나 정책이 과연 성판매 여성의 삶에서부터 시작되었는지 되짚어보고 싶다.

성매매에 대한 한국 사회의 법과 정책은 사회질서와 연결되어 있다. 사회질서란 사회가 유지되고 운용되는 데 필요한 규범과 조치이기에, 성매매를 금지하는 사회의 질서는 성매매 행위를 사회가 유지되고 운용되는 데 위배되고 위협적인 것으로 규정하는 것이다. 그럼에도 불구하고 한국 사회에서 성산업은 합법적 위치를 차지하기도 하며, 관광진흥을 목적으로 성산업 집중지역이 관광특구로 지정되기도 한다. 이러한 이중적 정책이 존재하면서도 성판매자에 대한 사회적 비난은 엄격하기만 하다.

이미 알고 있듯이 역사적으로 지배규범을 유지 · 가능케 하기 위한 사회질서 때문에 인권은 무시되기도 했으며, 개인을 희생하여 국가 또는 사회가 살아남기도 했다. 때문에 인권의 역사는 사회적으로 당연히 인정되는 권리라기보다는 사회적 모순과 부딪치면서 형성된 삶의 권리를 찾아내는 과정이었다. 인권은 권력의 문제인 동시에 모순의 문제였다. 감추어지고 은폐되었던 인권의 요구는 결국 주체의 목소리를 통해서 구체화되었고, 목소리를 드러내는 것이야말로 인권의 타당성이 인정되는 중요한 과정이었다. 그러나 한국 사회에서 성판매 여성의 인권은 외부로부터 시작했고 내부의 목소리를 온전히 이해하려는 시도는 없었다. 게다가 성판매 여성이 겪고 있는 현실적인 삶의 문제는 성매매 논쟁에서, 또는 사회질서의 결정체인 법 속에서 부차적이 되어 온 것이 사실이다.

여기에서 여성의 삶의 문제로 돌아가자고 주장하는 것은 여성의 피해 증언을 더 찾아 내자는 의미는 아니다. 이제 필요한 것은 여성의 단편적인 증언이 아니라 여성들이 요구하는 바를 이야기할 수 있는 사회적 분위기이며, 여성들의 목소리를 '절대금지'의 잣대로 파편화하지 않는 자세이다. 성매매공간을 벗어나야 한다는 절대목표를 향해 여성들의 이야기를 짜깁기할 때, 성판매 여성의 권리는 성매매공간을 벗어났을 때에만 보장되는 권리이다. 그러나 성매매공간에 있는 여성들의 삶 속에는 그곳에서 벗어나고 싶어하는 욕구와 더불어 지금 당장 착취받지 않고 안전하게 살고자 하는 현실적 필요가 존재한다. 그것이 바로 성매매공간 안에서의 인권이다. 강력하고 지속적인 단속이 가져오는 한계를 알면서도, 단속이 미비하여 여성들이 죽어 나가고 있다고만 말할 것인가. 그렇다면 단속에 저항하는 여성들은 어떻게 설명할 수 있는가. 단속 때문에 밤이고 낮이고 문을 닫아걸고 살아야 하는 것은 감금이 아닌가. 성매매가 완전히 없어져 버릴 때까지 단속할 테니 과감하게 도망치라고 할 것인가. 밖에 나와도 아무런 대책이 없어서 도망치지 못한다고 여성들이 말한다면, 그때까지 참아 내라고 말할 것인가.

성매매의 구조나 원인을 이야기할 때 '객관적인 위치'에 있는 사람들의 주장이 적절했을지 모르나, 어떤 집단의 인권을 이야기할 때 객관적인 위치에 있는 사람들의 주장은 그리 상식적이지 못하며, 효과적이 아닐 수 있다. 따라서 '누가', '무엇'을 말하는가는 매우 중요하다. 성매매라는 방대한 사회적 현실에 있어 어떤 사람이 '안'에 있고, 어떤 사람이 '밖'에 존재하는지 결정하는 것부터가 쉽지 않은 일일지라도, 공간 밖에서 이야기하는 것이 가지는 의미는 공간 안에서 이야기하는 파워와는 분명히 다르다. 어떤 이는 덜 위험하게, 덜 폭력적이게 살아갈 권리를 주장할 수도 있고, 어떤 이는 심리적 소외감 때문에 현재의 공간에서 안전하게 살아가기를 원할 수도 있다. 따라서 성매매공간의 여성들이 스스로 목소리를 내는 것은 우리의 편견을 바로잡는 중요한 고리가 될 수 있다. 성매매공간의 여성들에게 가해지는 비난들에 대한 어떠한 이론적 반박도 여성들의 목소리만큼 타당하고 상식적일 수 없으며, 성매매에 관한 어떠한 대책도 삶에 기반한 여성들의 모순적인 요구만큼 구체적이지 않기 때문이다.

에필로그 : 2007년 나는 무엇을 보는가

2007년, '성매매'란 단어가 주는 중압감이 이전보단 덜해지기는 했지만, 내가 아는 성매매와 그 공간의 상황은 크게 달라진 게 없어 보인다. 물론 2004년 성매매방지법이 제정되고 그에 따른 정책이 시행되면서 나타난 변화는 분명했다. 성매매에 둔감했던 사회는 성매매방지법에 대해 환영과 긴장의 축으로 나뉘어 성매매의 현실과 경제, 문화 영역을 연결한 언설화 작업을 했고, 특히 이 법을 계기로 성매매집결지의 '성노동자들'은 자신들의 목소리를 내기 시작했다. 일시적 현상으로 보는 이들도 있지만 성매매방지법 이후 언론은 하루도 빠짐없이 성산업, 성매매를 보도하고 있으며, 그 문제들이 사회적으로 공론화되고 있다.

성매매방지법이 제정된 이후, 매년 9월*이면, "(그곳은)요즘은 어

* 성매매방지법 시행령은 2004년 9월 23일 이후 효력을 갖는 것으로 명시화되었다.

떤가요?"라는 질문을 자주 받는다. 질문하는 이의 의도를 모르는 바는 아니지만, "사람 사는 곳인데, 크게 다르지는 않겠죠……"라는 나의 대답은 분명히, 모호할 수밖에 없다. 내가 아는 성매매와 그 공간의 상황은 여전히 부분이고, 그것을 성매매공간을 맴돈 지 십 년이 훨씬 지난 후에야 깨달았기에 단정보다는 모호한 회피가 나를 더 편안하게 한다. 2001년, 나는 쉼터 실무자라는 위치로 막달레나의집에 들어왔다. 쉼터 실무자가 무슨 일을 해야 하는지도 몰랐기에 함께 놀기에 바빴고, 여전히 재미난 쾌가 없을까 궁리하기에 급급했다. 나이 많은 언니들에게 듣는 '젊은 용산시절'은 언제나 흥미로웠고, 쉼터를 찾아오는 손님들을 고스톱판에 끼워 넣어 간식 돈을 챙기는 것도 꽤나 재미있었던 시간이었다. 왜 성산업으로 들어가게 되었는지, 계기가 무엇이었는지는 그리 중요하지 않았고, 그들이 강조하는 '힘' 있던 시간에 집중하였기에, 나에게 '성매매 피해여성'이라는 단어는 지금도 낯설다.

그동안 성매매 또는 성산업을 키워드로 하는 많은 서술—연구를 포함하는—들은 여성의 경험보다는 성매매와 관련된 변인과 관계를 중심으로 한 대책을 주로 다루고 있다. 하지만 성판매 여성들이 삶을 선택하고, 결정하고, 시도하는 맥락과 의미는 여전히 충분히 설명되지 못하고 있다. 성매매공간 안과 밖, 여성들이 지향하는 것은 무엇일까? 여성들이 체험하고, 자신들의 것으로 소유한 삶의 의미는 무엇일까? 막달레나공동체를 통해 만난 '독특한 여자들'은 나에게 새로운 눈과 가슴, 머리를 가능하게 했다. 이들을 통해 나는 성매매에 대한 입장이 없음이 분명해졌고, 성매매공간의 여성뿐 아니라 그곳의 다른 사람들까지도 볼 수 있게 되었다. 특히 용산역전을 쏘다니며 뛰어놀기만 했던 아이가 업주가 되기도 하고, 그 아이를 지켜보던 아가씨가 육십이 넘은 지금도 살고 있는 곳이 집결지라는 것은 그들의 이야기를 통해서만 드러날 수 있는 사실이었다.

* * *

2002년 위의 글을 쓴 후 5년이 지났고, 이제 나는 '무슨 일이 있었는지'를 묻기보다 '요즘 어떻게 사는지'를 묻게 된다. 그 질문은 피해를 증명하거나 인권을 언급하기에는 부족하지만, 성매매공간의 사람들이 늘어 놓는 하소연이나 요청을 듣기에는 충분하기 때문이다. 나는 여성들에게 성매매공간에서 현재하는 삶을 멈추라고 말하기 어렵다. 하지만 여성들이 새로운 행위를 시도하기를 지지하며, 자신이 살아온 삶의 경험을 더 나누어 주기를 바란다. 그 경험을 드러내는 것으로 어떻게 인권을 보장할 것인가를 설명하는 것은 이후의 몫이 되겠지만, 적어도 성매매공간 안의 경험을 나누는 것은 모순되는 삶의 권리를 깊이 있게 이해하는 데 도움이 될 수는 있을 것이다. 그러기 위해 나는 단편으로 아는 성매매공간의 무언가에 대한 판단을 멈추려고 한다. 그것이 비록 '입장 없는 입장'으로 보이더라도 내가 본 것을 다른 사람들도 보고 공감할 수 있도록, 성매매공간의 안과 밖에서 대화하려는 사람들의 창구가 되려고 노력해야 할 것이다.

3. 법은 무엇을 할 수 없는가?—성매매와 법

김애령

물음의 시작

2004년 9월 '성매매방지법'*이 시행될 당시, 우리는 '성매매로부터의 탈주, 그리고 전업' 연구를 진행하고 있었다.** 우리는 당시 서울에 있는 두 곳의 성매매집결지(용산과 천호동)와 전국의 탈성매매 여성들을 위한 쉼터 11곳에서 현직·전직 성판매 여성들을 상대로 설문조사 중이었다. 당시의 연구는 탈성매매가 성공적인 전업으로 연결되기 위해서는 무엇이 필요한지를 가늠해 보기 위해 성매매공간에서의 생활, 직업과 미래와 일에 대한 의식, 그리고 전업과 자립을 위한 현재의 지원

* 통칭 '성매매방지법'(Preventive Act of Prostitution)은 '성매매알선 등 행위의 처벌에 관한법률'(Act on the punishment of acts of arranging sexual traffic)과 '성매매방지 및 피해자보호 등에 관한 법률'(Act on the prevention of sexual traffic and protection, etc. of victims thereof)을 말한다. '성매매처벌법'은 법무부가, '성매매 피해자보호법'은 여성부가 주무부서이다.

** 그 연구 결과는 막달레나의집에서 발간된 자료집 『2004 성매매로부터의 탈주, 그리고 전업』에 정리되어 있다.

서비스에 대한 평가 및 요구 등을 알고자 했다. 더불어 우리는 그 해 3월에 제정되어 9월에 시행을 앞두고 있는 성매매방지법에 대해 알고 있는지를 물었다. 이 '성매매방지법' 은 그녀들의 현실에 직접적인 영향을 미칠 것이었다.

성매매방지법은 한국 여성주의자들의 노력의 산물이다. 성매매공간 내의 폭력과 착취의 문제, 성판매 여성들의 열악한 현실과 인권에 주의를 기울여 온 여성주의자들의 노력이 그 밑거름이었다. 성매매를 '타락한 여성들' 의 '윤락행위' 로 보는 보수적인 남성중심적 성도덕을 비판하면서, 성매매의 본질을 가부장제 내에서의 남성의 여성에 대한 구조적 착취로 보게 한 것도, 또 성판매 여성들을 그 구조의 '피해자' 로 이해하기 시작한 것도 여성주의적 관점이 도입된 결과이다. '성매매방지법' 은 이 구조적 문제를 드러내고 해결하는 것을 목적으로, 특히 이 구조의 피해자인 여성들을 지원하고자 준비되었다. 이 법은 기형적으로 만연한 성산업의 규모를 줄이고, 빚과 폭력과 감금 등으로 인해 그 안에서 벗어나지 못하는 여성들에게 사회로 '복귀' 할 수 있는 기회와 가능성을 제공하려는 선한 의지로, 많은 반대담론들을 극복하면서 준비되었다. 그러니 당연히 그 대상자이자 수혜자가 될 여성들과 함께 준비되었어야 한다.

설문의 결과는 기대 밖이었지만, 예상한 대로였다. 현직 여성들보다는 쉼터에 있는 여성들이 더 많은 정보를 가지고 있었고, 집결지의 현직 여성들 중에서는 21%만이 '잘 알고 있다' 고 답했으며 9%는 전혀 들어 본 적이 없거나 잘 모른다고 답했다. 그러나 그 21%도 '잘 알고 있' 었다고 생각되지는 않는다. 그것은 법 시행 이후에 그녀들이 보여

준 당혹감에서 반증된다.* 여성들이 이 법과 조우한 첫번째 계기는 바로 그 날, 9월 23일 강화된 집중단속을 피해 불이 꺼진 집결지 거리에 서였고, 우리가 아는 대로 여성들은 여의도 집회에 참석했다. 용산집결지에 모인 여성들이 이불을 불태우며 시위를 벌였던 것이 하나의 사건이었다면,** 여의도 국회의사당 앞에서 한 달 넘게 단식농성을 벌이고 성판매 여성의 조직을 만들어 갔던 것은 이 법이 결과한 지속적인 과정의 시작이었다. 이제 한편에서 '성노동자'로서의 존재를 주장하며 자신들의 일을 '직업'으로 인정받고자 노력하는 성판매 여성들의 조직이 활동을 지속하고 있다.

2005년 법 시행 1년이 넘어가고 있는 시점에 만난 용산집결지의 여성들에게 우리는 법이 시행되기 시작하던 그 당시의 상황에 대한 기억과 법 시행 이후의 현실에 대해 다시 물었다.*** 집결지에서의 강화된 단속의 시기를 지내고, 집결지현장 지원이 가능해진 상황에서 일을 그만두거나 그만둘 것을 목적으로 받는 지원에 감사하기도 하고, 업주와의 관계에서 여성들의 위치가 이전보다 나아졌다는 반가운 신호들을 전해 주기도 했다. 그러나 법 이후의 단속 경험, 더 높아진 벌금의 압

---

* 이렇게 법 시행에 대해 일지 못하는 여성들은 성매매방지법에서 약속한 대책들이 자신들에게 도움이 되리라고 생각할 수 없었을 것이다. 실제로 쉼터에 있는 여성들의 경우는 70.5%가 "모든 여성들에게 큰 도움이 될 것"이라고 답한 반면, 집결지의 현직 여성들은 14.5%를 제외하고는 "일부 여성들에게만 해당되거나"(28.2%), "별 도움이 되지 않는"(41.1%), "나와는 상관이 없거나"(3.2%), "잘 모르는"(12.9%) 일이라고 답했다(막달레나의집, 『2004 성매매로부터의 탈주, 그리고 전업』).

** 2004년 11월 18일 밤 용산역 앞에서 "우리는 생계 보장을 위해 나왔습니다"라는 플래카드를 내걸고 이불을 불태우며 시위를 벌였다. 이 시위는 2004년 11월 19일 SBS 아침 8시 뉴스에서만 간단히 보도되었다.

*** 막달레나의집, 『태양을 꿈꾸다 : 용산집결지 삶에 관한 보고서』

박, 폐쇄를 앞둔 집결지에서 막연히 내다보는 막막한 미래는 이들의 현실을 구성하는 어두운 단면들이다.

'성매매방지법' 에 대한 평가는 다양한 지표들의 검토를 필요로 한다. 실제로 성산업의 규모가 줄었는지, 아니면 또 다른 일각에서 주장하는 대로 '풍선효과' 를 피할 수는 없으며 여성들은 더 어두운, 더 감추어진 곳으로 옮겨가고 있는지, 현재로서는 그것을 확인할 지표를 가지고 있지 못하다. 이 글은 '성매매방지법' 의 효과와 결과를 평가하는 것, 이 법을 지지하거나 반대하는 입장을 선택하는 것을 유보하려고 한다. 이 글은 일견 단순한 문제의식에서 출발한다. 그것은, 법이 모든 문제를 해결할 수 없음이 분명하다면 법의 한계를 정확히 인식해야 한다는 것이다.

성매매방지법의 출발 : 여성주의와 법, 그리고 성매매

1) 여성주의와 법

여성주의는 법에 대해 이중적인 입장을 갖는다. 한편으로 여성주의는 실정법의 관점과 한계에 대해 민감하다. 그러나 다른 한편 여성주의적 정의의 실현을 위한 법적 조치에 그 어떤 사회 제도에 대해서 보다 큰 기대를 가지고 있다. 여성주의자들은 법을 한 사회의 젠더 구성원리를 반영하는, 그러나 역으로 젠더의 문화적 구성에 적극적으로 영향을 미치고 작용할 수 있는 사회적 텍스트로 본다. 그렇기 때문에 기존의 실정법에 대한 비판은 지금까지의 젠더 구성원리에 대한 비판을 의미하며, 가부장적 불평등에 근거한 젠더 관계의 변화와 양성평등의 젠더 구성을 위한 새로운 법적 실천은 중요한 의미를 지니게 된다.

법과 국가의 '남성중심성'에 대한 여성주의자들의 비판은, 근대법의 목적이 결코 모든 여성에게도 정당하지는 않음을 논증해 왔다. '법적 주체'라는 보편적 규정이 양성에게 동등한 의미를 지니고 있지 않았음은 역사적으로도 확인이 가능하다. '모든 인간'에게 허용된 시민권을 획득하기 위해 '여성인 인간'은 오랜 동안 투쟁해야만 했다. 투쟁의 결과로 획득한 '동등한 법적 주체'로서의 권리도 단순한 선언적 인정만으로는 충분치 않음이 확인된다. 공평무사함을 표방하는 법이 함축하는 불평등한 실천은 '평등'만으로는 부족한 '차이를 지닌 존재'인 여성의 현실을 반영하기 때문이다.

법을 둘러싼 여성주의의 투쟁은, 법 안에 감추어진 불평등성을 밝히는 것뿐 아니라 적극적인 법에의 개입을 통한 양성 평등의 실현을 목적으로 한다. 여성주의는 정당한 목적, 즉 여성들의 존재와 현실을 반영하여 남성중심적 법의 일면성을 타파하는 '양성평등의 법적 정의'를 실현해야 하며, 그러한 양성평등의 정의를 실현하기 위한 법의 강제수단은 여성해방적 전망에 기여하기에 정당하다고 주장한다. 비판적이고 새로운, 여성의 입장과 관점에 입각한 법의 현실화는 그러므로 여성주의적 이념을 실현하는 하나의 수단이다. 그렇기 때문에 여성주의적 관점에서 볼 때, 법은 사회적 합의나 일반적 동의 이상으로, 그 너머로 나아가야 한다. 사회적 합의와 동의가 여성주의적 정의의 수준에 못 미치고 있다면, 때로 그 정의가 법의 선포를 통해 사회적 인식의 변화를 선도해야 한다는 것이다. 한국 사회에서 여성주의자들이 법에 집중하는 이유도 바로 여기에 있다.

2) 여성주의에 입각한 성매매 관련법의 두 가지 입법례 : 스웨덴과 독일의 경우

성매매에 대한 일반적인 태도는 이중성에 근거해 있다. 성매매는 인류 역사상 가장 오래된 일로 당연히 받아들여지는 한편, 풍속을 해치는 이 행위의 도덕적 책임은 일차적으로 성을 파는 여성들에게 돌려졌다. 성을 파는 여성들은 도덕적으로 비난받을, 나태하고 사악한 유혹자이거나 경제적 빈곤과 남성의 성적 탐욕에 희생된 무지한 피해자로 표상되었다. 여성주의는 이러한 이중성을 성을 둘러싼 권력관계라는 구조의 측면에서 비판한다. 그러나 현존하는 성매매와 성적 권력관계의 불평등한 구조를 분석하는 여성주의의 관점은 단일하지 않다. 성매매를 가부장제 및 자본관계의 남성중심성이라는 구조 관점에서 보는가, 혹은 그 불평등한 구조 안에서도 꺾이지 않는 여성 개인의 행위성과 선택을 중심으로 보는가에 따라 성매매 본질에 대한 원론적 입장은 갈라진다. '자유주의 여성주의'와 '포스트모던 여성주의'는 여성 개인의 성적 결정권과 직업 선택의 자유라는 입장에서 성매매를 옹호하지만, '사회주의 여성주의'와 '급진주의 여성주의'는 구조적 불평등에 입각한 여성들의 경제적 성적 지위의 불평등성과 성의 수단적 착취라는 관점에서 성매매에 반대한다.*

---

* 성매매를 옹호하는 '자유주의 여성주의'와 '포스트모던 여성주의' 사이에도 입장의 차이는 있다. 자유주의자들이 직업 선택권이나 성적 자기 결정권에 주목한다면, 포스트모던 여성주의자들은 성매매의 '전복성'을 보다 적극적으로 해석한다. '성노동자'의 권리를 옹호하는 포스트모던 여성주의의 입장에서 섀넌 벨(Shannon Bell)은 '성노동자'를 기존의 모든 성도덕과 위계를 전복시키는 새로운 정치적 주체로 본다. 또한, 성매매에 반대하는 '사회주의 여성주의'의 입장과 '급진주의 여성주의'의 입장에도 차이가 있다. 사회주의자들이 노동착취를 강조한다면, 급진주의자들은 섹슈얼리티 전반의 남성지배, 성폭력이라는 관점에서 성매매를 반대한다(앨리슨 재거, 「매매춘에 대한 서구 여성주의 시각들」).

이러한 성매매 지지 또는 반대의 입장 차이는 양성평등의 지향적 전망에 근거할 때, 현실적으로 존재하는 성매매를 법적으로 어떻게 다루어야 할지에 대한 서로 다른 선택을 결과한다. 실재하는 성매매를 하나의 직업으로 인정해야 한다는 입장과 성매매 자체를 여성에 대한 폭력과 범죄로 인식해야 한다는 입장은 첨예하게 대립하고 있다. 그리고 여성주의 내의 각기 상반된 입장과 관점에서 스웨덴과 독일은 극적으로 대립하는 성매매 관련 입법의 예를 보여 주고 있다.

스웨덴은 사민당 정권하에서 '성적 서비스 구매 금지에 관한 법'(The Prohibition on the Purchase of Sexual Service)을 제정, 1999년 1월부터 시행하기 시작했다. 이 법은 강력한 성매매 금지주의의 입장에 서 있다. 이 법에 의하면 성을 사는 행위뿐 아니라 그것을 시도하는 행위도 금지의 대상이다. 그러나 성을 파는 행위는 처벌의 대상이 아니다. 이러한 '선택적 비범죄화'의 전략은 성매매를 보는 여성주의의 한 입장에 근거한다. 그것은 성매매 자체가 구조적 폭력이고 여성에 대한 성착취이며 억압이라면, 행위에의 동의 여부와 무관하게 성판매자는 '피해자'라는 것이다. "성매매도 가정폭력이나 성폭력과 같은 폭력의 한 형태로 간주하고 법으로 이를 제재해야 한다는 입장"(윤덕경 외, 『성매매방지법상 성매매 피해자에 관한 연구』, p. 17)에서 스웨덴의 반성매매법은 출발한다.

스웨덴에서 이렇듯 강력한 금지주의와 여성 '보호'를 피력하는 법의 제정이 가능했던 사회적 배경은, 사회민주주의적 법 전통, 급진주의 여성주의의 정치세력화, 그리고 유럽연합 통합을 통한 이주의 활성화에 따른 위기감 등이다. 사회적 공공선을 위해 성과 같은 사적 행위도

부분적으로 통제하고 규제할 수 있다는 법 태도는 사회민주주의의 유산이라고 할 수 있다. 또한 성매매의 존재가 "모든 여성의 지위를 하락시키고 모든 여성이 돈으로 살 수 있는 존재라는 의식을 강화"할 수 있다는 급진주의 여성주의 이념이 50% 이상의 의석을 차지하는 여성 의원들의 지지를 받음으로써, 이 법의 제정은 가능했다. 더욱이 스웨덴은 유럽에 만연한 인신매매/마약 문제가 자국에 들어오는 것을 막기 위한 장벽을 만들 필요가 있었고, 성구매자처벌법을 통해 이주여성들로 인한 성매매 증가에 대응하고자 했다(윤덕경 외, 앞의 책, p. 128 이하).

반대 입장을 고수하던 보수당이 정권을 잡은 현재에도 이 법은 유지되고 있다. 그 이유에 대해서는 이 법의 실질적 효과보다는, 법의 상징적 가치와 사회적 동의 때문이라는 평가가 일반적이다. 스웨덴의 '성구매자처벌법'이 제정 7년을 넘기면서 이 법이 과연 '성매매 감소라는 제정 목적을 충분히 달성하고 있는가'에 대한 평가는 회의적이다. 성구매자처벌법이 공적 생활공간에서의 거리 성매매를 감소시킨 것은 사실이지만, 포주 등에 의한 성판매 여성의 착취가 감소했는지 여부는 불확실하다. 또한 동유럽 등지로부터의 인신매매가 그 근본에서부터 뿌리 뽑혔는지에 대해서도 아무도 짐작하지 못하고 있다. 몇몇 전문가들은 성매매가 그저 공개적인 공간인 '거리'에서 불법적인 '지하'로 옮겨 갔을 뿐이라고 주장한다.* 한편에서는 성판매자의 입장에서

* 2006년 9월 28일자 독일 주간지 『디 차이트』(*Die Zeit*)의 기사에 의하면, 스웨덴에서 성매매가 거리에서 지하로 옮겨 가고 있는 실정은 2005년의 예외적으로 높은 처벌 건수를 통해 증명된다. 2005년에 있었던 460건의 처벌 사례는 이 법 시행 이후 처음으로 불법 업소와 인터넷 성매매를 특별 단속한 결과라는 것이다.

고객의 수가 감소함에 따라 가격과 조건에 대한 협상력이 낮아지고 성판매자에 대한 폭력, 추행, 낙인을 더 많이 경험하게 된다는 비판이 제기되고 있다(혜진, 「성노동자 권리와 근절론 : 네덜란드와 스웨덴을 중심으로」, p.312).

2002년부터 시행되기 시작한 독일의 '성판매자의 권리관계 규정에 관한 법률'(das Gesetz der Regelung der Rechtsverhältnisse der Prostituierten)은 독일 사회에서 오랫동안 토론되어 온 성판매자의 사회적 권리에 대한 전향적인 대답으로 사민-녹색당 연정하에서 마련되었다. 2001년 이전까지 독일에서 성매매는 일정한 범위 내에서 규제되는 비불법적 행위였다. 성매매 자체는 처벌 대상이 아니었지만, 성매매를 영업으로 인정하지는 않았다. 새 성매매법은 이러한 기존의 법 태도를 바꾸어 성판매자의 법적 권리 보호를 약속했다. 이제 성판매자와 구매자 사이의 거래는 '계약'으로 인정되며 성매매는 법적으로 보호를 받을 수 있는 영업이 되었다. 또한 알선 및 업소 경영도 처벌받지 않는 적법한 영업행위가 될 수 있다. 성판매자는 업주 또는 구매자와의 계약을 통해 자신의 권리를 법적으로 보호받을 수 있다. 그리고 이 계약 관계에서는 구매자나 업주보다는 성판매자의 권리 보호가 우선한다. 계약이 성립되었다 하더라도 성판매자가 원하지 않으면 계약은 파기될 수 있으며, 업주도 손님을 받을 것을 강요할 수 없다.

독일의 사민-녹색당 연정이 이 법을 추진한 배경은 두 가지이다. 하나는 이전의 성매매 규제 법률은 성매매를 풍속에 반하는, 즉 관습적인 윤리 감각에 어긋나는 행위로 보는 전제 위에 세워져 있었지만, 현재 독일 사회에서는 이러한 '풍속'의 의식이 변화하고 있다는 것이다.

또한 여성주의적 관점에서 성매매에 대한 규제와 금지는 성판매 여성에 대한 낙인을 강화할 뿐이므로, 여성 자신의 선택권을 적극적으로 보호해야 한다는 것이다.* 이 법의 지지자들은 이 법이 성판매 여성들의 조건을 향상시킬 뿐 아니라, 탈성매매의 가능성 또한 확장시키리라고 기대했다. 그것은 성판매자들이 합법적인 영업행위로 인정된 성매매일을 하면서, 사회보장 체계에 편입될 수 있기 때문이다. 이제 성판매자들은 다른 피고용인들과 마찬가지로 건강보험, 실업보험에 가입하는 것이 가능해지고, 또한 실업수당, 직업 재교육과 같은 노동보호 체계가 제공하는 혜택을 받을 수 있다. 독일에서는 이 법의 실행과 더불어 불법적인 인신매매나 감금 등에 의해 강요된 성매매에 대해서는 더 강화된 법적 제재를 약속했다.

독일의 집권세력은 진보적인 사민-녹색당 연정에서 보수당인 기민당-기사연이 사민당과 손을 잡은 대연정으로 바뀌었다. 보수적인 기사연이 집권하는 바이어른 지방에서는 이 법에 대한 반대가 여전하다. 그러나 현 정권에서도 이 법의 기조를 바꾸려는 움직임은 보이지 않고 있다. 지난 1월 독일에서는 이 새 성매매법 시행 이후, 이 법의 목적이 얼마나 달성되고 있는지에 대한 연구 결과가 발표되었다. 평가에 의하면, 이 법은 애초의 제정 목적을 달성하지 못하고 있다. 실패의 단면은, 성판매 여성들에게 다른 피고용인과 동일한 권리를 부여하고자

---

* "한국은 성매매 전체를 여성에 대한 인권 침해의 문제로 규정하고 '젠더 프레임' 으로 공론화 시킨데 반해 독일은 성매매 문제를 자발적 성매매 여성 자체의 문제에 국한하여 출발하고 있으며, 보편적인 '평등 프레임' 에 근거하고 있다(유숙란, 「한국과 독일의 성매매정책 결정과정 비교 분석: '도덕', '젠더', '평등' 프레임 논쟁을 중심으로」, p.130)."

했던 의도가 5년 후 겨우 1%의 성판매 여성들만이 고용계약을 맺고 있다는 사실에서 발견된다. 건강보험의 경우 성판매 여성들 중 87%가 가입하고 있지만 이들 중 3분의 1은 자신의 '직업'으로가 아니라, 가족 성원으로 가입되어 있다. 이러한 사실은 독일과 같이 성과 관련된 행위에 대한 '풍속'의 개념이 변화한 사회에서도 여성들은 여전히 성매매를 직업으로 드러내는 것을 꺼린다는 사실과, 그들에게 사회적 낙인에 대한 내적·외적 두려움이 남아 있다는 사실을 보여준다.* 또한 이 법이 보장했던 부당한 구매자에 대한 '고발권'(Klagerecht)도 실효를 발휘하지 못했는데, 그것은 성판매자와 구매자가 모두 익명으로 머물고자 할 뿐 아니라, 설령 고발을 하게 된다 하더라도 권리를 획득하기까지는 지난한 과정이 지속될 것이기 때문이다. 또한 40만 명을 헤아리는 독일 내 성판매자**의 60%는 이주여성들이며, 이중 절반이 불법체류자라는 사실이, '성판매자의 권리 보장'이라는 이 법의 취지를 퇴색하게 한다. 독일 내에서 이주여성들에게 '성매매'라는 일자리로 적법하게 체류 허가를 제공하는 것에 대해서는 법이 시행되던 2002년이나 오늘날이나 정치적인 다수의 지지를 받지 못하고 있다.

그러나 녹색당 여성의원 쉐베-게릭(Irmingard Schewe-Gerigk)은 이 법의 실패에 대한 많은 책임은, 법이 보장하는 권리를 여전히 외면하고 있는 지방정부들의 태도에 있다고 주장한다.*** 법의 실패에 대

---

* 이 법을 주도한 녹색당의 여성의원 쉐베-게릭(Irmingard Schewe-Gerigk)은 그럼에도 불구하고 이 법의 방향이 옳다고 주장한다. 성매매를 합법적 영업행위로 인정하는 것만이 장기적으로 성판매자들에 대한 사회적 낙인을 해소하는 방향이 되리라고 보기 때문이다(http://www. schewe-gerigk.de/Fachgespraeche-Anhoerungen.10082).

** 독일 성판매자 40만 명에는 남성도 포함된다. 물론 이 중 대다수는 여성이다.

한 이러한 분석에도 불구하고, 연구 결과는 이 법이 사고의 변화를 가져오고 있으며, 성판매자의 일하는 조건을 개선했다고 평가한다. 현재의 대연정 정권도 이 법을 되돌리기보다는 더 강화하고 개선하는 쪽으로 방향을 잡고 있다. 정부는 탈성매매를 지원하는 구체적인 프로그램들을 마련하고, 성매매업소의 허가제를 도입하려는 계획을 발표했으며, 법무부에서는 '강요된' 성매매의 구매자를 처벌하는 법을 준비 중이다.****

스웨덴과 독일의 입법례는 한국 사회의 여성주의자들에게 자주 거론되는 대안적 모델들이다. 그러나 이 법들의 제정과 시행을 가능하게 했던 사회적 조건과 역사적 배경 등을 충분히 고려하지 않고서, 즉자적인 도입을 논의하는 것은 위험하고 곤란한 일이다. 스웨덴에서 '성구매자처벌법'이 제정될 1998년 당시 스웨덴의 성판매자는 거리 성매매 650명을 포함하여 2,500명에 불과했다. 2002년 형사정책연구원의 보고에 의하면, 한국 사회의 성판매자의 수는 33만 명을 헤아린다.***** 이러한 규모의 차이는, 사회적 의식과 합의, 사법 전통의 차이와 더불어 두 사회를 동일한 선상에서 비교할 수 없도록 하는 이유가

*** 바이어른과 같은 보수적인 지역에서는 여전히 성매매를 풍속에 반하는 행위로 보고 있으며, 일정한 지역에서만 허가하고 있다. 이러한 지방정부의 저항은 이 법의 가능성을 감소시킨다. Katharina Schuler, "Luftnummer", *Die Zeit Online*, 24. 01. 2007.

**** 사민당의 여성 정치인인 현재의 법무부 장관 브리기테 치프리스(Brigitte Zypries)는 성구매자들이 성판매자가 어떤 조건에서 일하고 있는지 관심을 기울여야만 한다고 강조하면서, 그 여성이 '강요된 조건'에서 성을 판 것이 명백함에도, 구매자가 아무런 조치도 취하지 않은 경우, 범죄의 방임을 이유로 처벌할 수 있다고 이야기한다. "Strafe für Freier", *Die Zeit Online*, 28. 09. 2006.

***** 1995년 한국여성민우회는 120만 명, 1998년 여성개발원은 98만 명, 2001년 새움터는 73만 명으로 추정했다.

될 것이다. 독일의 전향적인 성매매 합법화 또한 성노동의 권리를 옹호하는 한국 여성주의 진영의 일각에서 적극적으로 탐색되는 예이다. 그러나 독일의 성매매 합법화는 60년대 말 이래 오랜 성해방 운동이 마련한 자유롭고 개방적인 성의식과 성노동권에 대한 사회적 토론과 공론화의 결과이다. 적어도 독일에서는 개인의 성적인 행위와 그 선택에 대해 공개적인 비난이나 판단을 유보할 수 있는 관용적인 태도가 일반화되어 있다. 그러나 그런 사회에서조차도 여전히 사회적 낙인이 이 법의 실효성을 의심하게 한다면, 공적·사적인 장에서 성에 대한 이중 도덕이 성별을 가르고, 비난과 혐오, 동정과 무시가 뒤얽혀서 성판매 여성들을 가시권의 영역 밖에 묶어둔 한국 사회의 비관용적 현실에서는 그냥 꿈은 꾸어 보더라도, 감히 도입하기는 어려운 모델이라고 할 수 있겠다.*

3) 여성주의와 한국의 성매매방지법

한국 사회에서 성매매에 대한 일반적인 태도는 성매매를 도덕적으로는 비난하면서, 관습적으로는 허용하는 이중성을 가지고 있었다. 그리고 이 이중적인 태도의 한쪽 끝에는 늘 '성을 파는 여성들'을 향한 도덕적 비난과 낙인이 놓여 있었다. 1961년 제정된 '윤락행위등방지법'(이하

---

*사회적 의식의 차이가 아니더라도 영업 형태의 극적인 차이가 두 국가를 단선적으로 비교할 수 없게 한다. "한국은 겸업형과 전업형을 포함한 업소 종사자가 총 76%이며, 독일은 성매매 업소에 소속된 성매매 여성은 20%에 불과하며 나머지 80%는 길거리, 아파트, 클럽 등에서 프리랜서로 일하는 것으로 추정된다. 업소에 소속된 경우도 자영업의 형태가 많다(유숙란, 「한국과 독일의 성매매정책 결정과정 비교 분석: '도덕', '젠더', '평등' 프레임 논쟁을 중심으로」, p.125)."

윤방법)은 "선량한 풍속을 해치는 윤락행위"를 방지할 목적으로, "윤락행위를 하거나 할 우려가 있는 자를 선도함"을 목적으로 했다(제1조). 윤락행위는 "불특정인을 상대로 하여 금품 기타 재산상의 이익을 받거나 받을 것을 약속하고 성행위를 하는 것"(제2조, 제1항)을 의미하므로, '윤락행위자'는 곧 성을 파는 자를 말한다. 그들이 왜, 어떤 경로를 거쳐, 어떠한 조건과 환경에서 성을 파는 행위를 하게 됐는지, 그리고 왜 이 사회 안에서 윤락행위자의 대부분은 여성인지에 대해서는 무관심한 이러한 법적 태도는 양성의 사회적·성적 권력관계에 대한 맹목 위에 놓여 있다는 비판이 여성주의 진영에서 제출되었다. 명목적 금지주의가 현실에서는 무기력하게 작용력을 상실하고 있다는 비판 역시 이 법의 폐지와 새로운 법의 입법 필요성을 주장하게 한 배경이 되었다.

2004년 3월에 제정된 한국의 '성매매방지법'은 성매매 금지주의의 입장을 분명히 하고 있다.** 이 법의 궁극적인 목적은 성매매 근절이며, 그것을 위해 법의 강화와 성매매 피해여성의 보호 및 구조를 약속한다. '성매매방지법'은 한국여성단체연합의 입법안으로부터 출발했다(윤덕경 외, 『성매매방지법상 성매매피해자에 관한 연구』, p.15).

성매매 자체가 여성에 대한 폭력이자 침해라고 보는 입장에서, 한국여성단체연합의 입법안은 스웨덴의 '성적 서비스 구매 금지에 관한 법'을 그 입법례로 했다. 그러나 스웨덴 법의 '선택적 비범죄화'까지 수용하지는 못했다. 성매매방지법이 금지와 범죄화의 원리 위에서 성

** 제1조(목적) 이 법은 성매매·성매매알선등행위 및 성매매 목적의 인신매매를 근절하고, 성매매 피해자의 인권을 보호함을 목적으로 한다.

매매 행위 자체를 범죄로 규정하기 때문이다. 단, 성판매자라 할지라도 "성매매를 강요당한 여성들은 성매매 피해자로 분류하여 비범죄화"*하는 것으로 물러섰다. 여성부는 이 법의 목적을 "양성평등과 인권"이라고 표명한다. 여성부는 "우리 사회에서 여성만을 낙인찍었던 '윤락' 대신 '성매매' 라는 가치중립적인 용어가 법적으로 자리잡았"으며, "또 성매매보다는 성매매를 알선하는 행위를 중점 처벌함으로써 비정상적으로 커져버린 성(性)산업을 근원적으로 줄일 수 있는 근거가 마련되는 등 성매매 방지의 획기적인 전환점이 될 것으로 기대한다"고 밝히고 있다(여성부, 「성매매 없는 사회를 위하여」).

'성매매방지법' 은 '성매매는 범죄' 라는 인식의 사회적 정착과 만연한 성산업의 축소를 실질적인 목적으로 하며, 많은 여성들을 성매매 공간으로 끌어들이고 그 안의 착취고리에서 벗어나지 못하게 하는 부정의한 현실을 겨냥한다. 그리고 이 법의 이념적 토대는 성매매 일반이 여성에 대한 폭력이기 때문에 근절되어야 한다는 강한 '금지주의' 이다. 이는 성매매에 대한 전면적인 거부이자, 성의 상품화 및 성거래를 확대하는 남성중심적 성문화에 대한 부정이며, 이러한 현실을 묵인한 국가의 방임에 대한 도전이다. 따라서 국가의 책무는 '여성에 대한 폭력' 인 성매매에 대한 불허용의 입장, 단속과 처벌의 태도를 분명히 해야 한다는 것이다.

---

* 양현아는 성매매방지법의 의의를 이러한 '성매매 피해여성에 대한 규정' 및 '비범죄화' 에서 찾는다. 이 규정이 성매매를 강요, 강제하는 체계가 존재할 때, 여성들이 성매매를 선택하는 것이 아니라 강제당하게 된다는 사실을 보여 준다는 것이다(윤덕경 외,『성매매방지법상 성매매피해자에 관한 연구』, p.22).

원리상의 문제들

1) 성판매 여성들의 법적 지위

여성부가 성매매방지법을 '양성평등과 인권'의 목적을 실현할 계기로 주장하는 근거 중 하나는 이 법이 성매매로 인한 '피해여성'에게 특단의 보호와 구조, 지원 조치를 약속하고 있다는 데에 있다. 이 '양성평등과 인권'의 관점에서 출발하는 금지와 '범죄화'의 원리, 그리고 이 법이 인식하는 성매매 현실과 피해에 대한 관점은 법의 구체적인 조항들에서도 확인된다. 피해를 구성하는 폭력과 협박, 위계와 위력, 마약 사용, 감금, 인신매매, 범죄단체의 강요와 다중의 위력이 법 조항의 전면에 드러나 있는데, 이 모든 강요와 폭력은 이 법이 맞서고자 하는 일차적인 타깃이다.

그러나 이 성매매방지법이 여성주의의 입장에 충실하다면, 이 법은 자신의 토대와의 관계에서 명백한 모순을 내포한다. 성매매방지법을 이루는 두 법, 즉 법무부 소관으로 단속을 우선으로 하는 '처벌법'과 여성부 소관으로 보호를 중심으로 하는 '보호법'은 성을 판 여성을 '사회복귀를 위한 서비스 대상자'인 '피해여성'과 처벌 대상이 되는 성매매 범죄의 '자발적 행위자'로 구분하고 있기 때문에 실질적으로 '충돌'한다. 이 성매매방지법은 여성을 이런 식으로 피해자와 범죄자로 이분화한다. 업주에 속하지 않고 독립적으로 일하는 성을 파는 여성들, 혹은 성매매업소에서 일을 하고 있기는 하지만 빚이나 감금과 같은 외적인 강압 없이 성을 파는 여성들은 모두 '범죄자'들이다. 이들에게는 탈성매매를 위한 지원이 제공되는 것이 아니라, 처벌이 예정되어 있다.[*] 처벌을 면하기 위해서, 그리고 지원 체계에 들어가기 위해서 성을 판 여성은 비자발성을 입증받아야 하고, 피해를 증명해야 한다.[**] 뿐만 아니라 형법상의 모순적 결정을 용인해야만 할 수도 있는데, 피해자로 규정되었던 여성이 성매매의 행위자가 되는 경우가 발생하기 때문이다. 실제로 피해여성으로 지원을 받다가 불확실한 전업 전망과 여러 가지 이유 등으로 인해 업소로 되돌아가는 경우가 얼마든지 있을 수 있다. 한 여성의 시간적 · 공간적 움직임 내에서 피해와 자발성은 '성매매방지법' 이 기대하는 만큼 선명하지 못하다.

성을 파는 여성들에 대한 이와 같은 이분화는 '여성의 입장과 현실, 여성의 관점' 이 반영된 법의 실현이라는 여성주의적 원리에 모순된다. 현행법에 따르면 여성은 스스로 행위하고 선택하는 주체로 인정되기보다 성매매공간에서는 강제의 피해자, 성매매공간 밖에서는 일방적인 지원의 대상자로 존재해야 한다. 그러나 성매매공간 안에서 여성들의 경험은 단일하지 않으며, 한 여성의 경험일지라도 공간과 시간의 변화에 따라 그 내용을 달리한다. 실질적으로 성매매공간 안에서 그 경계는 모호하고, 또 끊임없이 움직이고 있음에도 불구하고 고정적인 '피해 입증' 요구는 여성들 자신의 경험을 왜곡하게 한다. 또한 성매매의 범죄화는 그 비판자들의 주장처럼, 성매매공간에서의 폭력적 상황

---

* 성매매처벌법상 성매매를 한 자는 윤방법에서와 같이 "1년 이하 징역 3백만 원 이하 벌금 구류, 과료"에 해당한다(처벌법 제21조 제1항, 윤방법 제26조 제3항).

** 경찰청 자료에 의하면 성매매방지법 시행 후 2개월 간의 단속에서 6,791명이 검거되었는데, 이중 660명은 성을 판 여성이다. 이 중 7명의 여성은 "전단지를 돌리며 상습적으로 성매매를 하여 자신이 성매매 피해자라는 것을 입증하는 것이 쉽지 않아" 구속영장이 신청되었다(이금형, '성매매방지법의 올바른 시행을 위한 긴급토론회' 단속실적 보고).

에 '자발적 성판매자'가 능동적으로 대처하는 것을 저해할 뿐 아니라,*** 사회적 낙인을 가중시키고 성매매로부터 벗어나는 데 중요한 장애요인이 된다.

2) 법 규정의 한계

'성매매처벌법'에서 '성매매 피해자'는 "위계·위력에 의해 성매매를 강요당"하거나 "마약에 중독되어 성매매를 했"거나 "청소년, 의사결정 능력이 없거나 미약한 자, 중대한 장애가 있는 자"이거나 "성매매 목적으로 인신매매를 당한 자"이다(성매매알선 등 행위의 처벌에 관한 법률, 제2조 제1항의 4). '위계·위력 그 밖에 이에 준하는 방법'이라는 규정은 모호한데, 법에서는 "의사에 반하여 이탈을 제지한 경우"와 "신분증 등을 채무 이행확보 등의 명목으로 제공받은 경우" 등으로 규정되어 있다(성매매알선 등 행위의 처벌에 관한 법률, 제2조 제2항).

성매매처벌법의 이러한 법 규정들은 성매매공간이 일정한 강압적 수단을 통해 성판매 여성들의 행동을 규제하고 있다는 사실에 근거한다. 그것은 물리적인 폭력일 수도, 선불금과 같은 경제적 압박일 수도, 협박과 폭언일 수도 있다. 그리고 실제로 성매매에서 벗어나고자 하는 많은 여성들은 이러한 가시적, 비가시적인 고리들과 강압 속에 묶여 있기도 하다. 그러나 이 법 규정의 세목들은 성매매공간이 드러내는 현실의 한 단면, 그것도 성매매공간에 대한 특정한 통념의 반복이라고 할

*** 실제로 우리가 만난 성판매자들 중 업소에 속하지 않고 혼자서 영업을 하는 '프리랜서' 성판매자들은 성매매방지법 이후 손님의 부당한 행위를 감수해야 했거나, 폭력에 적극적으로 대응하지 못했던 경험을 말하기도 했다(막달레나의집, 『태양을 꿈꾸다』).

수 있다. 특히 '마약중독'이나 '심신 미약 · 장애', '인신매매'와 같은 규정들은 포괄적인 피해규정보다도 못하다. 이러한 피해규정이 성판매 경험 여성들에 대한 사회적 낙인을 오히려 강화할 수 있기 때문이다.

성매매공간에서 '피해'의 내용은 다양하다. 실제로 여성들은 수시로 위험에 노출되기도 하고, 그 위험에 대처하기도 한다. 성판매 여성들의 피해에 주목하고, 그들을 온갖 위험으로부터 보호하고자 한다면, 이와 같은 형식적인 규정이 아닌 상황에 대한 민감성이 더 일차적이다. 피해는 사건이고 범죄이지, 존재 규정은 아니다. 성매매공간에 피해자인 여성과 자발적 성노동자인 여성이 각기 다른 분리된 집단으로 존재하는 것은 아니다. 혼자서 영업을 하는 성판매 여성이 손님과의 관계에서 피해를 당한 경우, 이들은 일차적으로 '범죄자'이기 때문에 오히려 피해를 호소하거나 대처할 가능성을 차단당할 수 있다. 또한 역으로 범죄자가 되지 않기 위해 피해를 구성하거나, 강조해야 하는 불편한 지위를 성판매자들에게 강요할 수도 있다. 인신매매와 성매매 강요와 같은 범죄 피해를 성매매 자체와 동일시하는 이러한 법적 태도는, 성매매공간에서의 현실을 왜곡할 수 있는 가능성을 내포한다. 성매매를 합법화한 독일에서도 인신매매나 성매매 강요, 미성년자의 성매매에 대해 단호한 형사 사법적 조치를 취하고 있다는 사실은 이러한 동일시가 필요불가결한 것은 아님을 반증한다.

또한 성판매 여성에 대한 지원도 이러한 피해자 대 자발적 범죄자의 이분법적 규정 안에 머물게 될 때, 그 원래의 취지를 퇴색시킬 수 있다. "업주에게 구체적인 피해를 당한 사실은 없지만 성산업을 그만두고 직업 교육을 받기 원하는 여성이 있다면? 업주 없이 일했던 여성이 오갈 데 없어 쉼터에 오고 싶다면?"(원미혜, 「성판매 여성의 '인권', 어떻게 접근할 것인가」, p.158) 이들을 지원할 수 있는 합법적인 가능성을 찾기 어려워진다.*

물론 법은 일반화의 결과이다. 법은 특수한 사례들을 공평하고 정의롭게 포괄할 수 있을 만한 보편적 규정을 통하여 정당성을 확보하고자 한다. 법은 동시에, 어떠한 이념의 표현이기도 하다. 특히 만연한 부정의를 시정하는 것을 그 목적으로 하는 법은, 현실을 어떻게, 무엇으로 보고 있으며, 지향해야 할 바가 무엇인지를 공표한다. 그러나 이념과 보편관점은 '구체성' 안에서 구현된다. 구체적인 사례들 속에서 어떻게 얼마나 이념에 부합하여 구현되는지의 여부가 바로 그 법이 가진 정당성의 궁극적인 지표가 될 것이다. 법이 지향하는 보편적 정의는 추상적 법규정들이 구체적인 법적 판단의 해석 과정을 통해서만 현실화될 뿐이다.

성매매방지법 이후 : 성매매방지법의 목적과 실행

성매매방지법이 시행되기 시작할 무렵, 여성부는 이 법을 통해 국제규약에 준하는 '국제 수준'의 입법을 성취했고, 앞으로 성매매에 대한 국

* 현재 진행 중인 집결지 자활지원사업은 이러한 모순 위에서 진행되고 있다. 탈성매매를 전제로 현직 성판매 여성들에게 일정한 기간 전업과 자활을 준비할 수 있을 지원을 하고 있다. 그러나 여기에서도 늘 이 법이 규정하는 바가 특정한 경험과 관점에 근거하고 있음을 발견할 수 있다. 여성들은 선명한 경계의 이쪽 혹은 저쪽에 있기 보다는 그 경계 위에, 안과 밖을 오가며 존재한다. 다양하고 구체적인 사례들에 대해서는 막달레나의집, 『태양을 꿈꾸다』 참조.

민의 인식을 바꾸고, 양성평등한 사회로 나아가게 될 길을 열었다고 자평했다.* 단호하게 성매매에 반대하는 이 법이 많은 반대 입장들을 극복하고 시행될 수 있었던 배경에는, 2001년 미국 국무부의 「인신매매 및 폭력에 따른 인신매매 보고서」가 큰 역할을 했다. 이 보고서에 의하면 세계 82개국 중에서 한국은 인신매매의 원천지, 경유지로 최하위인 3등급의 국가로 분류되었다. 이러한 사정은 정부가 수치스런 최하위의 인신매매국에서 벗어나는 법적 조치로써 이 법을 도입하는 배경이 되었다.**

성매매방지법의 출발에 기여했고, 또 법 제정 이후의 변화에 크게 기대를 거는 진영에서는, 61년부터 표방해 왔으나 유명무실했던 금지주의의 원칙을 강화하고 법 실행에 이중적이었던 형사사법 체계의 적극적인 개입을 가능하게 하는 출발점으로 이 법을 바라보고 있다. 성매매방지법은 '윤방법'과는 확연하게 구분되는 토대 위에 서 있고, 전혀 다른 정치적 입장에서 출발한다는 것이다. 법의 목적, 대상자의 구분과 더불어 윤방법과 성매매방지법이 실질적으로 다른 점은 처벌이 강화되었다는 점, 성매매의 강요를 적시하는 구체적인 조항들이 등장했다는

* "특히 '성매매 피해자', '성매매목적의 인신매매' 개념을 도입하고 이들의 인권을 보호하는 장치를 마련한 것은 2000년 우리나라가 비준한 유엔 국제조직범죄방지협약의 '여성과 아동의 매매예방을 위한 의정서'에 맞추어 법률적 조치를 강구한 것으로 국제 수준의 입법으로 평가된다. 그러나 무엇보다 중요한 것은 성매매에 대한 국민의 인식을 크게 바꾸는 일이다. 한 사회의 성매매 현실은 그 사회의 평등성을 보여 주는 바로미터이며 인간의 권리와 존엄을 보장하는 여성인권의 지표이기 때문이다. 성매매알선처벌법과 성매매 피해자보호법 제정과 시행을 통해 한국은 양성평등한 사회와 민주인권국가로 한 발 더 나아가게 되었다."(여성부, 『성매매 관련 법률 안내서』, 2004.)

** Sealing Cheng, "Good Intentions Can Do Harm", *Korea Times/Asia Times Online*, 13 Dec. 2004.

점, 보호처분이 도입되었다는 점 등이 있다.*** 그리고 그 차이점은 '피해자보호법'에 명시되어 있는 성매매 피해여성 지원에 관한 구체적인 조항들에서도 확인된다.

알선범죄에 대해서는 더 단호하게, 성판매 여성에 대해서는 더 관용적으로 법을 집행하겠다는 의지가 실제로 어느 정도 관철되고 있는지를 확인하는 일은 쉽지 않다. 단지 '선불금사기'와 관련해 여성에게 유리한 전향적인 판례들, 성매매와 관련된 범죄에 대한 사법적 판단의 확대를 보여 주는 판례들이 간혹 여러 매체의 보도를 통해 알려지고 있을 뿐이다.****

구체적으로 성매매 범죄와 관련하여 얼마나 엄정한 판결이 내려지고 있는지를 확인할 수 있는 자료를 가지고 있지는 못하다. 하지만, '성매매 사범 처리 현황'에 대한 법무부의 자료는 사법적 조치의 수치상 결과가 이전의 윤방법에서와 그다지 유의미한 차이를 보이지는 않

*** 이전의 법과의 처분상의 차이는 "보호사건 송치"라는 조치이다. 성매매방지법은 "성매매 행위자에 대해 처벌보다는 보호처분에 중점을 두는 방식을 채택"하고자 했다. "이는 성매매행위자—특히 성을 사는 남성—에 대하여 단순 기소유예로 처리하거나 매우 가벼운 벌금 혹은 과료에 처하게 되는 것을 방지한다는 측면과 함께, 성매매 여성에 대한 사실상의 형벌회피를 의도한" 것이다(이호중, 「성매매방지법안에 대한 비판적 고찰」, 99). 처벌법에서 보호처분에 대한 조항은 "제3장 보호사건"에 포함되어 있다. 보호처분의 구체적인 내용은 "성매매 지역의 출입금지, 보호관찰, 사회봉사·수강명령, 감호위탁, 상담위탁, 치료위탁"(제14조 제1항)이며 이 처분들을 병과할 수 있도록 되어 있다. 보호처분은 '형벌회피'를 의도한 것이라고 하더라도, 이 처분을 받는 당사자들에게는 형벌과 같이 인식될 수 있고 때론 가벼운 형벌보다 더 가혹하게 여겨질 수 있다.

**** 윤방법상으로도 성매매로 인한 채권 무효는 가능했다. 단지 성매매방지법 이후와는 달리 법 해석에 있어 소극적이었기 때문에, 성매매공간에서의 채무 관계의 특수성을 설득하는 일이 어려웠다. 반면 2007년 5월에는 울산지법에서 업주 자신에 의한 채권-채무 관계뿐 아니라, 제2금융권(신용협동조합)을 통한 선불금까지도 "윤락목적 대출 채권 무효"라는 적극적인 판례가 나오기도 했다(「윤락목적 대출 채권은 무효: 울산지법 판결」, 『부산일보』, 2007년 5월 20일자).

음을 드러내고 있다.*

2004년 성매매방지법 시행 직후의 높은 검거율과 구속 비율은 오히려 예외적이다.** 이후, 보다 긴 기간의 검거·구속율은 방지법 이전과 큰 차이를 보이지 않는다. 성매매방지법 이후 구체적인 판결들이 얼마나 엄벌주의의 원칙에 충실했는지를 확인할 수는 없다. 그러나 실제로 법이 규정하는 성매매 사범의 엄벌주의 또한 실행되기에는 문제가 있다는 지적이 형법학계에서 제출되고 있다. 성매매방지법 이전에도 이미 형법에는 영리목적 약취, 유인죄(제288조 1항), 추업사용목적 부녀매매죄(제288조 2항), 약취, 유인, 매매된 자의 수수, 은닉죄(제292조) 등이 규정되어 있었다. 성매매방지법의 강화된 처벌 조항은 이미 존재하는 형법의 규정과 충돌하기도 한다. "가령, 성매매의 강요는 5년 이하의 징역으로 처벌되는 것이 원칙이지만(형법 제324조), 성매매특별법은 10년 이하의 징역을 예고해 두고 있다(제18조 제1항). …… 뿐만 아니라, 감금과 경합관계에 있는 성매매의 강요는 7.5년 이하의 징역이 아니라, 아예 3년 이상(15년 이하)의 징역으로 처벌한다(제18조 제3항)."(임상규, 「성매매특별법의 필요성과 문제점」, p.184 이하) 또한 이

---

* "미국은 지난 6일 발표한 인권보고서에서 '한국은 성매매금지특별법 제정에 따른 단속으로 집창촌 수는 감소했지만 퇴폐 마사지, 인터넷 성매매 등 변종 성매매가 생겨나는 등 여전히 성매매가 기승을 부리고 있다'며 '실제 성매매 혐의로 입건된 사람 가운데 처벌받은 경우는 15%에 불과하다'고 지적했다. 또 '중국과 동남아로 '섹스관광'을 떠나는 사람들이 늘고 있지만 이를 단속하는 법이 부재한 실정'이라고 밝혔다(「한국은 여전히 성매매 천국—미 국가별 인권보고서 '성매매 처벌 15%불과'」, 『여성신문』, 2007년 3월 9일자)."

** 윤덕경 등의 연구에서 방지법 시행 직후의 통계를 통해 다소 높아진 기소율, 구속율을 통해 "엄정한 법 집행 의지"를 읽은 것은 다소 성급했다(윤덕경 외, 『성매매방지법상 성매매피해자에 관한 연구』, p.54).

법 내에서는 "본질을 달리하는 성매매의 권유와 강요 및 성매매의 장소제공을 동일하게 취급한다거나(제19조 제2항 제1호) 혹은 성매매의 일반강요(10년 이하)보다 그 영업적 강요(7년 이하)를 보다 낮게 처벌"(임상규, 앞의 책, p.185 이하)하는 등의 혼란도 발견된다.

이러한 엄벌주의, 처벌 강화에 따른 혼란에 대한 형법학계의 우려에는 이유가 있다. 처벌 강화가 실제로 범죄를 예방하거나 법이 목적하는 바 국민의 인식을 바꾸고 성산업을 축소하는 데 기여할 수 있을지 염려하는 이유는, 법이 요구하는 형량의 과잉성이 법 집행의 실무상에서 오히려 엄격하고 소극적인 해석을 유도함으로써 적용 자체를 무력화할 수도 있기 때문이다. 이는 윤방법의 경우에서처럼 법을 그 의지나 목적과 유리된 선언적 규정으로 머물게 할 수 있다. 또한 표명된 선언적 규정이 현실적 법 적용과 유리되기 시작하면, 성매매에 대한 법적 접근 전체를 무기력한 것으로 인식하게 하고 법 자체의 권위를 약화하는 부작용을 야기할 수도 있다.

성매매 근절 의지는 두드러진 성매매 장소인 집결지의 단속을 강화하는 형태로 드러나곤 했다. '성산업의 축소' 와 '일반적인 인식의 변화' 라는 법 목적의 달성은 이러한 과시적 단속과 상징적 판례들만으로는 성취될 수 없다. 물론 이러한 상징적 변화들과 더불어 성매매방지법 이후 일반적인 인식의 변화가 감지되고 있기는 하다. 성매매방지법 이후 '성매매는 범죄' 라는 인식이 일상의 공간에 확대된 것으로 보인다. 성적 서비스를 포함한 접대가 점차 사라지고, 보통의 사람들 사이에서 성매매는 최소한 기피해야 할 행위로 인식되기 시작한다. 그러나 이러한 성취들은 법 자체의 결과이기에 앞서 법 시행을 전후로 한, 법을 둘러싼 담론의 효과이기도 하다. 법의 취지에 적합한 실행을 엄격하게 감시하는 일 못지않게 법의 취지를 실현할 수 있을 장기적이고 전방위적인 노력은, 법이 구속하는 바 '성적 행위의 매매' 라는 협소한 지점의 밖으로 확장되어야만 의미를 갖는다.

법은 무엇을 할 수 없는가?

1) 정의의 관점에서 성찰되어야 하는 법 : "법은 정의가 아니다"

법은 사회적 규제의 성격을 띤다. 법의 현실적 실효성은 법의 규제적 성격에 대한 일반적인 동의 여부에 의존하며, 법이 갖는 강제적 힘은 정당화를 필요로 한다. 목적의 정당성이 수단의 강제를 정당화하고, 정당한 수단은 법 목적의 정당성을 '보증' 한다.

법의 강제성이 목적의 정당성에 의해 보증받고, 일반적 동의에 기반한 실효성을 지니고 있다고 하더라도, 그리고 그 정당성을 근거로 법이 '정의 실현' 에 공헌하고 있다고 주장한다 하더라도 법은 정의가 아니다. 법이 합법적이기 위해, 정의가 정의롭기 위해 이 둘은 전혀 다른 원리에 근거해야만 하기 때문이다.

개념적으로 법은, 사회적 약속과 합의에 근거한 규제이지만 정의는 지향적 가치이고 성찰의 원리이다. 법은 현실적 약속이자 힘으로 실현되어야 하는 것이지만, 정의는 도래하지 않은 지침, 불확실하지만 포기할 수 없는 지향이다. 우리는 일반적으로 법이 정의를 실현한다고 믿고 있지만, 실현된 법은 정의에 비추어 판단되어야 할 뿐, 정의 그 자체로 자신을 주장할 수는 없다. 법의 규정은 보편타당한 것이어야 하기 때문에 특수하거나 개별적일 수 없다. 반면 정의는 매 순간, 각 개별 사안에 대한 평가에 개입되어야 한다. 정의는 판단의 매 순간에, 각 개인의 개별적이고 구체적인 상황을 이해하는 척도가 되어야 한다. 그래서 정의는 매 순간 달라야 한다. 그런 의미에서 데리다는 "정의는 …… 우리가 경험할 수 없는 어떤 것의 경험(데리다, 『법의 힘』, 37)"이므로, 자신을 배반하지 않고서는 "이것이 정의다"라고, 더욱이 "나는 정의롭다"고 말하면서 직접 정의를 말할 수 없으며, 정의를 주제화하거나 대상화할 수 없다고 말한다(데리다, 앞의 책, 25).

법이 어떠한 동의된, 정당화될 수 있는 이념의 뼈대를 드러낼 때, 법은 그것이 특수하거나 개별적이라고 말할 수 없으나 정의는 그렇지 않다. "정의는 보편성에 대한 자신의 주장에도 불구하고 또는 오히려 바로 그 때문에 항상 독특성에, 타자의 독특성에 전달된다는 것을 알아야 한다(데리다, 앞의 책, 44)." 법의 보편성과 일반성에의 요구는 계산 가능성과, 누구에게나 동일하게 적용되어야 하는 무관심성에 근거한 공정성을 목적으로 한다. 반면, 정의의 보편성은 그것이 누구에게나 가장 고유한 방식으로 정당해야 한다는, 그 고유한 조건과 과정의 차이에도 불구하고 정의로워야 한다는 차이에의 민감성과 감수성을 포기하지 않는다.

그렇다면 법과 정의의 분리 이후에, 법이 정의를 포기하지 않기 위해서 법은 스스로를 끊임없이 되물어야 한다. 법은 그 원리의 정당성에 의해 정의를 대표하지 못하지만, 그 실행에 있어서 정의롭기 위해 반성을 내재화해야 한다. "만약 정의의 정신이 없이, 어떻게든 각각의 경우마다 규칙이나 사례를 발명하지 않은 채 정당한 어떠한 규칙을 적용하는데 만족한다면, 나는 아마도 법이라는 보호막 아래 비판으로부터 면제될 것이고, 객관적인 법에 일치하게 행위하겠지만, 정의롭지는 않을 것이다(데리다, 앞의 책, 38)."

적법성과 합법성이라는 규준은 일면적이다. 법을 보존하면서 법이 지닌 한계를 인식하는 것, 법의 실행과 판단이 정의롭기 위해 차이와 과정에 대한 민감성을 포기하지 않으면서 그 계기마다 적합한 해석을 시도하는 것이 법적 정의를 실현하는 최선의 방법이 될 것이다. 법의 판단이 실행되는 순간은 늘 부분적이거나 일시적이어야 한다. 법의 일반성과 보편성이 매 순간 자신을 반성하게 하는 '타자의 독특성에 귀 기울이는 정의'의 척도에 의해 견제되어야 하기 때문이다. 법의 실현은 이러한 미묘한 길 없음(aporia)의 길 위에서 자신의 길을 만들어가기 위해 매 순간 새로운 판결에의 시도에 열려 있어야 한다. 확신보다는 조심스러움으로 차이에의 민감성을 포기하지 않아야 한다. 법은 만들어지고 공표되는 곳이 아니라, 매 순간 각기 다른 사태들에 직면해서 판단해야 하는 '해석의 장소'에서 자신을 만들어가기 때문이다.

2) 여성주의적 정의의 일관성

성매매방지법이 공표했던 여성주의적 정의 실현이라는 목적도 이 관점에서 되물어져야 한다. 금지주의적 법이 지닌 한계에 대한 토론과 법의 밖에서 이 법의 개정 또는 폐지를 주장하는 성노동자 그룹의 활동은, 이 법이 의도하지 않게 성취해낸 중요한 진전이다. 이 법은 자신의 정체성과 목적을 분명히 했고, 그 지평 위에서 논의는 앞으로 나아가야 한다. '법'이 정의롭기 위해 매 순간 스스로를 성찰해야 한다면, 성매매방지법도 "내가 정의다"라고 주장하기를 주저해야 한다. 이 일반적인 지침이, 진정 스스로 주장하는 바인 여성주의적 정의의 원리에 일관되기 위해서, 스스로를 반성하고 비판할 수 있어야 한다.

법은 한 행위를 범죄로 또는 피해 사실로 결정할 수 있다. 그러나 그 결정의 밖에서 모순적인 현실을 살고 있는 여성들의 모든 개별적 특수성이 법의 지침을 반추하는 척도가 되어야 한다.

성매매공간에서의 여성들은 법의 일반화된 규정만으로는 포착되지 않는 차이의 현실을 산다. 원리만으로는 납득할 수 없는 변화와 다양한 정체성의 모호한 결합이 여성들의 삶을 관통한다. 법은 단순히 '동의·자발성'과 '피해'를 구분하지만, 현실에서 그 구분은 일시적이며, 그때에조차 선명하지 않다. 이러한 존재의 연속성, 경계의 모호함, 자발성의 확정 불가능성이 여성주의의 입장에서 성매매문제에 접근할 때, 일정한 유보를 요청한다. 퍼거슨은 성매매 근절이라는 여성주의적 정의의 높고 지난한 목적에 동의한다 하더라도, 그리고 성매매가 여성에 대한 남성지배적 폭력의 한 표현이라는 입장에 입각하더라도, 불완전한 현실에 대응하는 여성주의적 윤리는 '현실을 감수하는 전략'을 선택해야 한다고 주장한다.*

성매매 근절이라는 장기적이고 이상적인 목적이 지금의 현실을 외면하는 이유가 될 수는 없다. 여성주의의 관점에서 취할 수 있는 성

---

* 퍼거슨은 근절주의의 이념을 궁극적인 여성주의 윤리가 도달돼야 할 목적으로 받아들이지만, 성매매를 도덕적으로 금지해야 할 실천이라기보다는 '위험한 실천'으로 인정한다. 성판매 여성의 권리를 주장하는 운동은 이 장기적인 목적에 반하는 것처럼 보이더라도, 불완전한 현실에 있어서 여성주의자들이 수용해야 할 전략적인 실천의 일환으로 받아들여져야 한다는 것이다(앤 퍼거슨, 「도덕적 위험부담, 매매춘」).

매매에 대한 일관된 태도는, 성매매를 비범죄화하는 곳에서 만난다. 성매매 강요와 인신매매, 그리고 폭력을 용인할 수 없다는 원칙, 국가가 성매매공간에서 벗어나고자 하는 여성들을 지원해야 한다는 주장은 정당하며, 시급한 현안을 문제 삼는다. 또한, 장기적인 관점에서 봤을 때 '성매매 근절'이 여성주의적 선택의 최종목표의 자리에 놓일 수 있다. 그러나 위험한 선택을 통해 삶을 꾸려가는 구체적인 여성들의 현실에 대한 지지와 인정이 일차적이다. 그리고 그 출발은 성매매의 비범죄화에 있어야 한다.*

성매매 금지주의나 규제주의, 근절이나 합법화의 어느 한 입장의 선택을 넘어서, 성매매 현실에, 그리고 성판매자의 권리 주장에 귀 기울여야 하는 복잡한 윤리적 요청에 직면해야 한다. 여성이 구조의 피해자라 하더라도, 그녀는 지금의 맥락에서 한정된 공간과 가능성 안에서 자신에게 최선의 것을 선택하고자 노력하는 행위의 주체이기도 하다. 그러한 복합적인 여성의 현실을 돌보는 것에서 매 순간, 매 상황에 민감한 여성주의적 윤리가 시작될 것이다. 성매매에 대한 법적 태도, 특히 성매매방지법에 근거한 법적 태도는 엄밀하고 '정치적으로 올바른'

* 형법학자들의 '동의된' 성매매를 비범죄화해야 한다는 주장은 형법 만능주의에 대한 경계이다. 또한, 두 당사자 이외의 나른 '피해자가 없는' '사적인 거래를 통해 일어나는 일'에 대한 도덕적·윤리적 판단을 법의 이름으로 행할 수는 없다는 논리에 근거하고 있다. 이에 반해 여성주의자들의 비범죄화의 근거는 여성주의적 정의의 관점에 입각한다. "매매춘 금지는 여전히 매매춘에 개입하고 있는 여성들에게는 불행한 결과를 가져올 수 있다. 이는 그들로부터 삶을 빼앗고 혹은 그들을 더 사기당하기 쉬운 존재로 만들거나 포주에게 더욱 의존하는 존재로 만들 수 있다. 호객행위, 포주행위, 숨겨주기 등에 대한 금지는 그들을 착취하는 사람으로부터 매춘여성을 보호할 수 있지만, 그들로부터 말하고 교제하는 자유를 빼앗을 수 있다. 매매춘을 탈범죄화하는 것은 매매춘에 대한 국가의 묵인이나 수용을 함의하지 않더라도 매춘여성을 사기와 법적인 괴롭힘으로부터 보호할 수 있다"(앨리슨 재거, 「매매춘에 대한 서구 여성주의 시각들」, p.16).

태도의 고수가 아니라, 현실의 다면적 문제들에 대한 민감성을 높일 수 있도록 유연하고 또 적극적이어야 한다.

법은 구조를 겨냥했다. 목적이 분명할 때, 실행상의 해석도 선명하고 적극적이 될 수 있다. 그러나 구조의 견고함은 법의 규제만으로 변화시킬 수 있는 것이 아니다. 구조를 변화시키는 무수히 많은 행위자들의 작은 변화들을 만들어 내기 위해, 법은 매 순간 자신의 한계를 인식해야 한다. 성매매문제에 정직하게 접근하기 위해서, 사회를 구축하는 다양한 부분들이 함께 작동할 수 있어야 한다. 성매매문제의 해결을 위해서는 경제와 노동과 교육과 문화와 언어가 함께 고려되어야 한다. 주변의 여성들, 그 존재의 구체적인 차이에 주목하고 귀 기울이는 여성주의의 에토스에서 출발하는 정의의 실현이라면, 지원과 공존을 위한 노력 또한 법의 규정을 넘어서야 한다. 법이 마련해 준 테두리와 토대 위에서 열심히 성매매 근절과 피해여성의 자립을 위해 애쓰는 많은 정의의 수호자들은, 법이 무엇을 할 수 있는지 못지않게 법이 무엇을 놓치고 있는지, 법으로는 무엇을 할 수 없는지 되물어야 한다.

4. 탈성매매 여성을 위한 '자활' 지원정책이 걸어온 길, 나아갈 길*

황정임

정책연구기관에서 일하는 직업상의 특성일까, 나와 성매매의 인연은 성매매를 둘러싼 정책환경, 정책흐름의 변화와 궤를 같이 했던 것 같다. 처음 성매매 관련 정책연구를 시작했을 때는 성매매가 매매춘·매춘·윤락행위 등으로 불리었고 지금처럼 여성정책의 주요의제로 다뤄지지도 않았다. 뿐만 아니라, 관련 정책이랄 것도 없는, 선도보호·인성변화·사회복귀 등으로 대변되던 시기였다. 그래서 당시에는 성산업구조와 그 속에서 여성들이 겪고 있는 문제상황을 드러내고, 선도보호시설과 여성복지상담소 중심으로 운영되었던 지원체계를 어떻게 개선할 것인가에 관심을 가졌었다. 여성부가 출범하면서는 성매매 피해여성에 대한 지원체계를 개선하는 방안을 찾아보기도 했는데, 거기에는 '윤락

* 본 글은 여성인권중앙지원센터에서 진행된 2006년 성매매상담원교육에서 저자가 강의했던 내용을 일부 수정보완하여 구성한 것이다. 강의 내용 자체가 지금까지 추진된 자활지원 정책의 내용과 성과에 대해 전반적으로 정리하고, 탈성매매 관련 정책을 둘러싼 정책환경의 변화, 지금까지 추진된 정책의 한계, 향후 과제 등을 포괄적인 수준에서 논의한 것이기 때문에, 본 글은 그 틀을 그대로 가져가고 있음을 밝혀둔다.

행위등방지법'(이하 윤방법)이라는 법률 테두리 안에서는 일정한 한계가 있었다.

그렇기 때문에 성매매방지법 통과 이후 탈성매매 여성의 자활이 정책목표로 등장하고 이를 위해 많은 예산이 투입되어 새로운 정책 및 프로그램들이 시행되는 것이 획기적인 변화 혹은 정책적 발전이라고 생각했다. 물론 성매매방지법의 급속한 시행과정에 대해, 여러 가지 우려되는 부분이 없지 않았지만, 비판적인 시선보다는 잘 되었으면 하는 시선으로 바라보았다. 그래서 성매매방지법 통과 이후의 후속조치와 관련된 연구나 성매매 방지정책 평가작업에 참여했을 때도 탈성매매 여성의 자활 관련 정책과 프로그램이 안착될 수 있도록 하는 게 중요하다고 생각해 그 방법을 찾아내기 위해 노력했었다. 그러나 일련의 정책들이 추진되는 과정과 결과들, 실천현장에서의 경험을 접하면서 정부가 정책목표로 내세운 '탈성매매 여성의 자활'에 대해 다시금 생각하게 되었다. '탈성매매 여성의 자활'이 갖는 정책적 의미와 함께 그 한계는 무엇인가. 탈성매매 여성을 위한 자활지원정책이 잘 운영되기 위해서는 무엇을, 어떻게, 어디까지 다뤄야 하는가.

성매매방지법 통과와 함께 시행된 내용들은 몇몇 민간단체에서 시도되었던 경험들――성매매 피해여성들이 처한 문제상황(법률·건강·심리정서적 문제 등)을 해결하고 성매매가 아닌 다른 일자리를 갖게 하는 시도(직업훈련, 취업연계, 공동작업장, 창업지원 등)――을 '자활'로 제도화했다고 볼 수 있다. 당시에는 자활지원에 대한 선행사례나 경험이 충분하지 않았기 때문에 이러한 경험들은 정책 수립의 중요한 토대가 되었다.

그러나 이를 기초로 정책개발을 위한 다각도의 검토와 폭넓은 의견 청취 등이 이뤄지고 그 결과 선행 경험을 넘어서는 다양한 정책들이 제시되어 체계적으로 진행되었어야 했다. 그리고 정책 집행과정을 면밀히 분석하고 보완점들을 발견하여 이를 개선하기 위해 기민하게 대응했어야 했다. 그럼에도 불구하고 이러한 과정이 충분히 이뤄지지 못함으로써 자활지원정책에 대해서는 그 성과보다는 비판이 더 많이 제기되고 있다. 성매매 피해여성들 내부의 다양성이나 각기 다른 정책수요를 포괄하지 못하며, 탈성매매 여성의 자활은 내적인 힘을 만들고 삶 전체를 바꾸기 위한 총체적인 접근임에도 불구하고 취업이나 창업 등의 경제적인 측면 중심에 초점이 맞춰져서 가시적인 성과에 대한 압박이 가중되고 있다는 것이다. '자활'을 표방했던 다른 정책의 경우도 과거의 경험을 제도화하고 그 성과를 기대했지만, 실제 정책의 결과는 그 기대에 부응하지 못했다. 그러나 그러한 시행착오에 대한 면밀한 평가, 다각도의 분석, 끊임없는 문제제기 등을 토대로 새로운 정책적 전환이 진행되고 있다.

탈성매매 여성의 '자활'지원정책 역시 제2의 도약이 필요하다고 볼 수 있다. '자활'이라는 정책 패러다임 속에서 정책환경과 실천현장의 많은 것들이 변화했다. 또한, 초기에 설계된 정책들은 여러 한계점을 노출함과 동시에 가능성과 잠재성도 함께 제시하고 있다. 이제는 공과 실을 분석하며 탈성매매 여성의 '자활'지원을 계속해서 정부의 정책목표로 갖고 갈 것인지, 그리고 갖고 간다면 무엇을 어떻게 보완해야 하는지 등을 성매매방지법 시행 3년의 경험을 토대로 성찰해 보아야 할 것이다.

정책현장 전면에 등장한 '성매매 피해여성을 위한 자활지원'

'자활'이란 용어가 정부의 정책현장에 본격적으로 등장하기 시작한 것은 국민기초생활보장제도 내에 자활사업이 자리매김하면서부터이다. 자활사업은 1997년 경제위기와 함께 김대중 정부에서 도입한 근로연계복지 프로그램의 하나로, 서구 복지국가의 복지병에 빗대어 우려를 제기했던 일각의 비판을 잠재울 수 있는 대표적인 사업이었다. 즉 일(근로)과 복지지원을 연결지어 근로가능한 빈곤한 사람들에게 능력에 맞는 일자리를 제공하고 이들의 직업능력을 높여서 정부로부터 생계지원을 받지 않고도 살아갈 수 있도록 하는 것이다(이인재, 『자활정책론』). 이러한 태동배경으로 인해 '자활'은 정부가 제공하는 일정기간의 일자리, 직업훈련 등의 과정을 거쳐 스스로 경제적으로 자립하여 정부의 지원·의존으로부터 벗어나는, 일종의 경제적 자립을 의미하게 되었고, 실제 자활사업의 성공여부도 국민기초생활보장제도 수급자라는 지위를 탈피하는 비율이 얼마나 되는가를 통해 평가되고 있다.

이렇게 등장한 '자활'이란 용어는 다양한 정책현장에서 활발히 사용되었고, '성매매 피해여성의 자활' 역시 이러한 경향의 연속선상에서 차용된 것으로 보여진다. 여성부로서는 성매매를 필요악이라고 생각하는 사회적 시선이 엄존하는 가운데 성산업구조에 있는 여성들이 탈성매매하도록 정책적으로 지원하는 것의 당위성을 설득해야 했다. 더욱이, 그동안 유명무실하고 사문화되었다고 평가되었던 윤방법하에서 사회복귀, 선도보호, 인성변화 등으로 대표되었던 과거의 성매매 피해여성에 대한 정책과는 다른, 새로운 정책 패러다임이 필요했고, 그런 의미에서 '자활'은 정책목표로 내세우기 위한 대안적 용어로 매력적이었을 것이다.

그 결과, 성매매방지법 통과 이후에 '자활'은 성매매방지정책의 전면에 위치하게 된다. 법 통과 이후에 발표된 성매매방지대책에 따르면 "탈성매매를 위한 자립, 자활지원"을 정책목표 중 하나로 제시하고, 이를 위해 예방·단속처벌·보호지원 등 종합적인 접근을 실시하며 구조에서 자립까지의 전 단계에서 국가가 지원하고 대상에 적합한 보호책을 마련하겠다고 명시하고 있다.* 그리고 '탈성매매 여성을 위한 자활지원 시스템 구축'을 세부 정책과제로 제시하면서, 그룹홈 또는 임대주택지원, 직업훈련기회 제공, 동료치료 프로그램 강사 및 상담원 양성과 공동창업자금지원을 통한 일자리제공 추진 등을 구체적인 프로그램으로 담았다. 이렇듯 '성매매 피해여성의 자활'은 성매매 정책현장 전면에 등장하게 되었고 그 결과, 불과 2~3년 사이에 많은 예산과 다양하고 새로운 프로그램들이 진행되는 변화를 가져오게 되었다.

성매매 피해여성을 위한 자활지원정책의 급성장

성매매방지법 통과 이전에도 성매매 피해여성의 자활을 위한 정책적 시도들이 있었다. 대표적으로 탈성매매를 위한 자활지원시범사업을 들

---

* 성매매방지대책에서는 '탈성매매를 위한 자립, 자활지원' 이외에도 '성매매 목적의 알선 및 인신매매 대폭 축소'를 정책목표로 설정하고 있으며, 이를 위한 추진전략으로 '예방·단속처벌·보호지원 등의 종합적인 접근' 이외에도 '국민적 공감대 형성, 범정부적 추진체계 확립' 등을 제시하면서 이를 위한 세부정책과제로 '법제도 정비와 국민적 의식 개선', '유형별 방지대책', '피해자보호체계 구축'을 명시하고 있다.

수 있는데, 2003년부터 2005년까지 3년간 실시된 이 사업은 현재 운영되고 있는 자활지원센터의 토대가 되었다. 당시 시범사업의 대상은 현장상담센터를 통해 성매매업소에서 벗어난 여성들 혹은 집결지역에서 직업적으로 성매매에 종사하는 여성이었고, 사업분야는 동료교육 · 직업재활상담 및 교육 · 일자리 제공 · 창업 프로그램 등의 필수과제와 의료 및 법률지원, 피해여성 긴급보호 등의 선택과제로 구성되었다(황정임, 「성매매 여성의 자활지원정책에 대한 제언」). 당시 윤방법에는 성매매 피해여성의 자활과 관련된 사업을 추진할 수 있는 법적 근거가 충분하지 않았기 때문에 그들의 자활과 관련해서 적극적으로 진행할 수 없는 한계가 있었다. 그러다 2004년 3월 2일 "성매매를 방지하고 성매매 피해자 및 성을 파는 행위를 한 자의 보호와 자립의 지원을 목적으로 한다"고 명시한 성매매방지법이 통과되었고, '탈성매매를 위한 자립, 자활지원'을 정책목표로 내세운 성매매방지종합대책이 발표되면서 성매매 피해여성을 위한 다양한 자활지원정책들이 추진되기에 이르렀다.

그동안 추진되어 온 성매매 피해여성을 위한 자활지원정책들은 시설 및 상담소 등 지원체계 확충, 의료 · 법률 등 구조지원 및 치료회복을 위한 프로그램 비용지원, 집결지 자활지원사업 실시, 탈성매매 여성을 위한 창업자금지원 등으로 정리해 볼 수 있다. 그 내용을 하나씩 간략히 살펴보면 아래와 같다.

1) 시설 및 상담소 등 지원체계 확충

시설 및 상담소 등의 성매매 피해여성 지원체계는, 정부가 설정한 '긴급구조→상담→법률지원→의료지원 · 심리치료→직업훈련교육 · 학교(진학)교육→그룹홈 이용→창업 · 취업 · 자립' 으로 구성된 탈성매매 및 자활을 위한 국가시스템이 가동될 수 있도록 개별 기관의 특성에 따라 성매매 피해여성들의 자활을 지원하고 있다. 지원체계는 성매매방지법 통과 이후 급속히 그 수가 증가하였는데, 윤방법하에서 일시보호시설 · 중장기보호시설 · 여성복지상담소 등으로 구분되었던 것에 비하면 기능별, 대상별로 보다 다양하게 분화되었다고 볼 수 있다. 성매매피해상담소는 2003년 8개에서 2006년에 28개로, 지원시설은 2003년 26개에서 2006년 40개로 증가하였다. 자활지원센터는 2003년부터의 시범사업 운영기간을 거쳐서 2006년에 3개소가 개소하였다. 또한 외국인지원시설은 2004년 2개소가 시범운영되다가 2006년에는 3개로 증가하였고, 2005년부터 설치된 그룹홈도 2개에서 2006년 5개로 확대되었다.* 여성가족부의 「자활지원 통계」(2005)에 따르면, 지원체계의

* 여성가족부가 펴낸 「권익증진사업안내」(2007)에 따르면 각 시설 및 상담소가 수행하는 지원 역할은 다음과 같다.
①성매매피해상담소 : 성매매업소에 종사하는 성매매여성들에 대한 현장방문상담, 법률 · 의료지원 등을 통해 감금 · 성매매 강요 등 인권유린 상황에 조기 개입하고 성매매 피해자지원시설 · 자활지원센터 등에 연계 역할을 수행한다.
②일반지원시설, 청소년지원시설 등의 지원시설 : 성매매 피해자 등을 대상으로 일정기간 숙식을 제공하고, 심리안정, 인성변화, 진학 및 취업교육, 직업알선 등 자활에 필요한 사항을 지원한다.
③자활지원센터 : 탈업소 여성들에게 종합적인 직업재활상담 및 직업훈련 지원 · 공동작업장 등 일자리 제공 · 취업 및 창업지원 등을 제공한다.
④외국인지원시설 : 외국인 이주여성 중 성매매 피해 또는 성매매 강요의 피해를 입은 여성, 인신매매 피해자로 성매매에 유입될 우려가 높으나 타 정부기관이 운영 · 지원하는 시설의 지원을 받을 수 없는 여성 등을 대상으로, 긴급보호, 통역서비스, 상담, 의료 · 법률지원, 대사관 등 관련 기관 연계, 숙식제공 및 귀국지원 등을 제공한다.
⑤그룹홈 : 탈성매매를 희망하는 여성으로서 성매매 피해자 지원시설의 장으로부터 자활조건이 성숙되었다고 판단되는 자, 성매매 피해자 지원시설 입소기간 후 최소 3개월이 경과된 자 등을 대상으로 일정기간 동안 주거공간을 제공한다.

확충으로 성매매피해상담소의 탈성매매 건수가 매해 증가하고 있으며, 시설의 중도퇴소율도 감소하여 취업이나 창업 등을 준비하는 비율이 증가하고 있다고 보고하고 있다.

2) 의료 · 법률 등 구조지원 및 치료회복을 위한 프로그램 비용지원

성산업구조에 있었던 여성들은 법률적인 문제, 건강상의 문제, 다양한 심리 · 정서적인 문제를 갖고 있고, 그렇기 때문에 자활을 위해서는 보다 종합적이고 전문적인 개입이 필요하다고 알려져 있다. 구조지원사업과 치료회복 프로그램은 바로 이 점에 착안하여 추진되고 있는 지원 정책이다.

구조지원사업은 성매매 피해자에 대해 구조에서 자활에 이르는 전과정을 지원하여 사회복귀를 촉진하고 성매매로의 재유입을 방지하기 위한 것으로, 이를 위해 법률지원, 의료비지원, 직업훈련지원 등이 이루어진다. 이때 법률지원은 1인당 250만 원, 의료지원은 1인당 300만 원, 직업훈련은 1인당 210만 원을 넘지 않도록 해야 한다. 피해자 치료회복 프로그램은 성매매 피해자 지원시설에 입소하거나 이용하는 자를 대상으로 단순한 보호조치에서 나아가 심신의 안정과 치유, 취업 · 창업에 대한 지원 등을 통해 건강한 사회인으로 자립 · 자활할 수 있도록, 시설에서 운영되어 오던 일상적인 프로그램과는 별도로 운영하도록 하는 프로그램이다(여성가족부, 「권익증진사업안내」, 2007).

구조지원사업과 피해자 치료회복 프로그램지원 실적을 보면, 상담지원은 2004년 26,424건에서 2005년 42,044건으로, 의료지원은 2004년 6,721건에서 2005년 11,171건으로, 법률지원은 2004년 8,530

건에서 2005년 24,149건으로, 직업훈련은 2004년 2,109건에서 2005년 2,265건으로 증가세를 보이고 있다(여성인권중앙지원센터, 『자활지원가이드』). 소요예산을 보면, 피해자 치료회복 프로그램은 감소한 반면 구조지원사업은 증가한 것으로 나타났다. 피해자 치료회복 프로그램의 경우 2005년 12억 원에서 2007년 8억 5천만 원으로 감소한 반면, 직업훈련은 2005년 8억 4천만 원에서 2007년 9억 4천만 원으로, 의료지원은 2005년 10억 원에서 2007년 11억 5천만 원으로, 그리고 법률지원은 2005년 4억 5천만 원에서 2007년 11억으로 증가하였다.

3) 집결지 자활지원사업 실시

집결지 자활지원사업은 말 그대로 집결지역 성매매업소에 있는 여성들을 대상으로 이들의 자활을 지원하는 것으로, 성매매방지법 시행 이후 불거진 생존권 보장 요구에 대한 정책적 대응책으로 시작되었다. 2004년 11월부터 인천 숭의동과 부산 완월동 2개 지역에서 시범사업 형태로 시작한 이 사업은 이후에 전국의 대표적인 집결지역을 중심으로 확대되었다. 2005년에는 서울시 용산과 천호동, 부산시 범전동, 경기 성남시 중동, 파주 연풍리 일원과 동두천시, 전북 전주 서노송동 등 7개 지역을, 2006년에는 서울시 전농동 620번지와 하월곡동 88번지, 대구시 도원동 등 3개 지역을 추가하여 총 12개 지역에서 진행되고 있다. 이 사업에서는 집결지 자활지원사업에 참여하는 여성들에게 의료·법률·직업훈련·생계지원금 등을 지원하는데, 의료·법률·직업훈련비용은 1인당 760만 원을 초과할 수 없으며 생계지원금은 월당 44만 원이 지급되고 있다.

집결지 자활지원사업은 또한 집결지역 여성들의 탈업소를 지원함과 동시에 이를 통해 집결지 정비를 위한 기반을 조성하려는 목적도 있는데, 서울시 용산, 전농동 등 집결지 자활지원사업이 진행되고 있는 몇몇 집결지역에서 지역재개발 사업이 구체적으로 추진되고 있기도 하다(여성가족부, 「권익증진사업안내」, 2007). 집결지 자활지원사업은 현재 진행되고 있는 성매매 피해여성의 자활지원 관련 사업예산 중 가장 많은 부분을 차지하고 있다. 그래서 사업의 효과성이나 예산집행의 책무성에 대한 지적이 지속적으로 제기되어, 사업참여 대상자에 대한 스크리닝을 강화하고 사업수행기간을 3년으로 제한하는 등 지속적인 제도 보완이 이뤄지고 있다. 여성가족부에 따르면 집결지 자활지원사업을 통해 집결지역 성매매업소의 규모가 축소되었다고 한다. 2004년 9월 당시 1,679개 업소 5,567명이었던 집결지역 성매매업소 규모가 2006년 5월까지 업소 수는 34.6%(1,097개소), 종사자는 52%(2,663명) 감소한 것으로 나타났다(여성가족부, 「성매매방지법 시행 2년 성과 및 향후 개선대책 발표 보도자료」).

4) 탈성매매 여성을 위한 창업자금지원

탈성매매 여성을 위한 창업자금 지원사업은 직업훈련 이수 등으로 자활의지가 검증된 성매매 피해여성에 대해 실질적인 자립과 자활토대를 제공하기 위해 1년 거치 3년 상환을 조건으로 1인당 3천만 원 이내의 창업자금을 지원하는 것이다. 이 사업은 사회연대은행에서 위탁 운영하고 있는데 여기에서는 창업지원대상자를 심사·선정하고, 창업자금지원·창업기본교육 실시·시장조사 및 판로확보 지원·심리사회적 안정 지원·점포경영 전략 및 경영컨설팅 등 제공·창업자금 회수 등의 지도관리 업무를 수행하고 있다.

사회연대은행은 이러한 자금지원과 함께 2005년부터 신용회복위원회와 신용회복사업 협약을 체결하여 보다 많은 탈성매매 여성들이 창업할 수 있는 여건 조성을 위해 지원하고 있어 2005년 이후 190명이 이자감면 등의 혜택을 받았다.*

창업자금지원 실적을 보면 2004년과 2005년의 경우 50명을 대상으로 150억 원의 예산이 책정되었으나, 실제 창업자금을 지원받은 업체는 이에 미치지 못하고 있다. 2004년 24개 업체(8억 7천만 원)가 선정되었으나 13개 업체가 포기하여 11개 업체만 확정되어 3억 3천만 원이 집행되었고, 2005년 역시 9개 업체가 선정되었으나 실제는 3개 업체만이 확정되어 1억 2천만 원이 집행되었다(사회연대은행, 「성매매 피해자 창업지원사업 보고」).** 창업준비 위탁수행업체인 사회연대은행 내부자료(2005)에 따르면, 창업자금 지원사업은 "탈성매매 여성 개인 및 가족 구성원의 경제적 자립기반 마련, 사업체 경영에 매진함으로써 성매매 재유입 가능성 차단, 심리·정서적 지지와 격려 및 사업체 경영을 통해 정서적 안정 및 자활 가능성 제고, 사업체 경영을 통한 경영자로서의 의식함양 및 능력배양, 고용창출 효과" 등의 성과를 낸 반면, 다른 한편으로는 "갑작스런 제도 시행으로 준비된 창업수요의 절대적인

---

* 여성가족부는 성매매방지법 시행 2주년 보도자료를 통해 이자 면제 146건, 상환기간 유예 136건, 신용불량해제 126건 등의 지원을 했다고 발표했다.

** 사회연대은행은 이러한 시행착오를 반복하지 않기 위해 2006년부터 신청자의 창업준비 상태 등을 보다 엄격히 심사함으로써, 준비된 대상자를 선정하여 창업을 통한 자활성공율을 제고하고자 노력하고 있다.

부족, 창업자금 지원업체 선정 후 중도포기,*** 탈성매매 여성의 창업수요 개발을 위한 적극적인 개입의 한계성, 탈성매매 여성들의 지원제도 정보 습득의 취약성" 등의 문제점을 내포하고 있어 사업 추진에 어려움이 있는 것으로 나타났다.

성매매 피해여성을 위한 자활지원정책의 한계와 도전

성매매방지법은 제정 이전과 이후를 구분할 수 있을 정도로 정책 및 실천현장 모두에 많은 변화를 가져 왔다. 무엇보다도 윤방법 시절의 직업보도, 선도보호, 사회복귀 등의 개념에서 탈피해 '자활'과 '자립'이 전면에 등장했고, 실제로 이를 위해 많은 예산이 투입되었으며 다양한 프로그램들이 시행되었다. 하지만 그럼에도 불구하고 이 시도들은 성매매 피해여성의 자활지원에 대한 곱지 않은 시선을 거둬들이는 데 실패했고, 여기에 가시적인 성과에 대한 압박이 가중되면서 성매매 피해여성의 자활지원에 대한 효과와 효율성 등에 대한 비판이 계속해서 제기되고 있다.

1) 성매매 피해여성의 자활지원을 위한 정책적 구체성 및 포괄성 미흡

정부에서 내세운 각종 '탈성매매를 위한 자립·자활지원' 정책들은 "성매매 피해 경험을 가진 여성들이 성매매구조에서 벗어나 새로운 삶을

*** 중도포기 사유로는 사전준비 부족, 심리정서적 · 사업적 의지 미흡, 생계의 불안정, 금융부채, 기술력과 경험의 부족, 미해결된 법률문제 등을 지적하였다.

살아가기까지의 과정을 국가지원시스템을 통해 제도적으로 지원하겠다"는 것으로 해석될 수 있을 정도로, 과거 정책과는 달리 보다 적극적으로 대응하겠다는 정부의 의지가 엿보인다. 그러나 '자활'이라는 정책 용어의 태동배경 자체가 정부가 제공하는 일정기간의 일자리와 직업훈련 등의 과정을 거쳐 스스로 경제적으로 자립하여 정부의 지원·의존으로부터 벗어나는, 일종의 '경제적 자립'을 전제로 하고 있기 때문에, 이러한 '자활'을 성매매 피해여성에게 적용했을 때는 그들의 특성과 여건 등을 고려한 정책의 상이 별도로 천명되었어야 했다. 그러나 성매매방지대책이나 관련 법률, 이후에 발표된 성매매 피해여성의 자활지원정책 그 어디에서도 다양한 자활지원정책은 있되 '성매매 피해여성의 자활'에 대해서는 명확한 설명이나 정의가 제시되지 않고 있다. '자활'의 태동배경이 갖는 암묵적인 전제처럼 경제적인 부분에 초점을 두고 다른 일을 준비할 수 있도록 일정기간 동안만 지원을 할 것인지, 아니면 성산업구조에서의 성매매 경험에서 벗어나 스스로 자신의 삶과 인생을 설계하는 데 초점을 두고 필요한 모든 지원을 지속적으로 제공을 할 것인지, 무엇을 목표로 어떻게, 어디까지를 '성매매 피해여성의 자활'이라는 이름하에 정책적으로 지원할 것인지가 분명치 않았던 것이다.

성매매방지대책에서 보면 '자활'은 성인여성을 대상으로 하는 정책과제로 분류되어서 자활지원센터 확충·거주생계지원책 마련·직업훈련(창업자금지원 포함)·의료법률지원 강화·일자리 제공(공동창업·동료상담원 양성) 추진 등이 제시되었고, 실제로 현재 진행되고 있는 정책들도 이에 기반하고 있다. 그러다 보니 현행 자활지원정책은 주로

〈그림 1〉 자활지원과정 및 과정별 프로그램 활용

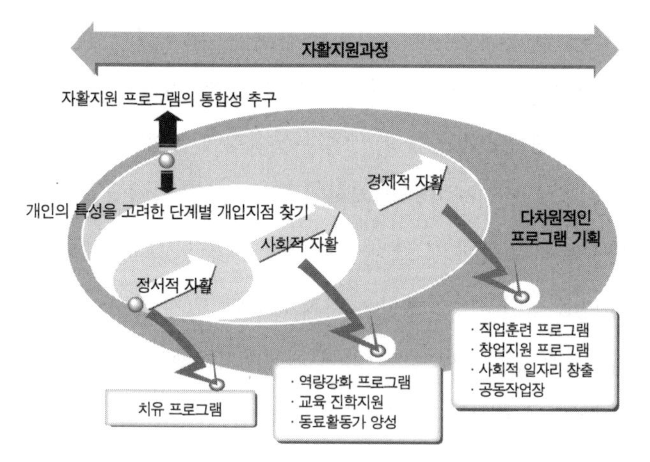

출처 : 여성인권중앙지원센터, 「자활지원가이드」, 2006.

20~30대의 창업이나 취업이 가능한 여성들을 주 대상으로 경제적인 자립에 초점을 두면서 진행되었고, 사회적이고 심리·정서적인 측면에 대한 개입은 상대적으로 자활지원정책에서 중요한 영역으로 가시화되지 못했다.

그러나 현장에서는 긴급구조에서부터 심리적인 치유·사회적응 훈련·취업·창업을 유지하는 것까지 포괄하는 일련의 과정을 자활로 접근해야 하는 필요성을 강조하고 있다. 또한 국가의 지원을 통해 달성하려고 하는 성매매 피해여성의 자활은 무엇이고, 과연 경제적인 자활을 성매매 피해여성의 자활지원의 최종목표로 설정하는 것이 유효한지에 대한 질문을 제기하고 있다. 다시 말해 자활은, 정서적·사회적·경제적 자활 등 일련의 과정을 통해 성매매 피해여성 개인의 특성을 파악하고 그에 맞는 적절한 서비스와 프로그램을 제공하는 것을 필요로 하며, 이러한 서비스와 프로그램들은 통합적으로 이루어져야 한다는 것이다(앞페이지 〈그림 1〉 참조).*

실제 현장에서 직면하게 되는 성매매 피해여성들은 훨씬 다양한 연령대들이며 생각보다 복잡하고 어려운 상황에 놓여 있는 경우가 많은데, 현행 성매매 피해여성의 자활지원정책들은 성매매 피해여성의 다양성을 포괄하지 못한 채 각 대상별 자활을 위한 보다 세분화된 정책적 지원방안을 구비하지 못했다는 지적도 있다. 현재 집행되고 있는 자활지원정책들은 성매매방지법이나 성매매방지대책을 만들 당시 관련 부서 및 여성단체 관계자, 현장 실무자들이 참여하여 최선을 다해서 마련한 내용이었다. 그러나 윤방법 시절의 제한된 경험에 근거할 수밖에 없었기 때문에 성매매 피해여성의 자활지원에 대한 정책적 · 실천적 경험이 현재 제기되고 있는 여러 상황을 고려할 정도로 충분히 축적되어 있지 못했다. 그리고 성매매방지법이 통과될 것이라고 그 누구도 확신하지 못했기 때문에 통과여부에만 총력을 다했고, 그 이후 발생할 수 있는 다양한 상황들을 철저히 준비하기에는 법 통과 이후 시행까지의 시간이 충분치 않았다는 현실적 한계도 분명히 있었다. 상황이 이러했다면 초기에 설계된 정책에서 부족한 포괄성이나 구체성, 다양성 등의 한계를 극복하기 위해 정책 집행 과정에서라도 보다 치밀하고 기민한 후속조치를 취함으로써, 제도 정책의 완결성을 기해야 했다. 그렇기 때

* 여성인권중앙지원센터, 『자활지원가이드』, 2006. 여성인권중앙지원센터는 현장의 다양한 의견을 수렴하여 〈그림 1〉과 같이 자활지원과정을 정리하였지만, 실제 실천현장에서는 지원체계별로 기관의 특성, 자활지원에 대한 실천의 경험 등이 상이하기 때문에 자활과 자활지원에 대한 다양한 의견이 공존하고 있으며, 서비스와 프로그램의 내용이나 방법 등 실천의 모습에 있어서도 여러 모습을 보이고 있다.

문에 성매매 피해여성에 대한 자활지원정책은 성매매방지법 통과 이후 '자활' 을 전면에 내세우는, 과거와는 비교할 수 없을 정도의 정책적 변화를 가져왔다는 의의와 성과에도 불구하고, 시행 3년에 접어든 현 시점에서도 성매매 피해여성의 자활지원정책에 대한 문제점과 한계가 제기되고 있으며 안정적으로 자리매김되었다고 보기 어려운 것이다.

2) 예산투입에 따른 성과도출 압박 가중

성매매방지법 통과 이후 성매매 피해여성의 자활지원에 대한 예산이 급증하면서 가시적인 성과를 제시하라는 압박이 가중되고 있다. 2006년 4월 임시국회에서 여성가족부가 자활정책에 상당한 예산을 투입했음에도 불구하고 실적이 초라하다고 지적되었고, 2006년 여성가족부 업무계획에서도 성매매방지법 시행 이후 성매매 피해여성 자활지원사업 시행에 대한 가시적인 성과를 요구받고 있는 것을 정책 추진의 어려움으로 언급하고 있다. 여기에 대중매체를 통해 풍선효과, 음성화 논란, 해외성매매 출현 등이 보도되면서 성매매 피해여성의 자활지원에 대한 실효성이나 효과성에 대한 문제제기가 더욱 탄력을 받고 있다.

실제 성매매 피해여성에 대한 자활지원 관련 예산 현황을 보면 성매매방지법이 본격적으로 시행된 2005년 이후 예산총액이 상당히 증가한 것을 알 수 있다(다음 페이지 〈표 1〉 참조). 2004년과 2005년 사이의 변화를 보면 일반예산은 2004년 31억 원에서 2005년 57억 원으로 약 2배 가량 증가하였고, 기금예산의 경우 2004년 34억 원에서 2005년 154억 원으로 약 5배 가량 증가하였다. 특히 성매매 피해여성의 자활지원사업은 많은 부분 복권기금예산을 통해 진행되고 있다. 2004년

〈표 1〉 성매매 피해여성 자활지원 관련 예산액 현황

(단위 : 백만 원)

구 분		2004년	2005년	2006년	2007년
일반 예산	총계	3,167	5,704	5,951	7,455
	성매매 예방	148	160	130	130
	시설 및 상담소 운영[1]	2,825	5,544	5,821	6,975
	성산업구조 및 성매매 실태조사	-	-	-	350
	탈성매매 여성 자활지원시범사업	194	-	-	-
기금 예산[3]	총계	3,437	15,466	14,399	11,342
	성매매 피해자 구조지원사업[2]	1,937	2,340	3,490	2,100
	피해자 치료회복프로그램	-	1,243	1,000	850
	창업자금지원	1,500	1,500	600	430
	성매매집결지 지원사업	-	9,178	8,296	7,000
	여성인권중앙지원센터 운영[4]	-	1,205	1,013	962

1) 현장지원센터, 성매매 피해지원시설, 그룹홈, 자활지원센터, 외국인여성지원시설 등에 대한 운영비, 시설기능보강비 등이 포함되었다.
2) 성매매 피해자 구조지원사업에는 의료지원, 법률지원, 직업훈련지원, 현장구조(차량지원) 등이 포함되었다.
3) 성매매 피해여성 자활지원 관련 예산은 상당부분은 '복권 및 복권기금법'에 따른 복권기금을 통해 지원되고 있다. '복권 및 복권기금법' 제23조 3항에 복권기금을 통해 지원하는 사업대상 중 하나로 소외계층에 대한 복지사업이 명시되어 있고, 소외계층에 대한 복지사업 대상에 성매매 피해여성이 포함되면서 성매매 피해여성에 대한 지원이 이루어지게 되었다.
4) 여성인권중앙지원센터 운영비에는 성매매방지상담원양성 교육예산이 포함되었다.

31억, 2005년 57억, 2006년 59억, 2007년 74억 원으로 매년 증가하고 있는 일반예산의 경우, 대부분이 시설 및 상담소 등의 지원체계에 투여되고 있는 반면, 성매매 피해자 구조지원사업, 집결지 자활지원사업, 피해자 치료회복프로그램 비용 지원사업 등 성매매 피해여성의 자활지원사업의 대부분은 기금예산을 통해 지원되고 있다. 그러나 이러한 기금을 통한 예산도 2005년부터 지원되기 시작한 집결지 자활지원사업 예산으로 총액이 크게 증가한 것일 뿐, 2005년 이후로는 모든 사업의 예산이 감소하는 경향을 보이고 있다.

정부 정책사업에 투입된 예산이 어떻게 쓰였는지, 일정한 정책 성과를 도출했는지 등을 면밀히 검토하고 그 결과를 예산수립에 반영하는 것은 당연한 일이라고 볼 수 있다. 그런데 대부분의 성과 평가는 수량적인 접근을 통해 이루어지고 있다. 여성가족부에서도 양적 통계치에 근거해서 자활지원정책 성과를 발표하고 일정한 성과를 도출하고 있다고 자평하고 있는 데 반해 투입된 예산에 비해 성과가 낮다고 평가되고 있는 것이 현실이다. 그러나 성매매 피해여성의 자활지원사업들은 많은 경우 양적 통계치를 토대로 한 가시적인 성과를 도출하기 어려운 특성을 갖고 있고 장기간의 통합적인 지원이 이뤄져야 함과 동시에 단기간에 성과를 만들어내기 어려운 특성도 동시에 지니고 있다(여성인권중앙센터, 『자활지원가이드』).

따라서 현행과 같이 성공사례 건수나 인원수 등의 수량적인 통계치를 토대로 성매매 피해여성 자활지원정책의 성과를 측정하고 이를 토대로 예산과 연동할 경우, 가시적인 성과도출에 대한 압박은 더욱 가중될 수 밖에 없고, 결국은 정책사업의 효과성 논란으로까지 심화되어 사업의 점진적 축소로 이어질 가능성을 배제할 수 없다. 따라서 성매매 피해여성 자활지원사업의 특성을 반영한 성과측정을 위한 정책도구가 필요하다. 무엇을 성매매 피해여성 자활지원사업의 성과로 볼 것인지, 수량적 접근 이외에 다른 측정방법은 없는지, 수량적 접근을 할 경우, 보다 현실적인 방법은 무엇인지, 이러한 시도들은 성매매 피해여성의 특성과 함께 정부의 성과측정과 관련된 동향, 정책도구 등에 대해서도 고려할 때, 보다 실효성을 갖게 될 것이다.

성매매 피해여성 자활지원정책이 진일보하기 위한 향후 과제

성매매방지법 제정 이후 성매매 피해여성에 대한 정부 지원의 정당성이 확보되면서 자활을 정책목표로 한 자원의 투입이 확대되었고, 이를 통해 성매매 피해여성에게 탈성매매와 자활에 실질적인 기회가 제공되고 있다(여성인권중앙센터, 『자활지원가이드』). 하지만 그럼에도 불구하고 성매매 피해여성의 자활지원정책에 대한 사회적 시선은 여전히 차갑기만 하다. 투입된 자원과 물량에 비해 가시적인 성과도출이 미흡하다는 비판이 제기되고 있고, 성매매의 음성화, 산업형 성매매의 활황, 해외원정 성매매 등이 언론매체를 통해 보도되면서 성매매 피해여성의 자활지원정책에 대한 회의론이 대두되는 상황에까지 놓여 있다. 그리고 법 통과 직후에 비하면 정책 추진을 위한 동력도 약화된 상태이다. 실천현장 역시 자활지원의 가시적 성과에 대해 적잖은 부담감을 느끼면서 성매매 피해여성들의 자활이 가능한지, 이들의 자활은 무엇을 의미하는지, 실무자의 역할은 무엇이며 이들을 위해 어디까지 지원해야 하는지 등 자활지원과 관련된 고민도 깊어지고 있다. 또한 성매매 피해여성의 자활을 위한 다양하고 실험적인 시도와 시행착오들을 경험하면서 피해여성들의 자활에 대해 정리되지 않은 여러 입장이 공존하고 있기도 하다.

이러한 상황들을 볼 때, 이제는 2년 동안의 성매매 피해여성을 위한 자활지원정책 시행 경험을 토대로 한단계 정책적 발전과 성장을 도모해야 한다. 성매매방지법 통과 이후 지금까지는 과거에 없었던 새로운 정책들을 만들고 집행하는 데에 초점을 두었다. 그러나 그동안의 정책 추진 과정에서 여러 한계점들을 노출해 온 것이 사실이다. 성매매 피해여성을 위한 인프라 확대 등의 양적 확대에 집중하였고, 성매매 피해여성의 다양성을 포괄하기 위해서는 관련 정책들 간의 연계나 조율이 보다 충분했어야 했는데 그렇지 못했으며, 정책 추진 과정에서 예상치 못한 상황에 대해 정책적 검토가 충분히 이뤄지지 못한 상태에서 대응한 측면도 없지 않았다. 이전에는 이러한 경험 자체가 충분히 축적되지 않았기 때문에 제한적인 경험 속에서 정책을 만들고 추진해야 했었다면, 이제는 그동안의 정책영역과 실천영역에서 축적된 자활지원의 경험을 토대로 보다 종합적이면서 동시에 세분화된 정책방안을 마련할 수 있을 것이다.

성매매방지법 이전에도 성매매 피해여성에 대한 자활지원이 이뤄지긴 했지만, 그것이 정책적 차원이었다기보다는 뜻있는 현장활동가들의 헌신 속에 이뤄진 것들이었고, 그러한 경험들은 성매매방지법 초창기에 정책적 밑그림을 그리는 데 소중한 기초자료로 활용되었다. 이제는 성매매방지법 통과 이후의 경험이 향후 성매매 피해여성의 자활지원정책을 보완하는 데 밑거름으로 쓰여야 할 것이다. 2년이라는 기간이 짧다면 짧을 수 있겠으나 상당히 압축적으로 다각도의 시도들이 이루어졌고, 그 과정에서 많은 시행착오도 있었고 성공사례와 실패사례도 있었다. 그리고 이와 더불어 과거에 간과되었던 새로운 이슈들도 제기되고 있다. 그러나 현재 정책현장과 실천현장에서 축적된 다양한 경험들은 흩어져 있다. 따라서 성매매 피해여성의 자활지원정책을 보완하는 일은 성공사례든 실패사례든 모든 다양한 경험자료들을 모아 심층적으로 분석하는 것부터 시작되어야 한다. 그리고 2년간의 정책적 · 실천적 경험과 시행착오 등에 대한 분석을 토대로 그간 추진되었던 정책들에 대한 문제점과 한계 등을 평가하고 새로운 성매매 피해여성의 자활지원정책에 대한 비전, 정책과제, 이를 추진하기 위한 로드맵 등 보다 발전적인 개선방안을 마련해야 한다.

여성가족부는 2007년 이후 탈성매매 여성에 대한 자활지원을 위해 "구조, 자활에서부터 취업 등에 이르기까지의 전 과정을 체계적이고 통합적으로 관리 · 운영하며, 시설, 상담소, 자활지원센터 간에 상호연계를 강화하고 표준 자활지원프로그램의 전국적인 적용을 통해 균질적이고 표준적인 서비스를 제공"하는 데 역점을 두고 있다. 2007년 대통령 업무보고에서도 필요에 따라 의료, 치료회복, 법률지원을 제공하는 획일적 직업교육에서 유형별 맞춤형 자활지원으로 전환하는 등 성매매 피해여성을 위한 맞춤형 서비스 및 자활을 위한 시설을 대폭 확충하고 피해자의 자활을 적극 지원하겠다고 밝히고 있다.

서비스와 프로그램을 표준화하고 균질화하는 것도 물론 중요하다다. 그러나 이제는 보다 총체적인 차원에서 지금까지의 자활지원정책을 점검하고, 또 기존의 정책에 대한 보완과 새로운 정책과제에 대한 발굴 등을 해 나가야 한다. 지금은 성매매방지법이 통과되었을 시절처럼 거의 '무'에서 '유'를 만들어 내다시피 해야 하는 상황이 아니다. 따라서 그간의 정책적 · 실천적 경험을 토대로 보다 구체적인 정책방안이 마련되어야 할 것이다.

2

경계 사이에 놓인 삶의 **실천들**

.5. 성매매의 체험과 생애 이야기
—탈성매매 여성의 사례 재구성*

이희영

들어가는 말

이 글에서는 성매매 경험을 가진 두 여성(현재 40대와 20대)이 살아온 생애 체험을 재구성하고, 전체 생애사적 지평에서 성매매의 체험이 갖는 의미를 고찰하고자 한다.

2004년 성매매방지법이 제정되기까지 일련의 과정에서 '성매매'에 대한 다양한 사회적 논의가 있었다.** 이 과정에서 우리에게 강한 인상을 남긴 성매매현장의 여성들은 주로 강제 성매매를 위해 감금상태로 있다가 화재로 인해 사망하거나, 혹은 성매매현장 조직의 각종 착취에 시달리다가 구사일생으로 탈주한 사건을 다룬 신문기사나 관련단

---

* 이 글에서 등장하는 주연미 씨의 사례는 2006년 전국사회학대회 발표문에서 소개되었음을 밝혀둔다.

** 한국의 성매매에 대해서 지금까지 이루어진 연구 성과에 대해서는 이나영(「성매매 : 여성주의 성정치학을 위한 시론」)의 정리를 참고하라.

체 보고서에 등장하는 모습이다. 즉 한국 사회에서 성매매 경험의 가진 여성들은 보통 '강제 성매매의 피해자'로 정의된다. 동시에 우리가 일상적으로 접하는 대중매체에는 용인될 수 없는 '불법행위'인 성매매현장을 추적하는 다큐멘터리 등에 등장하는 '일탈 청소년' 혹은 '타락한 여성'들의 모습이 있다. 이처럼 한국 사회의 지배담론 속에는 암묵적으로 성매매와 같은 불법행위는 범죄조직의 강압에 의한 것이거나 혹은 타락한 소수 개인의 일탈행위가 아니면 이루어질 수 없다는 상식이 전제되어 있다.

그러나 성매매 경험을 가진 여성들의 쉼터 등에서 만나게 된 여성들의 삶은 한국 사회의 소위 '정상적인' 일상의 공간과 긴밀히 결합되어 있으며, 이들의 삶 속에는 특정한 시기의 '성매매 경험'만이 아니라 '보통사람'들의 다양한 생애사적 사건과 체험들이 복합적으로 얽혀 있다. 처음에는 여성들의 삶의 이야기가 '범죄' 혹은 '일탈행위'인 성매매 경험의 층위만으로 구성되지 않는 것에 놀라지만, 조금씩 가까이 다가가면서 개인의 삶이 서로 다른 생애 시기의 다양하고 복합적인 체험의 층위로 구성된다는 너무나 당연한 사실을, 유독 이 여성들 앞에서만 망각하게 된 자신에게 놀라기도 하였다.

이 글은 특정한 시기의 성매매 경험으로만 축소되거나 환원되지 않는 여성들의 삶을 소개하려는 목적에서 출발했다. 두 여성의 생애 이야기를 토대로 '남성'에 의해 대상화된 사건으로서의 성매매가 아니라, 여성들이 자발적 혹은 강제적으로 선택한 하나의 삶의 방식으로서의 성매매 체험을 전체 삶의 연속성 속에서 위치지워 보려 하였다.

이 글에서 소개하는 두 사례는 생애사 인터뷰 자료를 필자의 관점에서 재구성한 것이다.* 한 개인이 지나간 과거의 체험을 전달하는 구술자료 속에는 과거 체험의 사실성을 지시하는 단초와 이에 대한 사후의 해석이 혼재되어 있다. 누구나 지나간 체험에 대하여 이야기할 때 과거의 사실 그 자체를 고스란히 재현하지 않으며, 또 그렇게 할 수도 없다. 과거에 대한 기억은 '현재'의 관점에서 강조·삭제·변형을 통해 재해석된다. 따라서 이 글에서는 구술자들의 인터뷰 자료 속에 녹아 있는 과거의 체험과 현재의 해석이라고 하는 서로 다른 차원의 이야기들을 분석하여, 생애 시간의 흐름에 따라 재구성하였다.** 이 과정에서 구술자들의 생애 체험을 바라보고 해석하는 필자의 위치를 가능한 한 텍스트 속에서 밝힘으로써 이에 대한 독자의 재해석의 가능성을 열어 두고자 하였다.

생애구술 사례의 소개

이 절에서 소개하는 두 여성의 사례는 성매매 연구의 초보자인 필자가 성매매 경험을 가진 여성들의 '쉼터'인 막달레나의집 연구위원으로 활동하면서 소개받아 이루어진 생애사 인터뷰를 재구성한 것이다. 2006년 9월과 10월 서울과 근교에 있는 성매매 경험이 있는 여성들을 위한

---

* 이 글은 구술생애사 재구성 방법론(이희영, 「사회학적 방법론으로서의 생애사 재구성」)에 기초하여 살았던 생애사, 이야기된 생애사, 체험된 생애사라고 하는 서로 다른 차원에서 분석·재구성되었다.

** 박은영 씨는 필자에 의해 재구성된 사례의 초고를 읽었으며 글에 대한 감상을 글로 전해왔다. 그러나 인터뷰 이후 달라진 생활조건으로 인해 주연미 씨의 의견은 듣지 못했다. 이후라도 주연미 씨의 의견을 들을 수 있는 가능성을 모색할 예정이다.

구술자 약력*

구술자	출생년도	출생지	가족관계	성판매의 경험	쉼터 생활	2006년 인터뷰 당시
주연미	1965년	충북	팔남매 중 셋째	1984~1999년, 2003년	1999~2006년	쉼터 실무자
박은영	1981년	전남	삼남매 중 막내	2001~2003년	2004~2005년	생산직 취업

다른 쉼터 공간에서 이루어진 인터뷰를 위하여 막달레나의집 '큰언니'(이옥정 대표)를 비롯한 여러 실무자들의 소개와 노력이 있었다. 필자가 두 구술자를 만나게 된 것은 전적으로 막달레나의집이 해온 그동안의 활동에 의지한 것이었다. 구술자들은 막달레나의집과 실무자들에 대한 신뢰 속에서 필자와의 인터뷰를 승낙하였고, 두 사람과 구술자는 인터뷰를 위해서 처음 만났다.

인터뷰에서 두 구술자 모두 막달레나의집 연구위원인 필자의 '연구'를 돕고자 하는 뜻을 직·간접적으로 보여 주었다. 이런 관점에서 두 구술자와의 인터뷰와 이에 기초한 이 글은 '공동연구작업'이라는 성격을 띠고 있다.**

위 약력은 구술자의 생애 체험 중 성매매와 관련된 간단한 정보를 소개하고 있다. 두 구술자는 모두 특정한 생애 시기에 성매매현장에서 일한 경험이 있으며, 1990년대 말부터 막달레나의집 지원을 받으며 쉼

* 이 글에 등장하는 모든 인명과 지명은 구술자의 신변을 위해 최대한 바꾸었다.
** 다음에서 재구성되는 사례는 2006년 9, 10월의 인터뷰에 근거한 것으로, 이후 구술자들의 생활 변화를 포괄하지 못했음을 밝혀둔다.

터의 실무자로 생활하기도 하였다. 2006년 말 인터뷰를 하던 당시 두 구술자는 서로 다른 방식으로 새로운 삶을 모색하는 과정에 있었다.

다음에서는 재구성한 두 구술자의 생애사를 상호 비교의 관점에서 압축하여 소개한다.

1) 주연미 : "풀어진 망나니 새끼에서 그릇마다 꽃 키우며 살게 된 나"

구술자와의 만남과 생애 구술

구술자 주연미의 씨의 생애사는 1980년대 초에서 2000년대 초까지 약 20여 년 동안 서울을 비롯한 다른 여러 지역에서 성매매를 하다가, 1998년 성매매공간을 '탈출' 한 후 전업을 하게 되는 과정을 보여 준다. 인터뷰 당시 성매매 경험이 있는 여성들을 위한 쉼터의 실무자로 근무하던 주연미 씨와의 인터뷰는 이곳 책임자의 소개***로 이루어졌다. 1999년 이후 주연미 씨의 전업을 물심양면으로 지원하였던 쉼터 책임자의 소개는 면담과정에서 중요한 신뢰의 기반이 되었다. 주연미 씨의 생애 구술은 초기 이야기, 보충질문에 대한 구술 및 면담 후의 대화로 구성되었다.**** 초기 이야기에서 구술자는 어린 시절로부터 '업소생활' 을 거쳐 현재 실무자로 생활하게 된 과정을 한 시간여에 걸쳐 담담하게 들려주었다.

*** 쉼터에서 하루를 자면서 이루어진 이 면담을 위하여 쉼터 책임자를 비롯하여 다른 두 명의 '언니' 들이 면담 전·후에 동행하였다. 다섯 명의 쉼터 식구들에게 면담자는 쉼터의 활동을 지원하는 연구위원이며, 모 대학에서 강의하고 있는 '교수님' 으로 소개되었다. 구술자는 손수 농사지어 마련한 저녁 식사를 함께 하면서 면담자가 외모나 차림새와 달리 자신보다 다소 나이가 많다는 사실을 재삼 확인하기도 하였다.

**** 녹음된 전체 구술시간은 세 시간이며 면담 전, 중간의 휴식, 그리고 면담 후의 대화를 포함하여 총 4시간 정도가 소요되었다.

이후 면담자의 열린질문에 대한 구술이 이어진 후 녹음기를 끄자,* 구술자는 성매매를 하던 시절 자신과 '남자들' 사이의 관계에 대해서 '활기 있게' 이야기하였다. 녹음되지 않은 대화는 사후 기록**의 형식으로 분석되었다.

소 팔러 돌아다니는 아버지와 '길 건너에 사는' 어머니

주연미 씨는 1965년 충북에서 팔 남매의 셋째로 태어났다. 위로 언니와 오빠가 있었으나 구술자가 6살 되던 해인 1970년에 오빠가 마을 급류에 휩쓸려 사망하였다고 한다. 구술자는 인터뷰에서 "동네 부잣집 막내 아들"로 "여자를 되게 많이 밝히는" 아버지와 상대적으로 공부를 많이 하여 "똑똑한" 어머니를 대비하여 소개하였다.

> 아버지는— 소 장사였는데, 거의 소 장사들은 옛날에는 소 장사 하고, 소 팔고, 막걸리 집에서 여자들하고 그렇게 막 하잖아요. 놀고. 아버지는 여자를 되게 많이 밝혔어요.(웃음) 그래가지고, 우리 계— 속 딸만 쭐쭐쭐 딸딸딸 그래 계—속 나왔잖아요. 우리 오빠 죽은 뒤로. 그러고 딸만 계속 나와가지고 우리 할아버지가 우리 엄마가 미워가지고 딸만 낳으니까, 우리 아빠 우리 아버지가 막내거든요. 막낸데

* "앞으로 결혼이나 혹은 남성 파트너와 함께 살고 싶은 생각이 없느냐"는 면담자의 질문에 대한 부정적인 대답에 이어진 이 이야기가 '녹음이 끝난 상황'에서 이루어진 것이 '의도된' 상황으로만 느껴지지는 않았다. 텍스트 분석에 의하면 이 이야기에서 전달된 체험은 자신이 현재 남성 파트너에 대해 부정적으로 생각하는 방증으로써의 역할을 하고 있다.

** 구술면담과 면담 전후의 상호작용에 대하여 기록한 인터뷰 '메모'는 사례분석의 중요한 텍스트이다.

두 딸만 낳으니까 우리 엄마를 미워했어요. 그리고 몸도 안 좋고 하니까는 되게 할아버지가 안 좋아했나 봐. **왜 그냐하믄**[저자 강조] 우리 엄마는 좀 배운 사람이었고, 우리 아부지는 부잣집 아들이었는데 막내 아들인데도 안 배운 거예요. 뭐지? 전혀 한글 같은 거 몰랐었어요. 우리 엄마는 되게 똑똑했거든요.(밭은기침) 똑똑해가지고 우리 형제 간들 다 우리 엄마가 공부 가르쳤거든요. 그랬는데 우리 아부지는 막내 아들로 태어나가지고 완전히 뭐, 여자들하고 막 놀고, 그래가지고 우리 할아버지는 우리 엄마를 싫어해가지고, 우리가 전부 다 큰집에서 자랐어요. 우리 엄마랑 우리 그니까 길 건너편에 우리 집이고, 이쪽으로 길 건너는 큰집이었거든요. 마주보는 데가 행길만 건너면은 큰집이었고 그랬거든요. 근데 우리가 거기서 자랐어요. (주연미, 2006, I 1/13~27)***

위 단락에서 구술자는 자신의 초기 이야기를 가족 소개로 시작하고 있다. 중요한 주제는 어린 시절의 중요한 생활세계인 구술자의 가족이 '해체'되는 과정이다. 여기서 구술자의 아버지는 부잣집 막내 아들로 농촌의 중요한 생산수단인 '소'를 거래하던 상인으로 소개된다. 또한 아버지의 '외도'는 소장사들이 "거의" "그렇게 막"하던 일반적인 행동으로 상대화되고 있다. 이에 비해 어머니는 딸만 "쫄쫄쫄" 낳고 몸도 안 좋아서 할아버지의 미움을 받는 며느리로 등장한다. 뿐만 아니라 이

*** 이것은 인용된 텍스트를 밝히는 이 글에서의 방식이다. 차례로 구술자의 이름(가명), 인터뷰 시기, 인터뷰 회수, 쪽수와 행을 뜻한다. 즉 위의 괄호는 주연미 씨와의 1차 인터뷰 중 1쪽 13행에서 27행을 뜻한다.

단락은 부잣집 막내 아들인 아버지의 한글도 깨치지 않은 무식함보다 어머니의 배움과 똑똑함이 '문제시' 되던 가족 내의 상황을 보여준다.

사례분석에 의하면 구술자가 초등학교에 다닐 무렵 구술자의 어머니가 '풍' 에 걸리자 "상투를 틀고 갓을 쓴" 할아버지와 큰아버지가 태어난 지 얼마 되지 않은 막내와 7남매를 길 건너의 큰집으로 데려갔다. 구술자의 어머니는 아들을 낳기 위해 다산을 하고, 소장수를 하며 외도를 하던 남편의 빚을 갚다가 '풍' 을 맞아 운신이 어려워지자 시댁 식구로부터 소위 '소박' 을 맞은 것으로 보인다. 동네 부자였던 구술자의 친가는 어느 날 일곱 남매를 데리고 가버림으로써 어머니를 '길 건너의 사람' 으로 내쫓아 버린 것이다.

사례 재구성에서 중요한 의미를 갖는 것은 구술자가 이 단락에서뿐만 아니라 전체 인터뷰에서 할아버지에 의해 '길 건너' 에 격리되어 살았던 어머니에 대해서 공간적 · 정서적 거리를 보여 주고 있다는 점이다. 비록 현재 성인이 된 구술자의 관점에서 어머니를 한량이 되어 돌아다니던 아버지와 비교하여 똑똑한 여자로 소개하고 있긴 하나 전체 사례 재구성 과정에서 구술자와 어머니 사이의 긴밀한 정서적 체험은 드러나지 않는다.

나아가 구술자는 이어지는 단락(주연미, 2006, I 1/30~33)에서 자신의 어머니가 '보통 어머니' 라면 자식들에 대해서 당연히 가졌어야 할 애착을 보이지 않았음을 간접적으로 비판하고 있다. 반면, 술과 여자를 밝히던 아버지의 모습이나 어머니에게서 아이들을 빼앗은 할아버지의 행동을 단순 묘사함으로써, 구술자의 어린시절 아버지와 할아버지에 의해 '소박맞은 어머니' 에 대하여 스스로 거리를 두고 있었음을 짐작할 수 있게 한다. 어린 나이에 친가의 가부장적 권위에 의해 형성된 새로운 가족질서에 적응해야 했던 구술자는 자신의 생활세계 내에 존재하는 남성중심적 권력관계를 일상적으로 체화하였을 것으로 짐작해 볼 수 있다.

가족 내의 차별과 성폭력

길 건너 어머니로부터 격리된 구술자의 형제들은 큰집의 대가족 내에서 유형, 무형의 차별을 체험했던 것으로 보인다.

> 우리 큰아버지, 우리 고모, 그 다음에 우리 아버지가 3형제에요. 그니까 우리 아버지가 막내잖아요. 그러니까 우리 고모가 서울에서 살면은, (밭은기침) 우리 큰집이 오빠는 그때 우리 어렸을 때, 고모가 서울서 사니까 제사 지내러 오잖아요. 오면은 설날 같은 때 큰집 오빠 형제 간들은 다 세뱃돈을 주는데 우린 안 주는 거예요. 그래갖고 어렸을 때 되게 많은 상처를 입었나 봐, 내가 상처를. (음료수 마심) 그게 어린 마음에도 안 잊혀지니까. 내가 상처를 받은 거 같애. 그래갖고 고모가 한 번씩 오고 가면은, 재산 가지고 되게 많이 싸웠었어요, 막 형제 간들이. 싸우는 거 몇 번 보고 그랬는데. 듣고 보고. 그래가지고 우리 아버지는 돌아다니다가 그럴 때만 오는 거예요. 그럴 때만 오고. 그래가지고 나는 점점점 큰집에서 학교를 다니면서, 큰집에서 다니니까, 내가 지금 현대말로는 좀 삐뚤하게 나갔나 봐요. 큰엄마가 그렇게 큰아버지 잘해 주셨어도. 할아버지랑 다 계셨는데. 나는 학교 간 날보다 안 간 날이 더 많았어요. 그래가지고 내가 초등학교 3

학년까지밖에 안 다녔어요. 죽어도 가기 싫은 거예요, 떼를 써도. (주연미, 2006, I 1/35~2/9)

위의 단락에서 구술자는 큰아버지, 큰어머니의 일상적인 친절에도 불구하고 큰집 울타리 안에 살고 있는 가족 내에서 명절날 세뱃돈을 받는 큰집 오빠들과 받지 못하는 자신 사이에 존재하는 엄연한 차별을 깊이 체험한 것으로 짐작할 수 있다. 이것은 위 단락에서 반복되는 '상처'로 등장한다. 이 단락에서 1년 중 명절이면 소장사를 하며 돌아다니던 아버지와 서울의 고모까지, 한자리에 모인 어른들과 큰집 오빠들은 가족 내 자본에 의해 하나로 연결되어 있다. 어른들의 최대 관심이 '재산'이라면, 큰집 오빠들은 세뱃돈으로 상징되는 어른들의 권위와 관심을 물려받음으로써 차세대 '재산' 상속인임을 드러낸다. 결국 구술자의 상처는, 아무리 큰집 식구들이 잘해 주어도 '명절' 날 이뤄지는 가부장적 권력의 '위계적인 의례'에서 배제되는 자신의 위치에 대한 확인이기도 했던 것이다. 이처럼 구술자는 큰집 가족의 구성원이 아닐 뿐만 아니라 '딸'이라는 젠더위치로 인한 차별을 막아 줄 보호자가 부재한 확대가족 속에서 학교에 가지 않는 등의 "삐뚤한" 생활을 통해 자신을 표현한 것으로 보인다. "점점점"으로 표현되는 시간성은 학교생활을 포기하게 된 것이 중장기적인 큰집 생활의 결과임을 짐작케 한다.

사례 재구성 결과에 의하면 구술자가 말하는 "삐뚤한" 생활로의 변화에서 중요한 역할을 한 것은 단지 위의 단락에서 드러나는 차별만이 아니었다. 구술자는 초기 이야기에서 '삐딱한 생활'로 표현된 이 시기의 생애 체험에 대해 구체적인 언급을 하지는 않았으나 이에 대한 보층질문에서 다음과 같이 표현하였다.

면담자 : 아까 말씀하실 때, 어렸을 때 길 하나 두고서 엄마는 막내하고 살고, 큰집에서 사셨다 그랬잖아요? 그때 큰집에서 살 때 얘기, 좀더 기억나는 것이 있으면 얘기해 주시겠어요?

구술자 : 큰집에 살 때요? 큰집에 살았을 때 어렸을 때, 큰집에 살았을 때 그렇게 큰집 오빠가 그렇게 나한테 성폭력을 했어요.

면담자 : 그—래요?

구술자 : 예. **그땐**[저자강조] 나 어렸는데도 (10초간 침묵) 학교 안 다닐라고 하니까 집안일밖에 더 해요? 밭일하고 막 그랬던 거, 기억이 나고. (주연미, 2006, I 14/38~15/2)

위 단락에서 구술자는 어머니와 서로 떨어져 큰집에서 살던 어린 시절의 체험을 '큰집 오빠의 성폭력'으로 압축하고 있다. 구술자는 "큰집에 살 때"라고 하는 생애 시기를 서너 번에 걸쳐 반복함으로써 이 시기의 기억에 대한 즉흥적인 서사구술을 주저하고 있다. 짤막한 한 단락의 서술에서 반복되는 "그렇게"는 성폭행이 일회적 사건이 아니라 반복적인 것이었을 뿐만 아니라, 당시 구술자의 의지에 반하는 강요였음을 암시하고 있다.* 이와 관련하여 구술자는 전체 인터뷰에서 스스럼

* 2006년 한 의학적 연구결과에 의하면 모 아동센터를 방문한 251명의 20세 미만 성폭력 피해아동 중 68.48%에서 우울증 등의 각종 정신장애가 진단되고 있다. 이들 중에는 7세 이하의 아동도 포함되어 있다(『한겨레신문』, 2006년 12월 1일자). 이와 같은 통계는 성폭력으로 인한 미성년자들의 정신적 상처를 짐작하게 한다.

없이 자기 이야기를 하던 것과 달리 이 단락에서 10초간 침묵함으로써 자신을 표현하고 있다. 여기서 우리는 어린 나이에 '의미 있는 보호자' (significant person)의 부재 속에서 반복적으로 성폭력을 체험해야 했던 당시 구술자의 무력감과 이에 대하여 지금도 '언어화시킬 수 없는 항의' (silent protest)를 짐작해 볼 수 있다.

이어 현재 40대가 된 구술자의 관점에서 당시 자신이 성관계의 파트너가 되기에 너무 "어렸는데도" 불구하고 반복된 성폭력에 대하여, 암묵적인 문제제기를 하고 있다. 심층텍스트 분석결과에 의하면 "그땐 나 어렸는데도"에서 드러나는 '그때는' 은 어떤 다른 시기와 비교의 의미를 담고 있음을 시사한다. 혹시 이 단락에서 구술자가 '어렸는데도 성폭력을 당했던 그때' 와 비교되는 '어리지 않았던 때에 체험한 다른 성폭력' 을 은연 중에 시사하는 것은 아닐까?

과거에 대한 기억의 타래를 좇아 이어지는 구술에 비추어, 구술자는 부모님의 부재와 혼자 감당해야 하는 반복되는 성폭력의 체험 속에서 학교를 그만둔 것으로 보인다. 구술자가 말하는 "어렸을 때"가 정확히 언제였는지는 알 수 없으나, 살았던 생애사의 재구성에 의하면 초등학교 저학년 시절인 것으로 짐작된다. 구술자가 학교를 그만둔 것이 초등학교 3학년 무렵인 1973~1974년인 것으로 비추어 그 이전인 1970년대 초반이었던 것으로 보인다. 즉 구술자는 8~9세였던 초등학교 1, 2학년 무렵부터 친족관계 내에서 반복적으로 성폭력을 체험하였던 것으로 보인다. 구술자는 이러한 상황에서 '점점점' 학교생활을 그만두었다. 어쩌면 이러한 구술자의 행위는 성폭력이 반복되는 가족 내의 일상에 대하여 어린아이로서 유일하게 자신을 표현할 수 있는 방식이었는지 모른다. 그러나 이것은 구술자의 중요한 생애사적 자원인 '학력'을 포기하는 것이기도 하다.

요컨대 구술자는 어린 시절 가족관계 내에서 반복적으로 성폭력을 체험하였으며, 이것을 표현하고 성찰할 수 있는 가능성을 갖지 못한 것으로 보인다.* 즉 '어린 나이'에 비밀로 남겨진 친족관계에서의 성폭력에 대한 체험이 구술자에게 중요한 생애사적 과제가 될 것임을 짐작해 볼 수 있다. 뿐만 아니라 박정희 정권의 교육정책에 의해서 1960년대 출생자들의 평균 학력이 그 이전 세대와 비교하여 크게 상승하던 당시 상황에서 초등학교 의무교육을 마치지 않은 구술자가 이후 어떤 생애사적 노력을 통해 부족한 학력자원을 대체해 나갈지 주목해 보기로 하자.

서울에서의 '식모살이'와 반복되는 성폭력

초등학교 3학년을 끝으로 학교를 그만두고 집안일을 거들던 구술자는 중학교에 갈 나이였던 1977~1978년경 서울에 살던 고모와 큰엄마의 소개로 서울에 있는 한 가족의 '식모'로 취업하였다. 그 전에 이미 구술자의 언니가 "돈 벌어서 동생들 공부하게나 좀 하라"는 집안 여자 어

---

* 어린 시절 친족관계에서 반복적인 성폭력을 체험하는 어린이들은 이 '상황'에 대한 책임을 자신에게서 찾는 한편, 성폭력의 가해자와 자신을 일치시킴으로써 '상황'을 이해하려고 하는 태도를 보이기도 한다. 즉 가해자의 성폭력 행위를 자신에 대한 '관심' 혹은 '사랑'으로 해석함으로써 받아들이기 힘든 상황을 암묵적으로 정당화시키기도 한다. 이것은 어린이들이 성폭력의 상황으로부터 자신의 존재를 지키기 위한 노력의 하나이기도 하다. 어린 시절 친족관계에서 체험한 성폭력에 관한 다른 연구로는 다음을 참조하라. Lenore Terr, *Schreckliches Vergessen, heilsames Erinnern. Traumatische Erfahrungen drängen ans Licht*; Ulrike Loch, "Grenzen und Chancen der narrativen Gesprächsführung bei Menschen mit traumatischen Erlebnissen in der Kindheit."

른들의 권유로 서울로 '식모살이'를 갔다. 여기서 구술자는 다시 성폭력을 체험했다고 한다.

> 지금도 안 잊어먹어. 저 봉천동인가? 남자는 저기 인천에 영창악기 다니는 사람이에요. (차를 마심) 근데, 거기 있으면서 그 아저씨가 뭐지? 성폭력을 저한테 한 거예요. 그러니까 매—번 아줌마 교회 갈 때만 그 틈을 타서 노는 날, 쉬는 날. 그래가지고, 거기서 그러니까 나는 어린 마음에 그렇게 막 그냥, 그런 거 전혀 모르잖아요. 자기 몸 관리 그런 거. 그러니까 그런 거 전혀 모르다 몇 년 후에, 그 집에서 있으면서 몇 년 후에 내가 저금통장인가 갖고 내가 나와 부렀어요.
> (주연미, 2006, I 2/21~26)

1970년대 말 구술자는 남편은 직장에 다니고 부인은 첫 아이에 이어 둘째 아이를 임신한 전업주부인 도시 핵가족의 가사노동을 전담하는 '식모'로 취업하였다. 그러나 이 가족의 남성가장, 즉 '아저씨'는 "매—번" 구술자에게 '성관계'를 강요했던 것으로 보인다. 아줌마가 일정한 요일과 시간에 교회에 가는 것과 같이 이러한 성적 강요가 '일상적으로' 행해졌음을 짐작할 수 있다. 이 남성가장은 구술자를 자신에게 성적 서비스를 제공하는 '여자'로 당연시함으로써 가족이라는 공간 속에 결혼관계에서의 '성'과 강제된 '성폭력'을 공존시키고 있다.

또한 위의 단락에서, 식모노동을 행하던 어린 여성들에 대한 성폭력을 암묵적으로 인정하는 동시에 여성에게는 '순결'을 강조하는 이중의 성도덕을 당연시하며 가족 내에서 성폭력을 자행하는 아저씨에 비해서 당시 구술자는 '그런 거 전혀 모르던' 어린 여자아이로 대비되고 있다. 심층텍스트 분석에 의하면 당시 14~15세였던 구술자는 '그렇게 막 그냥' 일방적으로 강제되는 상황을 어떻게 판단하고, 대처해야 할지 알 수 없었던 것으로 보인다. 인터뷰에서 구술자는 당시 아저씨의 행위를 '성폭력'으로 정의하고 있다. 그러나 이것은 구술자가 성인이 된 이후의 판단이라고 할 수 있다. 뿐만 아니라 구술자가 당시 반복되는 성폭력을 "자기 몸 관리 그런 거를 전혀 몰랐던" 자신의 책임으로 느꼈을 것으로 짐작할 수 있다. 성폭력을 체험하는 어린 나이의 여성들 대부분이 문제의 원인과 책임을 자신의 무능력과 행동으로 돌리는 것은 여성의 본질적인 심리학적 기제가 아니라 지배적인 성담론의 결과이기도 하다. 몇 년 뒤 비로소 자신의 노동으로 어느 정도의 돈을 저축한 구술자는 전 재산인 '저금통장'을 들고 나와 버림으로써 반복적인 성폭력이 행해지는 생활공간으로부터 벗어날 수 있었다. 어린 시절 큰집에서 성폭력을 경험하던 상황과 비교하여 주목할 점은 위의 단락에서 통장을 가지고 나와 버린 행동의 주체인 "내가" 강조되고 있다는 점이다. 즉 구술자는 식모생활을 하던 집을 나와 버린 자신의 행동이 반복적인 성폭력 상황에 대한 하나의 대응이었음을 암묵적으로 강조함으로써 성폭력에 대한 당시 자신의 항의를 드러내고 있다.

사례 재구성 결과에 의하면 구술자가 이 집에서 식모로 일하던 무렵 구술자의 아버지가 규칙적으로 방문하여 월급을 가져갔던 것으로 보아 구술자가 자신의 상황을 '발언'할 수 있는 소통의 가능성이 있었으나, 실제 구술자는 이 사실을 자신만의 체험으로 간직한 것으로 보인다. 사례 재구성 과정에서 중요한 의미를 갖는 것은 큰집 내에서의 반복적인 성폭력뿐만 아니라 '식모살이'를 하며 겪어야 했던 반복적인 성폭력의 경우에도 이러한 사실을 타인과 공유하며 거리를 두고 성찰할 수 있는 가능성을 갖지 못했다는 점이다. 즉 구술자는 어린 시절부터 자신의 생활세계 내에서 반복적으로 성폭력을 체험하였으나, 왜 이런 일이 생겼는지, 이러한 행위가 무엇을 의미하는지에 대하여 이해할 수 있는 가까운 성인의 지원을 받지 못한 것이다. 구술자를 소개한 고모나 서울에서 식모살이를 하던 언니, 혹은 월급을 챙기러 오던 아버지에게조차 성폭력 사실을 알리지 못했던 사실에 비추어 구술자는 어린 시절부터 자신의 감정을 나누고 지원과 격려를 받는 '의미있는 보호자'를 갖지 못했으며, 이러한 체험을 자신만의 것으로 묻어 두어야 했던 것으로 보인다. 무엇인가 정당하지 않은 행동 혹은 남이 알면 안 되는 옳지 못한 일이 자신에게 일어나고 있다는 막연한 의문과 분노가 의미화되지 못한 채 체험의 층위에 형성되지 않았을까? 만일 그렇다면 구술자는 '세계'에 대하여 직접 드러내지 못한 자신의 목소리를 어떤 방식으로 표현하게 될까?

섬유공장 미싱사에서 업소생활로

1980~1981년경 서금통장을 들고 일하던 집을 나와 버린 구술자는 한동안 여인숙에 기숙하다가 어떤 아저씨의 소개로 불광동에 있던 인형공장에 취직하였다. 당시 구술자는 16~17세였던 것으로 짐작된다. 처음 인형 만드는 섬유업계의 시다로 취직한 구술자는 몇 년 뒤 "열심히 미싱을 배워" 미싱사가 되었다. 미싱 기술을 가진 기능공이 된 구술자는 다른 친구들과 함께 당시 봉제공장이 밀집해 있던 구로동으로 이직

하였다. 이 무렵 구술자는 같은 공장에서 일하던 남자친구를 사귀게 되었다고 한다.

> 남자친구랑 긍께 첫사랑이죠. 첫사랑이라는 걸 만나가지고, 계속 잠자리하고 그랬었어요. 머슴애랑. 계속 잠자리하고 그랬는데, 저기 뭐야, 거기서 그 남자랑 몇 달 동안 사귀었는데 이 남자가 딴 여자랑 또 사귀게 된 거야. (웃음) 그래가지고, 내가 막 그냥 다방에서 무릎 꿇고 빌었어요, 날 버리면 어떻게 하냐고. 어디서 그런 용기가 났는지 나도 참, 그때만 해도 되게 많이 순진했었어. 그래가지고 이 남자가 결국은 떠나길래 나도 그 공장에서 나와 버렸지. (주연미, 2006, I 2/39~3/3)

구술자는 이 남자친구와의 관계를 "첫사랑"으로 정의한다. 보충 질문에서 구술자는 너무 오래된 일이지만 이 친구의 얼굴이 "선명하게 지금도 남아 있다"(주연미, 2006, I 18/20)고 했다. 지금 구술자의 관점에서 보면 당시 순진했던 자신에 비해, 나이트 등에서 여러 여자들을 사귀던 "키도 작고 볼품없었던" 그 남자와의 친밀한 관계가 구술자에게 큰 의미가 있었던 것으로 보인다. 위 단락에서 구술자는 정서적 친밀감뿐만 아니라 성적인 친밀성까지 이야기하고 있다. 어쩌면 구술자는 큰집 오빠나 '아저씨'에 의한 '폭력'이 아니라, 서로의 호감을 표현하는 방식으로서의 성관계를 통해 사랑의 정서를 갖게 되었을지도 모른다. 혹은 구술자가 남자친구와의 관계에서 성을 매개로 한 관계가 이전의 강제된 '성적 폭력'과 달리 사랑을 표현하고 확인하는 소통의 방식일 수 있음을 체험하였는지도 모른다. 여기서 우리는 어떻게 '혼전순결' 을 이야기할 수 있을까? 한국 사회에서 지배적인 담론으로 통용되었고 지금도 통용되고 있는 '혼전순결' 의 논리에 의하면 구술자는 이러한 사회적 가치를 '미성년' 의 나이에 위반한 '비정상인' 이다. 그러나 앞에서 살펴본 구술자의 생애사적 맥락에서 구술자는 이런 논리를 숭배하는 '사회' 와 '아저씨' 의 피해자이기도 하다. 여성의 성에 대한 순결 담론에 의하면 남자친구와의 성관계는 '미성년 여성의 일탈행위' 이지만, 구술자의 생애 체험 속에서 이것은 폭력적인 성이 아니라 친밀성에 기초한 의미있는 정신적, 육체적 소통 행위를 확인하는 과정이기도하다. 한국의 가부장적 성담론이 구술자의 생애사를 이중적으로 재단하지만, 구술자의 생애 체험은 이러한 담론을 균열시킨다.

위의 단락에서 구술자는 다른 여자를 사귀던 남자친구에게 마치 자신이 무엇을 잘못한 것처럼 "무릎 꿇고 빌"고 있다. 암묵적인 관계의 신뢰를 깬 남자친구와 이에 대해 매달려 사정하는 구술자의 태도 속에서 한국 사회의 전형적인 '남성중심의 가부장적인 관계' 를 추측하게 한다. 어쩌면 구술자는 그간의 생애 체험을 통해 남녀 사이의 관계 속에서 무엇인가를 결정하고 주도하는 것이 남자인 것을 암묵적으로 체화했을지도 모른다.

구술자는 같은 공장에서 다니던 남자친구를 잃은 뒤, 스스로 공장을 떠남으로써 자신에게 상처가 된 생활세계를 정리하고 있다. 즉 성폭력을 행사하던 "아저씨"에 대한 항의로 그 집을 "나와부"리는 방식을 택했던 것처럼, 남자친구와 함께 다니던 공장을 떠나버린 것이다. 구술자가 이제까지의 생애 체험을 통해 '성과 관련된 문제' 가 발생하는 생활세계에 대하여 발언하는 하나의 방식으로 해당 공간을 스스로 떠나는 행위구조를 발전시키고 있음을 추측할 수 있다. 즉 자신이 속했던 공간에 머물러 있는 것을 거부하고 떠나는 것을 통해 당시 상황에 대한 항의를 드러낸 것으로 이해할 수 있다. 이후 구술자가 직면하는 생활세계 속의 문제를 어떤 방식으로 해결하고자 하는지 주목해 보자.

다른 공장으로 자신의 생활터전을 옮긴 구술자는 얼마 뒤 여러 명의 친구들과 함께 서울역 부근 도동의 성매매업소에 취업하였다.

> 그래가지고 공장일 다녔으니까, 공장에 다녀도 그 당시만 해도 껄렁껄렁한 애들이 있었어요. 저녁만 되믄 맨 나이트 가고 걔네들하고 어울리다가, 돌아다니다가 어울리고 맨 나이트 가고 그러다가, 어느 날인가 공장에 있던 애들이 그러드라구. 야, 우리 돈 끝내주게 버는 데 가자고. 그러더라고요. 그래서 야, 어디가 그렇게 돈 많이 버냐, 나도 가자. 그래갖고, 하튼 일고여덟 명 그 공장에서 일하는 애들이 전부 다 그 서울역 앞에 있잖아요, 도동이라는 데를 들어갔어요. 처음에 (밭은기침) 그래가지고 그런 업소에 그때부터 발 딛기 시작한 거죠. (주연미, 2006, I 3/3~9)

사례 재구성 결과에 의하면 이 시기는 구술자가 공장에 다니며 '주민등록증'을 한 직후인 1983년 무렵으로, 이때 구술자는 19세경이었던 것으로 보인다. 위의 단락에 의하면 1980년대 구로산업공단 여성노동자들이 서울 중심부 성산업집결지에 대한 정보를 얻고 집단적으로 이직하였던 것을 알 수 있다. 즉, 1980년대 초반 구술자와 친구들은 기본적인 근로기준법도 지키지 않는 노동조건 속에서 잔업과 철야를 강제당하고도 결국 사회적으로는 '여공'으로 평가되던 섬유업계 여성노동자로서의 지위를 버리고 돈이라도 '끝내주게 번다'고 하는 성매매업소를 선택한 것이다.

위의 단락에서 구술자는 스스로를 나이트만 다니던 "껄렁껄렁한 애들"로 평가한다. 당시 철야와 잔업을 해도 저임금을 받던 섬유업계 노동자들이 달리 즐길 수 있는 다른 문화공간이 부재한 상황에서 공단 주변의 수많은 나이트클럽은 공단 노동자들이 과외의 시간을 보낼 수 있는 유일한 공간이었다고도 할 수 있다. 사춘기 나이에 이성에 대한 관심을 갖고 나이트클럽 등에서 노동 외의 시간을 보내는 것이 '문제'라고 할 수 없지만, 구술자는 스스로를 사회적으로 통용되는 "껄렁껄렁한 애"라고 평가하고 있다. 요컨대 구술자는 이 시기 자신의 생애 체험에 대하여 큰집에서부터 "삐뚤한 생활"을 하다가 "껄렁껄렁한 애들"과 어울려 "돈 끝내주게 버는 데"를 찾아 성매매업소에 발 딛게 된 '나'라고 하는 관점에서 이야기함으로써, 자신이 성판매현장에서 생활하게 된 과정을 전형적인 '일탈의 논리'에 기초하여 소개하고 있다. 이와 같은 태도는 한편으로, 큰집 '오빠', '아저씨'가 성폭력을 반복하지만, 자신이 당한 폭력을 '발언'하는 것이 곧 자신에게 피해가 되는 게 '정상'이 되는 상황을 정신과 신체로 체험한 구술자가 성매매와 관련하여 통용되는 '자발성'의 논리를 스스로 전유하게 된 것을 짐작하게 한다.

그러나 다른 한편, 이와 같은 구술자의 관점이 인터뷰를 하고 있는 필자를 고려한 하나의 태도일 수도 있다. 즉 구술자는 소위 '교수들'이 흔히 생각할 것으로 짐작되는 '자발성과 일탈의 논리'를 스스로 빌려

오고 있는지도 모른다. 이후 인터뷰에서 성매매공간에서의 다양한 자신의 체험을 '녹음된 내용'과 '녹음되지 않는 내용'으로 구분하여 이야기하는 구술자의 태도가 이를 강하게 시사한다. 즉 구술자는 성매매에 대한 사회적인 규범과 가치를 인지하고, 이에 기초하여 자신의 체험을 이야기하는 '공식적인 생애사'와 이것으로부터 상대적으로 자유로운 자신의 체험을 이야기하는 '비공식적인 생애사'라는 구분을 통해 자신을 드러내고 있다고 할 수 있다.

여기서 우리는 위의 단락에서 구술자가 성매매업소를 찾아가는 하나의 '생애사적 사건'과 관련하여 다음과 같은 질문을 던질 수 있다. 할아버지의 강요에 의해 어머니와 떨어져 살던 큰집생활이 어린 구술자에게 "그렇게 성폭력"을 강요하는 생활세계였던 것에 대한 책임은 누가 져야 할까? 큰엄마와 고모의 소개로 들어간 집에서 "맨날" 성폭력을 겪어야 했던 책임은 누구에게 물어야 할까? 이러한 생애사적 체험의 연관과 분리하여 하필 '성매매를 선택'한 구술자의 자발성을 단죄하고 비난하는 것은 무엇을 위한 평가일까? 나아가 구술자 스스로 '내가 선택한 성매매'라고 하는 생애사적 평가에 대해 우리는 무엇을 생각할 수 있을까? 어쩌면 어린 시절부터 남자의 성적 욕구를 위한 대상으로서의 체험을 할 수 밖에 없었던 구술자에게 타자의 관점에서 평가하는 '비도덕적이고 불법적인' 성매매와 그 바깥의 '정상세계'라는 경계는 이미 구분할 수 없는 것이 아니었을까? 오히려 폭력에 의해 전유되는 '성'이 아니라, 자신의 선택에 의해 경제적 대가를 받을 수 있는 것이라면 '가족 내에서 체험했던 성폭력'보다 더 나은 것으로 판단했을 수도 있지 않을까?

새삼스럽지만 여전히 남는 질문은, 구술자에게 반복적으로 성폭력을 행하고, 나아가 구술자의 성을 구매한 '자발적인' 남자들은 어디에 있는가이다.

20여 년간의 '업소생활'

2006년 가을 인터뷰에서 구술자 주연미 씨는 1983년 무렵부터 지역을 옮겨가며 성산업 분야에서 생활하다가 1998년 조치원집결지를 탈출하여 쉼터에 오게 된 것을 극적인 사건으로 소개하였다. 구술자는 이후 쉼터에서 전업을 준비하다가 2003년 다시 성매매를 했던 것까지 포함하면 길게는 20여 년간 성산업 분야에서 생활하였다. 요컨대 구술자 주연미 씨에게 성산업 분야는 자신이 20, 30대를 보낸 주요한 생활세계라고 할 수 있다.

> 그래가지고 거기서 몇 년 동안 있다가, 또 하기 싫으면은 남자랑 살다가 (웃음) 또 싫증나믄 다시 그런 일 하다가, 맨날 이 일 반복해서 했었거든요. (밭은기침) 그래가지고 거기 남대문이 지겨워서 다른 데로 옮겨왔어요. 동대문으로 와서. 동대문으로 가가지고, 저기 뭐야 (기침) 그때만 해도 우리, 내가 성장했으니까, 아부지랑 전부 다 위에로 올라온 거에요, 서울로. 우리 동생들 전부 다. 그래갖고 우리 동생들 맛있는 것도 사주고, 그때만 해도 만났거든요. (주연미, 2006, I 3/9~12)

구술자는 20대 초반을 보냈던 남대문과 동대문에서의 '업소생활'

을 특별한 체험이 아닌 반복적인 행위로 보고하고 있다. 여기서 성산업 집결지에서의 성판매와 '남자'와 함께 살았던 일을 동일한 차원에서 반복된 서로 다른 일로 나열하고 있다. 성판매 행위를 '그런 일'로 표현하는 것과 마찬가지로 함께 살았던 파트너 또한 구체적인 개인이 아닌 '남자' 일반으로 지칭된다. 즉 이 시기 구술자에게 성매매집결지에서의 생활과 어떤 남자와의 생활이 질적인 차이를 갖지 않는 유사한 생애 체험이었던 것으로 짐작할 수 있다. 또한 성매매공간에서 성적인 서비스를 제공하고 대가를 받는 것과 같은 거래관계의 연장선상에서 어떤 남자와의 생활이 이루어졌을 것으로 추측할 수 있다.

사례분석에서 중요한 점은 이러한 생활을 구술자가 스스로 선택한 주도적인 행위로 기술하고 있다는 점이다. 성매매를 시작하였던 초기, 나이가 어린 구술자에게 비록 성매매산업 내부에서의 '특수한 구조'에 의해 성판매 여성과 포주 그리고 '오빠들' 사이의 관계에서 구조적인 강제가 작용하였다고 해도 지역의 이동이나 생활방식의 변화를 구술자가 나름대로 선택할 수 있는 여지가 있었던 것으로 보아 부채에 의한 강제에 직접적으로 구속되지 않았으며, 나아가 '남자'들과의 관계에서도 상대적인 주도권을 가지고 있었던 것으로 짐작할 수 있다. 실제 인터뷰가 끝나고 녹음기를 끈 뒤에 이어진 자신과 남자들 사이의 관계에 대한 이야기는 이러한 추측을 뒷받침한다. 구술자는 "남자를 이삼일만 보면 꼴 보기가 싫어져서 다시 다른 사람을 사귀곤 했던" 젊은 시절의 다양한 체험을 소개하였다.

일부러 "오백 정도의 빚을 갚아 달라"고 해서 보기 싫은 남자를 떼어놓은 경우, "백만 원을 받고 일주일 살아 주기로 했다"가 차버린 경우 등 '활기'를 띠고 진행되는 이야기 속에서 구술자는 관계의 주도권을 가진 적극적인 행위자이다. 남자와의 관계의 지속과 중단 여부를 결정할 수 있는 상대적인 권력을 가진 사람인 것이다. 이전 시기 구술자의 생애 체험에서 보여지는 반복되는 성폭력과 첫사랑에서의 상처를 겪는 수동적인 "피해자"로서의 여성이 아니라 성매매를 통해 마치 삶의 권력을 가진 주체로 변화된 것과 같은 모습을 보여 주고 있다. 뿐만 아니라 구술자는 자신이 번 돈으로 동생을 돌보기도 하는 언니 혹은 누나로서의 역할도 하고 있다.

이와 같은 체험은 흔히 "성산업 분야의 여성들은 인신구속과 터무니없는 빚 등의 강제와 협박에 의해 성매매를 한다"는 피해자의 논리로 환원되지 않는 생애사의 내용이다. 어쩌면 20대 젊은 나이였던 구술자는 당시 성매매집결지에서의 일을 구로동 섬유공장에서의 미싱사 일과 비교하여 오히려 상대적으로 나은 생활조건과 대가로 느꼈을 수도 있다. 나아가 '남자'와의 일대일 관계 속에서 어떤 경우에는 자신이 주도적인 역할을 할 수도 있는 체험을 했던 것으로 보인다.

성매매업소에서의 구술자의 생활 중 특별한 의미를 갖는 것은 구술자가 자신의 노동의 결과를 '엄마'라고 부르던 업소주인에게 일임했던 점이다. 구술자는 1980년대 초반 서울역 근처의 도동에서 생활하던 무렵을 회상하며 '방개떡' 이야기를 하였다. '엄마'가 구술자의 성매매 대가로 방개떡 장수에게 '3천 원어치의 방개떡'을 받았던 일이다. 현재의 관점에서 구술자는 '3천 원'을 받고 성판매를 하던 당시 주말에는 10~20만 원의 매상을 올리기도 했던 상황을 떠올리며, 자신이 얼마나 어처구니없는 성적 착취를 당했는지를 새삼스럽게 평가하기도 하였다. 나아가 그렇게 일을 하고도 한 번도 '엄마' 로부터 돈을 받아본 적이 없었을 뿐만 아니라, 오히려 '빚만 있다' 는 '엄마' 의 말을 믿었던 자신을 자책하였다. 이러한 구술자의 체험에 기초하여, 당시 구술자에게 업소주인인 '엄마' 는 구술자의 돈뿐만 아니라, 일상의 의식주와 손님까지도 책임지는 역할을 자임하며 '한솥밥을 먹는' 식구를 대체하고 있었음을 짐작할 수 있다. 사후적인 관점에서 자신의 노동의 대가를 가로챈 '포주' 로서의 평가와 달리 상대적으로 폐쇄성이 강한 당시의 공동생활 속에서 업소에서의 다양한 관계는 구술자에게 부재했던 가족의 역할을 대신하는 의미를 가졌을 것으로 짐작할 수 있다.

20대 중반 구술자는 성산업을 통해 알게 된 남자와 전주에서 결혼생활을 하였다. 그러나 2년이 넘게 생활능력 없이 폭력을 행사하는 남편과의 결혼생활을 견디던 구술자는 이혼을 하고 다시 그 지역의 성산업 분야에서 일하였다. 구술자는 상대적으로 나이가 어리고 "되게 장사를 잘 해서" 수년간 이 지역에서 생활하였다고 한다. 전체 사례분석에 의하면 20대였던 이때가 구술자에게는 소위 "잘 나갔던" 시절의 체험으로 기억되고 있다. 비록 몸이 아프고 힘들어도 일을 해야 했던 때나 혹은 '못된 남자' 를 만나 폭력을 당하고 고생을 해야 했던 일이 있었지만 자신의 노력으로 생활할 수 있는 돈을 벌고, 주변에서의 '평가' 도 좋은 시절이었던 것이다.

신체의 무력화와 구속, 탈출

30대 초반 무렵 뜻하지 않은 자궁외 임신 등으로 빚을 지고, 건강이 안 좋아진 구술자는 충청도로 지역을 옮기게 되고, 1998년 집결지를 탈출하게 되기까지의 약 4~5년간 환각제, 건강 상실, 지역 이동의 순환을 체험한다. 처음 옮겨간 충청도 J지역에서 소위 '여관발이' 를 하던 구술자는 여관주인이 불법 판매하던 환각제를 복용하면서 이후 십여 년간 약물중독 상태에 있었다. 처음에는 한 알에서 시작하여 나중에는 다량을 복용하여, 혼자 옷을 입는데 30여 분이 걸리고 손이 떨리며, 얼굴의 약한 핏줄이 터지는 증상이 나타나기 시작하였다. 달리 말해 성판매를 하기 위해 환각제를 복용하지만, 이로 인해 구술자는 자신의 신체에 대한 통제력을 상실하게 되고, 임신과 수술로 인해 건강이 악화되어 성판매 능력까지 상실하는 등 음성언어로 기술하지 못하는 신체적 표현이 구체적으로 나타나고 있다. 비록 구술자가 성매매 생활이 힘들었다고 구술하지는 않지만, '안 좋아진 건강' 은 이것을 보여준다. 다른 한편 약물중독으로 자신의 생활을 통제하기 어렵게 된 구술자는 의도하지 않은 임신으로 빚을 지게 되자, 다른 지역 포주로부터 "돈을 땡기고" 지역을 옮기는 방식으로 생활을 유지한다. 지역 이동은 외형상 돈을 빌리고 다른 업소로 옮겨가는 것이지만, 사실상 지역에서 인기가 없는 성판매현장의 여성을 돌리는 방식이기도 하다. 지역을 한 번 옮길 때마다 포주에게 진 빚이 늘어나 성판매 여성에 대한 구속이나 강제가 더욱 심해지게 된다.

어느 날 자신을 소위 '섬 지역' 으로 넘기려고 여관주인 등이 의논하는 것을 듣고 구술자는 여관을 '탈출' 하였다.

> 이 주인이 그러는 거야, 요즘에 불경기도 그러고 누가 돈을 안 땡겨주니까 수술하고 했으니까 한 오륙백 될 거 아니에요. 그래가지고 이

주인이 막 그러는 거예요, 아 요즘에 불경기고 여기 시내에서는 안 땡겨주니까, 거기 한 집에 있는 언니한테 전라도 어디로 땡겨야 될 거 같다고. 그러면서 막 여기저기 알아보더라고. 나는 안방에다 넣고 자기네들끼리 얘기하는 거예요, 건너방에서. 그래가지고 내가 막 얼―른 파출소에, 막 그냥 전라도 막상 얘기는 들었지, 섬으로 가믄 못 나온다는 그 생각은 막―들지, 막 죽겠는 거야. 그래서 얼른 내가 파출소에 신고를 했어요. 여기 나를 섬으로 넘길라고 하니까 빨리 오라고 그랬어요. 그랬더니 금방 왔더라고요, 그 순경들이. 그래서 제 이름을 부르는 거예요. 순경 한 사람이 내 이름을 부르면서, 그래갖고 **내가 맨발로 막 안방에 있다가 막 튀어갔어요. 제 이름 부르길래 맨발로**[저자 강조]. (주연미, 2006, I 5/20~26)

위의 단락에서 구술자는 "맨발로 막 안방에 있다가 막 튀어"나간 탈출 당시의 긴장감을 극적으로 이야기하고 있다. 이어지는 단락에서 구술자는 경찰이 데려간 파출소에서 구술자를 인신매매 피해자로 인정하지 않아 다시 맨발로 버스를 타고 인천지방법원 민원과로 가서 사정을 이야기하고 결국 여성의 전화에서 소개한 쉼터로 가게 된 과정을 하나의 생애사적 전환(biographical turn)으로 이야기하였다. 결국 구술자는, 생애에 있어서 청춘의 시기를 성매매현장에서 보내고 그곳에서 자신의 가치가 '섬'으로 결정되는 마지막 순간 10여 년간의 생활현장을 탈출한 것이다. 그녀에게는 이것이 생존을 위한 마지막 노력이었음을 알 수 있다.

이후 다른 쉼터를 거쳐 1999년 5월 23일, 현재 구술자가 실무자로 일하고 있는 쉼터로 오게 되었다고 한다. 전체 인터뷰에서 출생년도 이외에 한 번도 구체적인 연대기를 밝히지 않던 구술자는 이 날짜를 정확히 언급하였다. 어쩌면 구술자에게 성폭력 혹은 성매매의 생활공간을 탈출하기 이전과 이후가 가장 커다란 생애사적 변화를 의미하기 때문인지도 모른다. 즉 어린시절 이후 봉제공장에서의 생활을 거쳐 성매매업소에서 살았던 생애시기가 하나의 연속적인 의미를 갖는 것에 비해, 그 이후의 시기는 다른 생애사적 의미를 갖는다는 점에서 업소의 탈출이 구술자의 생애사에서 '해석의 지점'(interpretation point)으로 작용하고 있음을 짐작할 수 있다.

전업노력과 다시 업소생활

초기 이야기에서 구술자는 출생에서부터 현재 쉼터 실무자로서의 생활까지 담담하게 이야기하였다. 이후 보충질문에서 구술자는 현재 실무자로서 겪는 갈등과 어려움을 이야기하다가 2003년 쉼터에서 독립하여 방을 구해 나간 뒤, 다시 성매매를 하게 되었던 시절로 돌아갔다.

> 그래서 그때부터 몇 년 전서부터 큰언니(막달레나의집 이옥정 대표)한테 곗돈을 계속 넣었어요. 공공근로하면서부터. 공공근로하면서부터 넣어가지고 그때 삼십 얼마 했는데 그때는 내가 한달에 삼만 원밖에 안 썼어요. 이십오만 원은 곗돈 넣고. 다믄[다만] 공과금, 핸드폰 요금 이런 게 들어갔으니까. 그래가지고 2년이 지나가지고 오백을 탔어요, 내가 곗돈을. 아, 큰언니 나 인자 저기 뭐지? 나 곗돈도 타고 했으니까, 술도 끊고 했으니까 자립을 할래요. 독립을 할래요, 그랬어

요. 그랬더니 큰언니한테 그때 고말만 해놓고 내가 막 온천지 방 얻으러 다닌 거예요. 겨우 가봤자 한강 다리 넘어 갔어요. (웃음) 방을 얻어서 오백에 이십만 원인가? 그래가지고 큰언니한테 그랬죠, 큰언니 저 없어도 잘 살으세요. 항상 언니 생각하고 있어요, 그래서 방 나갔어요. 나가가지고 방세를 벌어야 되잖아요. 당—장 내가 거기서는 다 의식주가 해결이 됐었잖아요. 나가니까 내가 모든 걸 다 해결해야 되잖아. **나가니까 막—막한 거예요**[저자 강조]. 배운 것도 없지, 내가 가진 기술도 없었지. 그래가지고 결국은 내가 업소 다니는 애가 있었어요. 내 친구가. 그래가지고 걔는 업소 다녔는데, 그래서 야, 나 식당도 힘들어서 못 나가겠고 업소 너 다니는데 나 다니믄 안 되냐? 그래갖고 영등포에 다녔어요. 유흥업소에 또 들어간 거예요. (주연미, 2006, I 9/15~24)

1999년 5월 쉼터 생활을 하게 된 구술자는 각종 전업 프로그램에 참여하면서 3개 년에 걸쳐 공공근로를 하였다. 이 시기 그녀는 기술을 배우기 위해 학원에도 다녀보기도 하고, 자신의 과거를 반추하면서 주변 동료들의 체험을 상호 이해하는 교육도 받는 등, 성산업이 아닌 다른 새로운 삶을 살기 위한 준비를 하였다. 또한 구술자는 20여 년간 성산업 분야에서 일하면서 전혀 생활기반을 마련하지 못했으나, 이 시기 공공근로를 하면서는 한 달에 20여 만 원씩을 모아 생애 처음으로 5백만 원이라는 목돈을 마련하였다. 마침 성매매 경험이 있는 여성에게 지원되는 공공근로 기간도 끝나게 되자 구술자는 2003년 월세방을 마련하여 독립을 하였다.

자신만의 공간을 가지긴 했지만, 이것은 또한 다수가 함께 숙식을 해결하던 낡고 오래된 쉼터 공간에서 살던 구술자에게 혼자만의 고독과 외로움을 뜻하는 것이기도 했다. 포주나 오빠들 혹은 고객인 남자들과의 관계로 구조화되어 있거나, 아니면 쉼터 실무자와 탈성매매 여성들과의 공동생활과 같이 대부분의 경우 타인과의 직·간접적인 연관 속에서 생활하던 구술자에게 혼자만의 공간은 낯설고 견디기 힘든 외로운 공간이었을 것이다. 뿐만 아니라 성매매 이외의 다른 노동세계와 오랫동안 떨어져 살았던 구술자가 특별한 기술 없이 할 수 있는 일은 힘들게 느껴지거나, 자신이 할 만한 일이 아니라고 생각되었을 것으로 보인다. 특히 다른 사례에 비해 장기간의 생애 시간을 성산업 분야에서 보낸 주연미 씨의 경우 이러한 낯설음과 고독이 견디기 어려운 일이었을 것으로 짐작할 수 있다.

구술자의 상황을 알게 된 쉼터 실무자들이 정서적 · 조직적으로 구술자를 지원하여 주연미 씨는 다시 알코올을 끊고 새로운 삶을 꾸리기 위해 노력하게 되었다. 또한 구술자는 필리핀과 샌프란시스코의 쉼터활동을 견학하기도 하였는데, 이는 다른 지역과 사회에서 성매매를 하고 있는 여성들의 삶과 탈성매매를 위한 노력을 직접 체험하며 성산업이 이루어지는 생활공간에 대하여 거리를 두고 생각해 볼 수 있는 중요한 계기가 되었던 것으로 보인다.

쉼터 식구에서 식구들을 돌보는 실무자로

2004년 구술자가 생활하던 쉼터가 다른 지역의 건물로 이사를 가게 된 것을 계기로 구술자는 서울 교외의 다른 쉼터로 옮겨가게 되었다. 이전의 쉼터가 주로 20대 여성들을 위한 지원사업을 하던 곳이라 이미 40대가 된 구술자의 체험을 바탕으로 50~60대 탈성매매 여성들을 위한 쉼터의 실무자로 활동하게 된 것이다. 여기서 우리는 '실무자'로서의 구술자에게 지나간 성매매의 체험이 지워버려야 할 생애 역사가 아니라 자신의 새로운 생활을 위한 중요한 '자원'이 될 수 있는 가능성을 기대할 수 있다.

> 왜 그냐 하믄 내가 직원이라도 임시직이라도 아르바이트라도 되게 많이 뿌듯했어요. 내가 살아오면서 아, 인간적인 그런 내가 대우를 받다니, 세상에 내가 어디 가서 이런 대우를 받겠나 하고. 더러운 저 그 뭐야, 수렁텅이에서 그렇게 헤매다가 내가 어디 가서 이런 대우를 받겠나 되게 많이 막 뿌듯하고 나 혼자 막 되게 많이 감동하고 막 그랬었거든요. 그러고 있다가 G에 오게 된 거잖아요. G에 와가지고 되게 많이 처음에 제가 힘들었나봐요. **정신적으로 막 슬프고, 쉽게 얘기하믄 우울증 비슷—하게 막, 밤이면 밤마다 막 우울해지고 다운되고 막 계속 그러드라고**[저자 강조].(주연미, 2006, I 10/24~30)

위 단락에서 구술자는 20여 년간 성매매를 했던 자신이 성산업에 종사하는 여성들을 지원하는 활동가로 생활하게 된 것을 의미 있는 생애사적 체험으로 소개하고 있다. "수렁텅이에서 그렇게 헤매다가" 인간다운 생활과 대우를 받게 된 것으로 대비하고 있다. 타인들로부터 비난받거나 혹은 폭력의 대상이 되기가 일쑤였던 '성판매 여성'에서 이들을 위한 사회복지조직의 실무자가 된 것이 한편으로 중요한 생애사적 체험이었지만, 다른 한편 이것은 혼자서 새로운 '세계'와 대면하고 헤쳐 나가야 하는 것을 뜻하였다.

구술자는 이 시기의 어려움을 2003년 쉼터에서 독립하였을 때 혼자만의 월세방에서 느꼈던 외로움, 막막함의 연속성 속에서 토로하였다. 특히 쉼터 실무자로서 구술자는 자신의 감정과 행동뿐만 아니라 함께 생활하는 나이 많은 여성들의 정서와 행동을 이해하고 지원해야 하는 책임을 갖게 된 것이다.

> 그니까 필리핀 갔다 와서 독후감을 쓰라 그랬어요. …… 필리핀은 정말이요, 필리핀은 가니까는 꽃나무들이 그렇게 집집마다 많드라구요. 하튼 막, 음료수병 이런데 하튼 그릇만 있으믄 전—부 다 심드라고요. 근데 내가 필리핀은 그릇만 있으믄 꽃을 심는다고 그걸 썼어요. 근데 그 글씨를 읽어보고 너무 좋다고 누가 응용한다고, 저한테, 그랬었어요. 그러니까 그렇게 하라고 했는데 실제로, 그 글을 쓴 실제로 내가 그렇게 된 거예요. '그릇만 있으믄 꽃을 심는다' — 내가 그렇게 돼버렸어요, 실제로 여기 와가지고는. 그게 현실로— 내가 정말 글로 그렇게 필리핀은 그릇만 있으믄 꽃을 심는다고 썼는데, 진짜 실제로 내가 그냥 그릇만 있으믄 꽃을 심게 된 거예요. (주연미, 2006, I 8/39~9/4)

구술자는 한편으로 거동이 어려운 언니들의 생활과 교육을 담당하는 실무자로서의 역할을 수행하며 다른 한편 쉼터 주변 터에 농사를 짓고, 곳곳에 버려진 오래된 그릇들을 모아다가 꽃을 심고 있다. 쉼터

구석구석에 자라고 있는 다양한 모양의 꽃과 그릇들은 구술자의 눈과 손으로 발굴되고 키워진 것들이다. 이것은 어쩌면 구술자가 현재의 자신과 하고 있는 대화이자 노력인지 모른다.

사례의 특성

주연미 씨의 생애사는, 10대 말에서 30대 말까지 20여 년간을 성산업 분야에서 생활하다가 현재 새로운 삶을 시도하고 있는 개인의 체험을 보여 준다. 이런 점에서 주연미 씨에게 성산업의 공간은 스쳐 지나가는 사건적 장소가 아니라, 중요한 생애사적 의미를 갖는 생활세계이다. 사례 재구성 결과는 성매매의 공간이 구술자에게 '대체가족'으로 기능하고 있음을 짐작하게 한다. '엄마'라고 하는 단순한 호칭만이 아니라 혈연적 가족관계를 지시하는 호칭에 부응하는 상호작용의 내용이다. 동시에 이곳은 구술자의 신체(Leib)가 성(sex)적 기능조차 할 수 없을 정도로 파괴되어 생존을 위협받게 되는 폭력적인 성격을 띤 행위공간이기도 하다. 달리 말해 구술자의 정신과 신체의 파괴와 구속을 대가로 형성되었던 정서적 소통의 공간이라는 성격을 띠고 있다.

이 사례는 어린 시절 체험한 친족관계 및 가족서비스 영역에서의 성폭력과 1980~1990년대 한국의 성매매공간이 갖는 생애사적 연관성을 보여 주고 있다. 그러나 이것이 의미하는 바는 기존의 연구들이 강조해 온, 성매매 경험을 가진 여성들은 결손 가족 출신이거나 이전의 성폭력 등의 경험을 가진 여성이라고 하는 단일 원인에 의한 결과론적 설명이 아니라, 이러한 논리에서 배제하고 있는 가족과 성매매공간의 '연속성'이다. 즉 이 사례는 1960~1970년대 한국 사회의 '가족' 내에서 관철되는 가부장제가 '아동에 대한 성폭력' 을 일상화하는 폭력적인 특성을 갖는 것이었음을 드러내고 있다.

이런 관점에서 이 사례의 구술자에게 가족과 가사노동서비스 공간은 성산업 분야와 특별히 구별되는 '안전한' 생활세계가 아니며, 거꾸로 성산업 분야가 가족이나 다른 노동영역에 비해 특별히 '위험하고 나쁜' 생활공간이라고도 할 수 없다. 달리 말해서 이 사례는, 한국 사회의 가부장적 담론의 핵심인 '신성한 가족' 과 '불온한 성매매공간' 이라고 하는 이분법이 구술자의 생애사적 체험을 매개로 흔들리고 있음을 시사한다.

사례 재구성 결과는 자신의 생애 시간의 절반을 성매매공간에서 보낸 개인의 생애 체험이 온전히 성매매로 인한 피해자의 정체성으로 환원되지 않음을 보여준다. 자발성과 강제성의 이분법, 피해자와 가해자의 이분법에 의해 포섭되지 않는 개인의 주체성과 행위성을 확인할 수 있다. 이것이 의미하는 바는 '성매매공간의 탈출행동' 으로만 집중되는 행위성이 아니라, 성매매공간의 일상을 살아 내기 위한 구술자의 생애사적 노력(biographical work)이 보여 주는 행위성이다.

구술자의 초기 이야기와 녹음기를 끈 상태에서 이야기된 구술내용은 구술자의 복합적인 생애사적 관점을 시사한다. 전자가 어머니와 떨어져 살던 어린 시절 이후 결국 성매매를 하다가 지금은 쉼터의 실무자로 일하고 있는 구술자의 생애 관점을 드러낸다면, 후자는 성매매 경험을 가진 여성들을 지원하는 '실무자' 의 정체성으로 온전히 포괄되지 않는 구술자의 생애 관점을 보여준다. 즉 구술자는 아직은 복합적인 형태로 존재하는 자신의 다양한 모습을 면담자와 소통하는 쉼터 실무자로서의 자기와 성매매공간의 주체였던 자기를 분리시키는 구술을 통해 드러내고 있다. 여기서 중요한 것은 구술자가 하필 녹음이 되지 않는 상황에서 구술을 한 의도에 대한 질문이 아니라 그러한 구술방식이 갖는 의미에 대한 질문이다.

이러한 관점에서 봤을 때 초기 이야기와 녹음되지 않는 대화의 공존은, 20여 년 이상의 생애 시간을 통해 자신의 정신과 몸에 기억되어진 '젠더화된 정체성'과 최근 수 년간의 '전업 체험이 형성한 정체성' 사이의 경합과 그 갈등을 드러내는 생애사적 노력의 과정으로 이해할 수 있다.

2) 박은영 : "버림받은 약자에서 비로소 나를 사랑하게 된 나"

박은영 씨와의 만남은 2006년 9월 서울에 있는 한 쉼터에서 이루어졌다. 당시 구술자는 막달레나의집에서의 생활을 마치고 2005년 안산에 있는 어머니의 집에 머물며 직장생활을 하다가 2006년 대전의 큰오빠가 있는 곳으로 이사하여 새롭게 직장생활을 하고 있었다. 인터뷰 당시 구술자는 쉼터에서 추석을 지내기 위해 상경하여 음식 준비를 거들고 있었다. 필자와 구술자는 명절을 위해 준비한 음식으로 점심을 먹은 후 인터뷰를 하였다.

구술자는 초기 이야기에서 "비로소 나를 사랑하며 살게 된 나"라고 하는 생애사적 관점에서 생애 이야기를 정리하였다. 자신의 출생과 어린 시절의 기억으로부터 생애 이야기를 시작한 주연미 씨와 달리, 박은영 씨는 아홉 살 되던 해인 1989년 부모님의 이혼으로 외로움을 많이 타고 사람들과 관계를 잘 맺지 못했던 자신이 막달레나의집 생활을 거치면서 자신을 사랑하게 된 현재의 입장과 관심을 중심으로 생애사를 시작하였다. 이러한 박은영 씨의 초기 이야기에서는 막달레나의집에서의 생활을 중심으로 그 이전과 이후의 변화가 대조적으로 강조된다. 그 이전 시절 "가족도 없고 엄마도 없는 버림받은 사람"이었던 구술자가 막달레나의집에서 생활하게 되면서 더 이상 과거를 부끄러워하지 않고 "앞으로의 방향에 대해서 더 많이 생각"하는 사람으로 변화하고자 하는 의지를 강하게 피력하였다.

요컨대 구술자는 초기 이야기를 통해 지나간 시간에 대한 기억 속으로 들어가 구체적인 체험을 이야기하기보다는 자신의 삶을 전체적으로 회고하며 의미를 부여하는 듯한 태도를 보여 주었다. 이것은 구술자가 막달레나의집 실무자로부터 소개받은 필자에게 자신과 막달레나의집 사이의 의미있는 관계를 중심으로 자신을 소개하고자 했기 때문일 수 있다. 혹은 구술자가 이 시기 '과거'와 거리를 두며 지나간 삶을 평가하고, 새로운 '미래'의 삶을 계획하고자 하는 지점에 서 있었기 때문일 수도 있다.

다음에서는 재구성된 구술자의 체험된 생애사를 주연미 씨의 사례에 대한 비교의 관점에서 압축적으로 소개한다.

어머니의 가출과 어린시절

박은영 씨는 1981년 전남에서 2남 1녀의 막내로 출생하였다. 구술자의 아버지는 '직장생활'을 하고 있었으며, 구술자의 어머니는 전업주부였던 것으로 보인다.

> **전에 기억은, 엄마하고 아빠하고 많이 싸웠어요. 엄마하고 아빠하고 많이 싸워가지고 엄마가 맞는 것도 많이 봤고, 그리고 엄마가 저를 업고서 그 아저씨를 만나러 갔을 때도 있었고**[저자 강조]. 어렸을 때 엄마에 대한 저한테 제일 크게 남았던 기억, 그때가 제 생일이었어요. 여덟 살 생일이었나? 그랬어요. 근데 저희 집이 가난했으니까 엄마가 제 생일이라고 막 특별한 건 아닌데, 어릴 때 김 같은 거 좋아하잖아요. 제가 김 좋아한다고 엄마가 김을 밥상에 올렸잖아요. 오늘 은영이 생일이니까 엄마가 김 사왔다고 하고. 그리고 학교 갈 때 엄마가 책 챙겨주고—. 어, 제일 또 좋았던 게 유치원에서 뭐 하는 날이었는데 엄마가 그때 저희 집에 참외농사를 졌었어요. 엄마가 참외를 한 박스 학교에 갖고 아, 유치원에 갖고 온 거예요. 그래가지고 막 되게 좋았어요, 그게. 제 기억에 아직 좋게 있어요. 친구들한테 엄마 자랑도 하고, 시골에 살면은 엄마들이 왜 그런데 엄마는 어디 나갈 때는 예쁘게 하고 나오고 그랬었거든요. 그래갖고 그게 막 되게 좋았어요. (박은영, 2006, I 2~6)

위의 단락은 1989년 부모님이 이혼하기 전 어린 시절에 대한 구술자의 이야기이다. 전체 이야기는 이혼 전 자신이 체험한 부모님의 갈등을 보고하는 밑줄 그은 부분과 자신에게 남아 있는 어머니에 대한 애틋한 기억을 이야기하는 뒷부분으로 구별된다. 구술자가 위의 첫 단락에서 언급하는 상황은 '어머니의 등에 업혀 있던 시절' 인 적어도 5~6세 이전에 체험한 부모님의 갈등과 반복된 아버지의 폭력을 짐작하게 한다. 당시 구술자는 이러한 상황을 '어머니의 등에 업힌 아이', 즉 어머니와의 일체감 속에서 체험했을 것으로 보인다. 어머니의 힘에 의존하여 공간이동을 하는 어린 구술자에게 어머니는 단순한 물리적 힘의 보조자가 아니라 세계를 바라보고 이해하는 눈이기도 하였을 것이다. 세상으로부터의 위험을 방어하는 어머니의 등 뒤에서 바라보는 아버지의 폭력과 동네아저씨와의 밀회는 따라서 어머니의 입장과 정서에 가깝게 이해될 수 있는 체험이었을 것이다.

요컨대, 제대로 이해할 수 없는 상황에서 자신에게 가장 '의미 있는 타자' 였을 어머니가 겪는 폭력을 간접 경험하고, 나아가 어머니가 다른 정서적 파트너를 찾아가는 현장에까지 동행한 어린아이였던 구술자가 당시 어머니와 강한 정서적 유대를 형성하고 있었을 것으로 짐작할 수 있다.

이어지는 단락에서 "가장 크게 남아 있는 기억"으로 소개하는 어머니와의 상호작용은 전체 사례분석 속에서 '나의 행복했던 시절' 로 압축된다. 즉 어린아이였던 구술자는 앞에서 소개한 아버지와의 갈등 속에서 폭력을 견뎌야 했고, 가족 바깥에서 정서적 상대를 찾았던 '여자' 로서의 어머니보다는 자신의 여덟 살 생일에 가난한 형편 속에서도 구술자가 좋아하는 "김"을 반찬으로 올리고, 자신을 위해 유치원에 "참외 한 박스"를 가지고 오기도 했던 '어머니' 를 깊은 친밀감 속에서 체험했던 것으로 짐작할 수 있다.

그러나 구술자의 이러한 체험이 "특별히 행복한 의미"를 가지게 된 것은, 이후 어머니의 부재를 체험하게 되는 과정을 통해서였을 것으로 보인다. 즉, 어린 시절 어머니와의 좋았던 일상적인 체험이 "가장 크게 남는 기억"으로 자리매김되는 데에는 이후 생애 시기의 다른 체험이 연관되어 있다고 할 수 있다. 이처럼 어린 시절에 신체적·정서적으로 어머니와 강한 일체감을 가졌을 구술자가 이후의 삶에서 이혼으로 항구화된 어머니의 부재를 어떻게 체험하였을지 주목해 보아야 할 것이다.

어머니가 없는 가족과 학교생활

사례분석에 의하면 구술자의 어머니는 구술자가 초등학교에 입학하던 무렵, 같은 동네에 살고 있던 '젊은남자'와 가출했다 귀가하기를 반복하다가 결국 1989년 구술자가 아홉 살 때 아버지와 이혼하였다.

> 엄마가 동네아저씨랑 바람이 나서 10년이나 어린 남잔데 아빠랑 이혼하고, 제가 아홉 살 때죠. 대문 밖에서 불쌍하게. 학교 가면 초등학교 때도 엄마가 없다고 왕따 당하고 놀림거리가 되고. 초등학교 6학년 때, 중학교 3년 졸업할 때까지도 혼자 외롭게 지냈어요, 중학교 때 반찬도 없으니까 도시락도 안 싸가고 혼자 주로 지내면서 적응을 못 했어요. 소심하고 소극적이고. (박은영, 2006, I 1~4)

위의 단락에서 10년이나 어린 "동네아저씨와 바람이 나서" 가출한 어머니라고 하는 구술자의 요약된 표현은 당시 어린아이였던 구술자의 직접 체험이기보다는 이후 제3자로부터 반복적으로 들은 평가일 것으로 보이며, 구술자 또한 이와 같은 사후적 해석을 공유했을 수 있다. 어머니가 이혼하고 집을 떠난 아홉 살 무렵 "대문 밖에서 불쌍하게"로 지칭되는 상황이 구체적으로 무엇이었을지 이 단락에서는 생략되고 있다. 그 다음 이어지는 단락의 주체가 구술자인 것으로 비추어, 당시 대문 밖에서 돌아올 어머니를 기다렸던 자신의 모습을 "불쌍한" 연민과 함께 기억하는 것이 아닌지 추정해 볼 수 있다. 만일 그렇다면 구술자에게 '대문 안'이 어머니가 부재한 빈 공간이라면 '대문 밖'은 어머니에게로 이어지는 공간을 의미했을 것으로 보인다.

처음 구술자는 '대문 밖'에 서서 어린 자신에게 중요한 타자였던 어머니가 혼자 떠나버린 상황을 인정하기보다, 다시 돌아올 어머니를 기대했을 것이다. 그러나 기대가 반복적으로 실현되지 못하는 현실 속에서 구술자는 한편으로 어머니에 대한 강한 원망의 감정을 형성했을 수 있으며, 다른 한편 자신과 함께 했던 과거의 어머니에 대한 그리움을 반복적으로 기억함으로써 어머니와의 일체감을 유지했을 것으로 보인다. 또한 어린아이로서 구술자는 어머니와의 이별을 막을 수 없었던 무력감과 함께, 이러한 이별의 책임을 자신에게서 찾음으로써 무언의 자책을 했을 것으로 보인다.

이 시기 구술자는 자신의 중요한 타자를 상실한 상처뿐만 아니라 어머니에 대한 사회적 비난을 동시에 감수해야 했던 것으로 보인다. 구술자는 이 때에 같은 또래들로부터 "엄마 없는" 아이라는 낙인과 따돌림을 겪으며, 이전 시기 "예쁜" 엄마의 딸이자, 친구들에게 참외를 제공하는 아이에서 갑자기 '아이를 버리고 바람나서 도망간 여자의 딸'로 지칭되는 이웃 공동체 내에서의 '배제'를 경험하게 된 것으로 짐작할 수 있다. 이것은 구체적인 일상에서 어머니가 담당했을 가족 재생산 노동의 부재를 통해 반복적으로 확인되었을 것으로 보인다. "반찬도 없으니까 도시락도 안 싸가"곤 했던 구술자의 당시 상황은 이를 대변

한다. 이러한 구술자의 상황에서 중요한 의미를 갖는 것은 다른 가족구성원과의 소통이었을 것이다.

> 고등학교 1학년 때 학교 자퇴하기 전에, 소위 사춘기 때죠. 집에 가면 큰오빠는 일찍 집나가고 둘째 오빠는 맨날 늦게 들어오고 아빠는 술 마시다가 마당에 드러누워서 자면 방에 끌어다가 하는 게 감당이 안 되드라구요. 혼자서 소주를 1병 사고 게보린을 먹었어요. 그런데 눈을 뜨니까 깜깜하고 술에 취했는데 안 죽었드라구요. 막 토하기는 했지만 말짱하게 살아 있었어요. (박은영, 2006, I 1~5)

위의 단락은 어머니가 떠나버린 구술자의 가족 내에서 반복되었던 일상의 한 단면을 짐작하게 한다. 아마 사춘기에 부모의 이혼을 체험한 위의 두 오빠 또한 가족 내에서 이별의 상처와 상실감을 소통하지 못하고 일찍이 가족 바깥의 행위공간으로 이동한 것으로 보인다. 아버지 또한 술로 자신의 상처를 달래고 있다. 이와 같은 상황에서 사춘기의 구술자는 자신의 상실감과 상처를 나누고 소통할 수 있는 가능성을 갖지 못했을 뿐만 아니라 어쩌면 어머니가 했던 가족 내의 역할을 대신해야 했는지도 모른다. 당시 전형적인 가족 내 성역할을 가정하면 최소한의 가사노동이나 쓰러진 아버지를 돌보아야 하는 등의 감성노동을 자연스럽게 혹은 상황적 강제에 의해 자신의 책임으로 여기게 되었을 것으로 보인다.

어머니가 떠나면서 구술자에게 '텅 비어 버린 공간'으로 체험되었을 집안에서 아버지의 술주정과 뒷감당까지 해야 하는 사춘기의 구술자가 자주 직면했던 질문은 '나는 왜 태어났을까 혹은 내가 왜 살아야 할까' 등과 같은 자신의 존재이유에 대한 자문이 아니었을까. 가장 가까웠던 어머니로부터 '버림받았다'는 느낌과 주위의 누구로부터도 자신의 존재에 대한 인정을 깊이 확인할 수 없었을 것으로 보이는 당시의 조건 속에서 구술자는, 1997년 첫번째 자살을 시도한 것으로 보인다. 아버지가 현실을 잊기 위해서 택하는 '술'과 수면제로 구술자 또한 자신이 처한 현실을 마감하고자 하였다.

그러나 위의 단락은 자신의 현실을 '완전히 잊기' 위한 구술자의 시도가 실패로 끝났을 뿐만 아니라, 이러한 시도가 있었다는 사실조차 타인에게 인지되지 못했던 것을 보여준다. 구술자는 깜깜한 공간 속에서 혼자 깨어나고 있다. 당시 구술자는 가족의 공간, 즉 '집안'에 있지만 누구와도 소통하지 못하며 삶과 죽음의 경계를 오가고 있었던 것으로 보인다. 이후의 생애 과정에서 구술자가 어떻게 자신의 존재 이유를 확인하고 정서적 소통의 가능성을 찾아가는지 주목해 보자.

가출과 출산, 결혼과 이혼

사례분석에 의하면 구술자는 1997년 겨울, 고등학교 1학년 겨울방학 때 두 명의 친구와 함께 집을 나왔다. 어쩌면 '텅 빈' 집을 버리고 소통의 공동체를 스스로 마련한 것인지도 모른다.

> 자취방을 구해서 먹을 게 없으니까 굶는 게 대부분이고. 그런데 앞에 살던 오빠들이 있었는데 술도 주고 밥도 주고 친하게 돼서 한 오빠랑 사귀게 되었어요. 같이 동거하다가 임신을 했는데 애기를 지울 수도

없고 수술할 돈도 없었어요. 그래서 그냥 낳자 …… 그렇게 생각했어요. (박은영, 2006, I 1)

위에서 묘사하는 새로운 또래 공동체가 있는 곳이 어디인지 알 수는 없다. 구술자의 서사에 등장하는 위의 세계는 구술자와 친구, 그리고 오빠들이라는 동일세대로 구성되어 있다. 마치 부모들의 '집' 바깥 어딘가에 존재하는 공간인 듯이 보인다. 여기서는 어른들의 세계에서 등장하는 직업노동과 결혼, 출산이라는 규범적 의례가 생략되고 있다. 정기적인 식사보다 굶기를 더 자주했던 구술자와 친구들에게 술과 밥을 주는 앞집 오빠가 동거의 파트너가 된다. 열여덟 살의 나이에 구술자는 임신하고, 출산을 피할 '돈'이 없어 그냥 아이를 낳기로 결정한다. 사례분석에 의하면 단신으로 생활하는 구술자에게 "술도 주고 밥도 주"는 보호자였던 그 오빠 또한 임신과 출산을 대비할 수 있는 정서적·경제적 상황이 아니었을 뿐만 아니라 군 입대를 앞두고 있었다. 구술자 혼자서 출산을 준비하고 이후의 삶을 꾸려야 하는 상황이었다.

이러한 상황에서 구술자가 선택한 삶의 방식은 다시 한 번 현실을 부정하는 것이었다. 이어지는 생애사적 사실에 의하면 구술자는 손목의 혈관을 끊고 한 달간 조금씩 모은 수면제를 먹었다. 이번에는 구술자를 그 오빠가 발견하고 병원으로 옮겨 의식을 회복하였다. 위세척으로 "다행히" 태아에게는 지장이 없는 상태였다고 한다. 여기서 우리는 구술자의 생애사에서 반복되는 '자살'이라는 행위양식에 주목할 수 있다. 구술자에게 의미있는 '관계'가 단절되거나 불안해질 때 구술자는 자신의 존재를 포기하는 선택을 하고 있다. 어쩌면 자신의 존재를 포기함으로써 타자의 인정을 구하려는 욕구의 표현으로 이해할 수 있다. 확인되지 않는 자신의 존재이유를 '실질적인 부재'를 통해서라도 인정받고 싶은 구술자의 무형의 욕구가 표현된 것일 수 있다. 다른 사람들에게는 묻지 않아도 당연하게 전제되는 '살아야 하는 이유'가 구술자에게는 죽음의 경계를 넘어서 돌아옴으로써 확인되는 것이 아니었을까. 반복되는 자살 시도와 실패의 체험을 통해 구술자는 죽지 않고 다시 살아났으므로 살아야 하는 소극적인 이유를 발견할 수도 있었을 것이다.

이후의 생애사적 사실들에 의하면 구술자는 19살 되던 해인 1999년, 미혼모 회관에서 출산을 하고 아이를 입양시키려고 하였으나 입양이 성사되지 못해 아이를 보호시설에 맡겼다. 그 즈음 군대에서 제대한 남자친구가 어떤 '사건'으로 구속되고, 구술자의 탄원서로 풀려나게 되었다. 이를 계기로 두 집안 부모님의 허락을 받아 아이를 보호시설에서 데리고 와 혼인신고를 하여 가족을 이루게 되었다. 그러나 남편이 방위산업체에 근무하면서 받는 박봉으로 살아가면서 겪는 경제적 고통과 남편의 일상적인 구타와 폭언 속에서 우울증을 겪던 구술자는 얼마 후, 아이를 남편의 부모님에게 맡기고 2000년 합의이혼하였다.

1997년부터 2000년, 본격적인 사춘기를 보냈을 것으로 보이는 17~20세의 생애 시기에 구술자의 생애사는 집을 떠나 체험한 임신, 출산, 결혼, 이혼이라고 하는 복합적인 삶의 이력을 보여 주고 있다.

독립과 성매매의 경험

구술자가 이혼하고 돌아간 곳은 아버지와 함께 살던 옛날 집이다. 그러나 구술자가 가출한 뒤 재혼한 아버지, 새엄마와 함께 생활하는 것을 힘들어하던 구술자는 집을 나와 대전으로 가서 독립을 시도하였다.

얼마 동안 생산직 노동을 하던 구술자는 카드빚을 지게 되자 "처음으로 소위 나쁜 길로 가게 된 게 다방에서 차 배달"을 하게 된 것이라고 소개한다. 1년 동안 박봉을 받으며 '그냥 배달'만 하여 빚을 절반 정도 해결한 구술자는 2001~2002년 무렵 다시 이직하였다. 위에서 구술자가 다방에서의 차 배달을 "소위 나쁜 길"이라고 평가하는 것은 일반적으로 차 배달 일이 성매매와 관련되어 있음을 뜻하는 것인 반면, '그냥 배달'만 하였다는 표현을 통해 당시까지 구술자가 직접적인 성판매를 하지 않았음을 시사한다.

> 그러다가 ○○에서 회사 다닐 때 알던 언니 소개로 미용실에도 있다가 나중에 노래방 아르바이트를 했어요. 처음에는 2차가 무서워서, 그런데 돈 욕심에, 나는 술만 마시고 하루 10만 원 정도밖에 못 버는데 다른 사람들은 2차 가면 막 30만 원 정도 버니까, 잠깐 사이에. 그래서 그 일을 하게 됐어요. 처음에만 무서웠지. 하니까, 그냥 그러다가 노래방, 룸에도 있고 그러다가 빚이 어마어마하게 많아져서 집결지에서 감금생활을 하게 됐어요. (박은영, 2006, I 4)

구술자는 이혼 후 집을 독립하여 살던 시기의 생활을, 빚을 갚고 돈을 벌기 위해 시작한 다방 일로부터 노래방, 룸에서의 성매매를 거쳐 결국 집결지의 감금생활로 이어지는 연쇄적인 고리로 소개하고 있다. 위의 단락에서 구술자는 두려워하던 '2차'의 경계를 넘어서게 된 동기를 술을 마셔야 하는 힘든 노동에도 불구하고 10만 원밖에 벌지 못하는 자신과 술도 안 마시면서 "잠깐 사이에" 30만 원씩을 버는 다른 사람들과의 비교를 통해서 설명하고 있다. 당시 구술자에게 성매매가 '처음의 두려움' 만 극복하면 술 마시는 등의 신체적인 고통을 줄이면서 동시에 더 많은 대가를 받을 수 있는 노동의 방식으로 이해되고 있음을 짐작할 수 있다. 그러나 이 생활의 결과로 "빚이 어마어마하게 많아져서 집결지에서 감금생활" 을 하게 되었다. 다음의 단락을 보자.

> 면담자 : 아까 룸에서 생활하면서 빚이 어마어마하게 생겼다고 했는데 그때 얘기 좀 해 줄래요.
>
> 구술자 : 빚도 있고 이자가, 선불금을 받으니까 이자가 100만 원이면 5만 원이 이자고 2천만 원이면 100만이잖아요. 한 달에 필수로 500~600만 원을 벌어도 어디로 가는지 쪼들리고 쓰는 것도 제대로 못 쓰고 테이블에서 실수하거나 2차에서 실수하면 주대변상이라고 술값이 300만 원 나오면 2차 선불금까지 해서 200~300만 원을 내가 갚아야 돼요. 그리고 처음에 친한 친구가 있었는데 빚이 많았어요. 그러니까 업주가 나한테 조금만 안아주라고 해서 내가 결국 빌려준 거지만 300만 원 또 빚을 지게 되고 하루하루가 사는 게 무의미해지고 거기에다 사람들 남자들 노리개가 돼 가지고 나를 사랑할 수가 없죠. (박은영, 2006, I 5)

구술자가 집을 나와 생활하며 쓴 카드빚의 이자를 갚기 위해 받았던 선불금에 대한 이자와 함께, 업소 내에서만 통용되는 '주대변상' 이라는 특수한 계산방식 등이 얽히면서 구술자가 갚아야 하는 빚은 성매매산업 내에서 일을 하면 할수록 점점 더 불어나게 되었다는 것을 짐작할 수 있다.

선불금에 팔려서 구술자가 가게 된 경기도 근처의 한 집결지에서의 생활을 구술자는 "무인도 같은 곳에서 한 원시인"의 생활에 비유하였다. 실제로, 한국 사회의 곳곳에 위치한 성매매집결지는 행정구역상 일상의 생활세계에 이웃하여 있다. 그러나 실제 성매매집결지에서 관철되는 생활방식과 관계는 이웃한 생활세계와 구별되는 질서로 특징지워진다. 앞에서 소개된 특수한 "임금계산 방식"뿐만 아니라 직·간접적인 통제와 위계가 집결지 안과 밖을 질적으로 구별하는 것이다. 뿐만 아니라 구술자가 있던 곳에서는 '언니'들이 머무는 2층 숙소와 1층 홀 사이에 센서를 설치하여 통행을 제한함으로써 실질적인 감시가 이루어지기도 하였다.

구술자는 당시의 생활을 다음과 같이 기억한다.

> 거기서 의자에 앉아서 유리장 속에서 손님을 기다리잖아요. 그때 로봇처럼 화장하고, 겨울이었는데 눈이 왔어요. 그게 영화 속의 한 장면 같았어요. 그때 내가 살아온 게 후회스럽고 유리 밖의 일이 현실이 아닌 것 같았어요. (박은영, 2006, I 5)

위의 단락에서 구술자는 2002년에서 2003년 사이, 어떤 성판매집결지에서 생활하면서 맞이했던 크리스마스 즈음을 묘사하고 있다. 이 장면에서 겨울밤 내리는 눈으로 하얗게 물든 바깥과 짙은 화장으로 치장하고 화려한 조명 아래 "로봇"처럼 앉아 있는 구술자가 선명히 대비되고 있다. 하얀 눈으로 뒤덮인 유리 밖의 현실이 '후회' 없이 살고 있을 사람들의 세계라면 화려한 색채로 치장된 유리장 안의 세계는 살아온 삶을 '후회' 하는 구술자가 속한 세계이다.

지금까지 구술자의 생애 이력에 의하면 2000년 이혼 후, 부모의 집으로부터 독립된 생활을 시작한 구술자는 2~3년 사이에 나방, 노래방, 룸, 집결지라고 하는 소위 성매매산업의 주요공간을 거치고 있다. 위 단락의 기억 속에서 구술자는 불어난 빚의 볼모가 되어 성매매집결지의 유리장 속에 '감금' 된 채, 그동안 자신이 건너와 버린 현실의 세계를 바라보고 있다.

탈출, 어머니와의 재회, 그리고 새 출발

2004년 초 구술자는 손님의 핸드폰을 빌려 경찰에 신고하고 집결지를 탈출하였다. 다시 돌아갈 집이 없다고 판단한 구술자는 경찰서에 머물다가 언젠가 대중매체에서 본적인 있는 쉼터, 그 중에서도 종교적인 이름인 막달레나의집을 선택하여 왔다.

구술자는 쉼터생활을 통해 비로소 '스스로를 아끼게 되었다' 고 평가하고 있다. 2004년 12월 선불금 무효소송 결심 공판이 끝난 후 구술자는 새로운 삶을 위한 출발로 어린 시절 헤어진 어머니를 찾아 안산의 집으로 갔다. 1년여간의 쉼터생활을 하면서, 자신이 새로 시작할 삶의 출발지는 어머니가 있는 곳이라고 생각하였던 것으로 보인다. 아홉 살 때 어머니를 잃은 후 "가족도 없고 엄마도 없는 모든 게 뒤죽박죽"(박은영, 2006, I 2) 되어 버린 자신의 삶을 새롭게 시작하기 위해서는 어머니와의 재회가 무엇보다 중요했는지 모른다. 2005년 여름부터 어머니와 함께 안산에서 생활했던 체험을 구술자는 다음과 같이 회고한다.

> 처음에 엄마랑 같이 살기 전에 그냥 저 혼자 막 엄마하고 사는 그림을 그리고 상상을 하게 되잖아요. 엄마가 차려 준 아침밥도 한번 먹어 보고 싶고, 내가 차려 먹는 거 말고, 엄마가 차려 주는 밥도 한번 먹어 보고 싶고, 가끔 한번쯤은 엄마가 빨아주는 옷도 한번 입어 보고 싶고, 막 그랬는데 그게 다 깨졌어요. 같이 살기 시작하면서 오히려 내가 엄마 빨래를 해주고, 막 그런 상황이 된 거예요. 그래, 이 정도는 괜찮아. 뭐 아침밥 까짓거 뭐, 괜찮아, 했는데, 내가 엄마한테—내가 엄마를 이해하는 만큼 엄마가 저를 안 받아 줘요. 엄만 항상 제가 같이 살면서도 엄마는 그 아저씨한테만 집중이 돼 있고. 그게 서운하죠. (박은영, 2006, I 2~5)

위에서 구술자는 아홉 살 무렵의 어린 시절로 돌아가 있다. 어머니가 떠난 후 수없이 반복했을 기대를 실현하고픈 어린아이이다. 그러나 어머니와의 재회를 통해 구술자는, 어린 시절처럼 어머니가 차려 주는 밥을 먹고 어머니가 빨아 준 옷을 입는 어머니의 딸이 되고픈 자신의 기대가 '아저씨의 아내'가 된 어머니의 현실에 의해 깨지는 체험을 한 것으로 보인다. 어머니의 관심과 주목을 받기 위해 어머니만 바라보는 구술자와 '아저씨'에게만 집중하는 어머니로 대비되는 위의 모습은 구술자가 느꼈을 실망감을 짐작케 한다. 15년의 세월 동안 자신이 그리워했던 어머니가 더 이상 존재하지 않는다는 현실에 대한 실망이었을 것이다. 이것은, 25세의 나이에 어린 아들을 둔 구술자가 기억 속에서 그리워했던 어머니로부터 독립해야 하는 생애사적 과제를 의미한다.

2006년 어머니와의 갈등을 안고 구술자는 대전에 정착하여 살고 있는 오빠의 집으로 이사하였다. 그리고 이 지역의 한 생산직 현장에 취직하여 교대제로 일하고 있다. 2006년 인터뷰에서 구술자는 현재 안고 있는 생활의 어려움과 희망에 대하여 오랫동안 이야기하였다.

> 막달레나의집에 있을 때 저는—언니들이나 식구들이 저한테 큰 방패막이가 된 거잖아요. 근데 딱 그 느낌을 그냥 말로 표현하면 …… 둘러싸여져 있다가, 안전한 곳에 있다가, 혼자 나가가지고 모든 돌이나 사람들의 시선이나—뭐 하튼 그런 것들을 저 혼자 막아내면서 저 혼자 해나가는, 한발 한발 나가는 거잖아요. …… 여기(쉼터)에서는 제가 가면이 없어요. 막달레나의집이나 뭐 이런 데는 나를 그냥 내 모든 과거까지도 다 알고 내가 허물이 없어요. 가면이 없는데, 제가 ○○에서 지금은 회사를 가면은 저는 일단 출근할 때 가면을 쓰고 가는 거죠. 그리고 사람들하고 선을 그어요. 미리 그어놔요, 이 이상 다가오지 못하게. 왜냐면 이 이상 다가와서 이 사람이 나를 더 알게 되면은, 나에 대해서 많이 궁금해 할 거고, 그러면 나는 나를 자꾸 숨기려고 할 거고, 그러면 제가 마음이 힘들어져요. …… 혹시나 저 사람이 …… 나에 대해서 알아가지고, 제 이미지가 굳혀져 버릴까봐. 아, 얘는 그런 일을 했던 애다. 회사 가서 출근하면은 …… 계속 그 선을 유지를 하는 거죠. 너 넘어 오지 마라, 뭐 이런 식으로. 집에 오면은 녹초가 돼요. 항상 긴장을 하고 있으니까. 밖에 딱 나갔다 하면 긴장하고 있으니까 집에 오면 녹초가 돼가지고. (박은영, 2006, I 3~4)

구술자는 집결지를 탈출하면서 유리장을 넘어 현실의 세계로 돌아왔다. 그러나 위의 단락에서 짐작할 수 있는 바와 같이 과거 성판매 경험이 있는 대전에서의 현실은 '가면의 세계' 와 '가면이 없는 세계' 로 분리되어 있다. 가면을 쓰고 생활하는 회사에 있는 동안 구술자는 자신을 드러내지 않기 위해 녹초가 되도록 긴장하고 있다. 막달레나의집에 있으면서 구술자가 자신의 생애를 돌아보고 어머니와 재회하기로 하는 등 현실과 직접 대면하려고 하였던 노력들이 현재의 생활공간 속에서는 가면으로 대치되고 있다. 사례분석에 의하면 우연히 성매매현장에서 생활하던 시절에 화장품을 대주던 아줌마를 만난 이후로 이런 긴장이 더욱 커진 것으로 보인다. 집에 돌아와 가면을 벗으면 술을 마시고서야 잠이 드는 구술자의 현재 생활은 구술자가 막달레나의집에서 키웠던 간호조무사 등의 꿈을 실현하기 위한 노력은커녕, 가면을 유지하기 위한 노력조차 계속하기 힘든 상황인 것을 시사한다.

구술자가 추석을 맞아 쉼터를 방문한 것은 자신이 가면을 쓰지 않아도 될 뿐만 아니라 마음의 격려와 지원을 얻을 수 있는 터전으로 와서 현실을 살아갈 지혜를 준비하기 위한 것으로 보인다.

사례의 특징

박은영 씨의 사례는 어린 시절 부모님의 이혼으로 정서적 일체감의 대상이었던 어머니를 상실한 체험이 이후의 삶에서 중요한 생애사적 과제임을 보여준다. 구술자는 초기 이야기를 통해 '어머니로부터 버림받은 자신' 이 막달레나의집 생활을 통해 비로소 스스로를 사랑하게 되었음을 강조하는 생애사적 관점을 보여준다. 즉, 구술자가 사춘기의 나이에 가출하여 임신, 출산, 이혼을 하고 다시 성매매 체험을 했던, 1997년 열일곱 살 무렵부터 2004년 스물네 살의 나이에 막달레나의집에 오게 되기까지의 생애사를 '어머니로부터 버림받은 나의 삶' 이라고 하는 관점에서 소개하고 있다. 사례 재구성 결과에 의하면 이 시기 구술자는 반복되는 '자살과 생존' 을 통해 자신의 존재이유를 확인하고 있었던 것으로 보인다. 아직 성인이 되지 않은 구술자가 혼자서 감당할 수 없는 어머니의 이혼에 대한 사회적인 비난과 배제, 가출, 임신, 출산 등의 현실에 직면하면서 선택할 수 있는 가까운 행위의 가능성으로 '현실을 중단하기', 즉 자살을 체험한 것이다.

성매매의 체험과 관련하여 박은영 씨의 사례는 성매매가 경제적 독립을 위한 하나의 선택으로 기능하고 있다. 앞에서 소개한 주연미 씨의 경우 성매매의 공간이 '대체가족' 으로서의 의미를 가졌던 것과 달리 박은영 씨의 생애사에서 성매매공간은 이혼 후 자립을 위해 '효과적으로 돈을 벌 수 있는 노동의 공간' 으로서의 의미를 갖는다. 이런 관점에서 주연미 씨 사례에서 부분적으로 드러나는 성매매공간에서의 '주도적 행위' 에 비해 박은영 씨의 사례에서는 빚의 볼모가 되어 결국 감금상태가 된, '자신을 사랑할 수 없는' 수동적인 체험이 강하게 드러나는 맥락을 이해해 볼 수 있다. 그러나 이와 같은 구술자의 과거 체험에 대한 의미부여는 막달레나의집 생활 이후 새로운 삶을 살아서 '아들에게 당당한 엄마' 가 되고 싶은 구술자의 현재 노력과 연관되어 있다. 성매매집결지를 탈출하여 막달레나의집에서 보낸 시기 이전과 이후 생애에 대한 구술자의 강한 구분은 이와 같은 현재의 생애사적 노력을 표현하는 것이라고 할 수 있다.

이와 같은 노력에도 불구하고 성매매공간을 나와 새로운 삶을 살아가고 있는 박은영 씨의 사례에서 성매매공간에서의 체험이 여전히 중요한 생애사적 과제임을 짐작할 수 있다. 박은영 씨는 성매매와 연관된 자신의 과거와 생산직 노동자로 살아가는 현재를 '가면'을 쓰고 벗는 일상의 노력을 통해 분리하고자 하나, 강하게 현실을 제약하는 장애로 체험되고 있다.

나가는 말

지금까지 소개한 두 여성의 생애사는 한국 사회에서 1960년대와 1980년대에 출생한 서로 다른 세대구성원의 삶을 보여준다. 동시에 각자의 생애사적 배경 속에서 성매매를 체험하게 되는 과정과 이에 대한 각 구술자들의 상이한 생애사적 관점을 드러내고 있다. 앞에서 살펴본 바와 같이 두 구술자의 생애사적 관점은 '한국 성매매조직의 피해자'이거나 혹은 '성매매 일탈행위를 저지른 타락한 여자'라고 하는 사회적 시선을 벗어나 있다. 주연미 씨의 경우 '고삐 풀린 망아지'로 살아오다 성매매 경험을 가진 여성들을 위해 활동하며 '꽃을 키우는 나'라고 하는 생애사적 관점을 보여준다. 즉 구술자의 생애 이력을 통해 보여지는 고단한 삶을 거쳐 온 구술자는 자신의 삶을 고삐 풀린 망아지에 비견될 '역동성'에 기초한 것으로 이해하고 있다. 이것은 본인이 직면한 삶의 고단함을 헤쳐 오며 가지게 된 적극적인 행위지향을 드러내는 것이기도 하다. 또한 박은영 씨의 경우 자신의 생애사를 어머니를 잃은 상실감을 극복해 오는 긴 과정으로 이해하고 있다. 박은영 씨의 생애 체험에서 가장 중요한 의미를 갖는 것이 어머니를 잃은 상처를 이기기 위한 노력인 반면, 성매매와 관련된 경험은 이러한 생애 과정의 한 체험으로 위치지워지고 있는 것이다. 이와 같은 구술자들의 생애사적 관점은 사회적 규범과 가치에 의해 배제되고 재단되기도 하는 사회적 체험을 하면서도 자신의 고유한 생애 의미로 구성되는 삶을 꾸려가는 생애사적 노력을 보여준다.

성매매의 체험과 관련하여 두 사례는 성매매가 갖는 서로 다른 생애 의미를 보여준다. 주연미 씨의 생애사에서 성매매현장은 일상의 생활과 정서를 나누는 대체가족의 역할을 하며, 어떤 경우 구술자는 성판매 관계 속에서 자신의 '주도성'을 관철함으로써 '성매매의 피해자인 여성'이라는 위치를 전복하기도 한다. 그러나 동시에 주연미 씨가 20, 30대를 보낸 성매매공간은 주연미 씨의 신체적 기능을 중지시킬 정도로 폭력적인 특성을 가진 생활공간이다. 이처럼 성판매의 대가로 성판매현장에서의 대체가족적 일상을 유지하는 주연미 씨의 사례에 비하여 박은영 씨의 사례에서 성판매는 경제적 기반을 마련하기 위한 효율적인 '노동'(work)이라는 특성을 강하게 드러낸다. 전자의 사례에서 성매매 현장이 중·장기적인 생활세계로서의 의미를 갖는 반면, 후자의 사례에서 성매매현장은 매 순간 '바깥' 세계와 대비되는, 돈을 벌기 위한 '안쪽'의 세계이다. 구술자는 일시적으로 '안쪽'의 세계에 머물고 있지만 시선은 끊임없이 '바깥'을 향하고 있다.

서로 다른 생애사적 체험을 배경으로 두 구술자는 성매매현장을 탈출하여 새로운 삶을 모색하고 있다. 그러나 고단한 삶에 의미를 부여하며 새로운 생활을 계획하는 구술자들의 생애사적 노력과 동시에 여전히 삶의 지평 속에 존재하고 있는 '과거'의 체험으로 인한 힘겨운 갈등과 경합이 공존하고 있음을 알 수 있다. 주연미 씨의 전체 구술 속에서 드러나는 쉼터 실무자로서의 '공식적인 생애사'와 녹음기가 정지된 상태에서 구술되는 '비공식적 생애사'의 공존은, 이와 같은 생애사적 갈등과 경합을 짐작하게 한다. 박은영 씨가 직면한 '가면'으로 분리되는 두 개의 현실 또한 마찬가지로 구술자의 자아(self) 속에 자리한 '타자'라고 하는 맥락에서 이해할 수 있다. 이것은 '성매매 경험'이 있는 여성에 대한 사회적 규범과 가치에 대하여 상대적 거리를 두고 자신들의 삶을 바라보기 위한 구술자들의 노력에도 불구하고 현실의 일상에 존재하는 '타자의 시선'이 특정한 방식으로 구술자들의 생애사를 구획하는 힘을 가지고 있음을 짐작하게 한다.

이 글에서는 2006년에 있었던 인터뷰 이후 변화된 구술자들의 근황을 담지 못했다. 주연미 씨는 2007년 초 생활하던 쉼터를 떠나 '쉼터 실무자'가 아닌 독립된 생활을 하고 있다. 박은영 씨는 2006년 말 서울로 올라와 쉼터의 지원을 받으며 전업을 준비하고 있다. 구체적으로 기술되지는 못했으나 계속되는 구술자들의 삶 속에서 이 글이 읽혀지기를 기대한다.

.6. 피해와 생존을 넘어 삶의 한복판에서
—성판매 여성들의 동료활동 경험을 돌아보며

엄상미

우리집 베란다에는 여러 식물들이 자라고 있는데 그 중에서도 조그만 양푼에 담긴 놈이 제일 정이 간다. 화분 대신 쓰는 그 양푼은 라면도 먹고, 우리 아기 간식도 담아내던 다용도 그릇인데, 천원샵에서 사온 것 치고 제법 요긴하게 쓰이는 물건이다. 이미 일 년도 훨씬 넘었건만 나는 그 그릇에 심어져 있는 식물의 이름을 지금껏 모른다.

그 식물은 나의 동료 현미 씨가 정성스럽게 꺾어 준 것을 내가 집으로 옮겨와 그렇게 심어 놓은 것이다. 햇빛을 많이 보여 주면 잎이 더 새파랗고 오동통하게 살이 올라 얼마나 예쁜지 모른다. 계절이 달라져도 결코 주눅드는 법이 없이 언제나 제 빛깔을 고스란히 간직하는 그 파란식물은 우리집뿐만 아니라 막달레나의집 곳곳에도 심어져 있다. 뚜껑 잃은 김치통이나 수반으로나 썼을 넙대대한 그릇, 시골의 한 폐가에서 주워다 놓은 약간 금이 간 약탕기, 심지어는 라면 끓여 먹던 다 찌그러진 노란 양은 냄비에도 심어져 집안 구석구석에서 제 빛깔을 제대로 뿜어낸다. 물도 제때에 주지 않는데 어째 그리 파랗게 잘 살아주는가 싶다. 모르긴 몰라도, 그 식물은 나뿐만 아니라 막달레나의집과 인연을 맺고 있는 여러 사람들의 집으로도 분양되어 여지껏 잘 자라고 있을 터이다.

동료활동, 그 새로운 시도

모든 것에 생명을 불어 넣는 재주를 지닌 김현미 씨, 나는 그녀를 알면 알수록 경이와 감탄, 실망과 체념의 상반된 감정을 동시에 겪는다. 그녀는 내게(우리에게) 희망의 존재이기도 하며, 또한 종종 절망의 계기를 던져 주기도 한다.

그녀를 처음 만난 것은 1999년의 어느 날이었다. 나는 당시 「꿈에 관한 보고서」라는 다큐멘터리 한 편을 기획하여 제작을 앞두고 있었다.* 성매매를 타자의 시선이 아닌 여성들 스스로의 시각으로 그려내는 다큐멘터리를 만들어 보자던 의도에서 시작된 작업이었지만 우리는 당사자 여성들을 어떤 과정으로 만나고, 또, 어떻게 제작과정에 참여할 수 있도록 할지 난관에 부딪혔던 터였다. 그러고 있던 중 나에게는 '대선배' 격인 막달레나공동체의 이옥정 대표가 결정적인 도움을 주었다.

"용산역 앞에서 돗자리 깔고 제작위원횐가 뭔가 한번 해보지 뭐. 영업하던 애들이 많이들 나올 거야."

---

* 이 다큐멘터리의 제작과정은 다음 책에서 자세히 소개하고 있다. 이옥정 구술, 엄상미 기록, 『막달레나, 막 달래나?』

나의 고민을 그 특유의 과묵한 표정으로 내내 듣고만 있던 이옥정 대표는 달랑 이 한마디만을 던졌다. 만나 본 사람은 알겠지만, 성매매 현장에서 이십 몇 년 동안 잔뼈가 굵은 이 베테랑 활동가는 참으로 요상스럽게도, 진심과는 상관없이 심각하며 또한 심드렁한 얼굴표정을 갖고 있는 사람이다. 내 고민 앞에 해결책으로 던진 그 한마디는 '뭐 그리 심각한 고민을 하고 있니?' 라는 듯했다.

용산역 앞 제작위원회를 앞두고 이옥정 대표는 내게 누군가를 한 번 만나보라고 했다. 얼마 전 막달레나의집 식구가 된 분인데 아마도 다큐멘터리 제작에 도움을 줄 수 있을 거라고 했다. 그때 알게 된 이가 바로 현미 씨이다.

성매매업소에서 도망 나온 지 얼마 안 된다는 그녀는 옷도 여기저기서 얻어 입었는지 매우 초라했고, 머리는 마치 쥐가 뜯어 먹은 듯 정리되지 않은 채였다. 얼굴에는 잔뜩 겁먹은 듯한 기색이 역력했고, 상당히 긴장되어 있었으며, 오랜 세월 이어진 약물중독의 부작용으로 여기저기 얼굴이 터져 딱지가 앉거나 피가 고여 있는 모습에 그동안 그 여성이 살아온 삶의 고단함이 고스란히 느껴졌다. 그녀는 성매매업소에서 어떤 일을 겪었는지, 어떻게 성매매업소에서 도망쳐 나왔는지 등등을 담담하게, 그러나 다소 주눅든 모습으로 한참이나 들려주었다. 현미 씨는 이야기를 하는 내내 단 한 번도 내게 눈을 맞추거나 여유 있는 표정을 지어 보이지는 못했다. 별다른 질문을 던지지도 않았건만, 나는 흡사 그녀를 심문하는 경찰관 같았는데, 그녀는 내가 느끼는 어색함과는 상관없이 웅얼웅얼, 약간은 비논리적인 논조로 뭔가를 계속 말하고 싶어 했다. 정작 그 분위기를 잘 감당하지 못했던 것은 나였다.

현미 씨는 이후 제작위원으로 참여하여 자신의 이야기가 필름에 담길 수 있도록 출연도 했다. 용산역 앞에서 제작위원회가 열렸을 때에도 이옥정 대표와 함께 돗자리를 들고 나타나 모임을 준비하고 열심히 참여하였다. 처음에는 그렇게 주눅든 모습이었던 현미 씨가 제작이 거의 마무리될 쯤에는 오히려 자신의 이야기가 너무 많이 잘렸다며 강력하게 의사표현을 하기도 했다.

그 뒤로 그녀와의 만남은 자주 이루어졌다. 그저 뜨내기로만 막달레나의집에 드나들던 나는 아예 막달레나의집 정식 스탭이 되어 눌러앉았고, 2002년에 '필드워커 양성을 위한 동료교육'이라는 프로젝트를 기획하게 되었다.* 이 프로젝트에는 현미 씨를 비롯하여 함께 다큐멘터리 제작위원으로 참여했던 김자영 씨와 용산으로 거주지를 옮긴지 얼마 되지 않았지만 적극적으로 막달레나의집 활동에 관심을 보이던 박숙희 씨 등 모두 일곱 명의 여성들이 참여하였다.

동료교육(peer education)은 성매매를 경험한 혹은 성매매구조 속에 있는 여성들로 하여금 사회성, 파트너십, 동료지지 등의 의식을 강화함으로써 '동료활동가'(field worker 혹은 peer counsellor)로 활동할 수 있는 자원을 개발하는 프로그램이다. 성매매상담 및 관련 활동에서 동료상담(peer counselling)의 긍정적 효과는 성매매구조 안에 놓여있는 여성들이 겪는 깊숙한 일상의 고민에 더 편안하게 다가서는 것 등이 가능하다는 점이다. 성매매 피해여성들이 겪는 깊숙한 일상에 대한

* 2002년에 수행되었던 이 프로젝트 내용은 다음 책에서 상세히 소개하고 있다. 막달레나의집, 『동료교육에서 희망을 본다』.

이해를 바탕으로 전과 달리 더욱 확장된 인식체계를 통해 동료여성들을 돕거나, 관련된 활동에 소중한 자원으로 활용되는 체험은 여성들의 '성장'을 돕고, 여성들에게 새로운 가능성을 찾는 매우 긍정적인 역할 모델로 작용될 수 있다는 것이 '동료교육'의 추진 배경이다. 이 프로젝트는 2002년 처음 시작된 이래로 수년간 다양한 형태로 지속되어 오고 있으며, 성매매 분야에서는 막달레나의집이 처음으로 기획하여 추진하였다.

애초에 이 교육이 기획되었던 계기는 아주 간단했다. "우리도 해외여행 한번 해보자!"는 '흑심'이 바로 그것. 하지만, 막달레나의집 이옥정 대표가 그렇게 마음을 품었던 것은 단순한 해외여행을 염두에 둔 것만은 아니었다. 소외된 여성들이 이룬 해외의 공동체를 탐방하고 그 공동체와 교류하면서 여성들이 세상을 마주 대하는 눈길의 폭을 넓혀보자는 것이었다. 이런 식의 의논을 하기 시작한 것은 이미 몇 년 전부터의 일이었는데, 이옥정 대표의 '흑심'에 우리들의 세부적인 기획이 덧붙여지면서 이 계획은 더욱 분명한 목적을 갖게 되었고, 아시아재단(Asia Foundation)이 이 기획에 예산을 지원하기로 결정함에 따라 비로소 추진될 수 있었다.

흔히들, 사회복지서비스를 실현하는 데 있어 접근성을 높이는 것이 중요하다고 말을 한다. 특히나 성판매 여성들을 대상으로 하는 서비스는 더욱 그러하다. 하지만 정작 그 접근성이 어디에서 출발하는지, 어떤 도구로 접근성을 확대해 나갈지 명쾌한 해답을 던져 주는 경우는 드물다. 접근성은 곧 현장성이기도 하다. 성매매와 관련된 일을 하는 크고 작은 기관들이 겪는 가장 큰 어려움은 바로 이 현장성의 부재가 아닐까 싶다. 하필이면 그 현장이라는 곳이 '만만찮은 동네' 혹은 '보이지 않는 사회의 구석구석'이라니, 이만저만 심각한 제한점이 아닐 수 없다. 이런 제한점을 극복할 때 이슈 속에서 주장되고 논의되는 쟁점들은 더 큰 정당성을 확보할 수 있다. 또한 자칫 엇나갈 수도 있는 논쟁 속에서 '당위'에 묶인 '주장'이 아닌 현실적 쟁점과 대안을 논할 수도 있다. 당위보다 앞선 것은 현실이며 구호보다 선명한 것은 하루하루의 삶인 탓이다.

이 현장성이란 그것이 '탈출'이든, 여전히 그곳에 '남겨진 삶'이든지 간에 여성 당사자들의 삶을 지원하고, 그들의 목소리를 키우며 사회와 소통하는 통로를 만드는 토대이기도 하다. 그저 작은 쉼터일 뿐인 막달레나의집은 바로 그런 까닭으로 오랜 세월 현장에서 부대끼며 키워 온 현장성의 의미를 더욱 적극적으로 시도해 보고 싶었다. 그래서 우리는 비록 성매매체제 안에 있지만 '일과 삶, 그리고 억압과 질곡을 겪어내는 주체'인 당사자 여성들과 함께 이 프로젝트를 추진하게 된 것이다.

지금이야 성매매 대안을 추구하는 여러 현장에서 동료활동에 관한 다양한 시도가 이뤄지고 있지만 당시에는 그런 활동에 대한 개념조차 갖춰져 있지 않았다. 물론, 그렇다고 해서 그러한 활동이 전무했던 것은 아니다. 막달레나의집만 해도 그것이 하나의 프로그램 혹은 프로젝트 형태를 갖춰 첫 출발을 한 것은 2002년이었지만 동료교육의 배경은 이미 20여 년 전으로 거슬러 올라간다. 막달레나의집이 지내 온 짧지 않은 세월은 이 프로젝트를 실행할 수 있는 타당성과 가능성을 제공하고 있다.

어느 기관이나 마찬가지겠지만 막달레나의집 역시 용산 성매매지역에서 활동의 첫발을 떼는 과정에서 겪었던 우여곡절이 참 많았다. 활동기관이 전무했던 당시에는 여성들에 대한 지원사업이 생경스러울 수밖에 없었을 테지만, 당시 현장의 사람들은 낯선 외부인에 대한 경계감을 노골적으로 드러냈다. 심지어는 막달레나의집 사람들이 방문을 마치고 돌아설 때면 동네사람들이 그 등 뒤에 대고 '재수 없다' 며 소금을 뿌리는 일도 허다했다. 현장 사람들이 가졌던 경계감 못지않게 조급함과 미숙함이 컸던 시행착오의 시간들이었다.

막달레나의집이 이러한 과정을 잘 메우고 용산 성매매집결지 여성들과 거리를 좁혀 이웃이 되고, 가족을 이룰 수 있었던 과정에는 '동료' 들이 있었다. 막달레나의집과 관계를 맺게 된 여성이 다른 여성에게 막달레나의집을 소개하고, 막달레나의집 식구가 된 여성이 다른 여성들을 돕는 이가 되고, 그렇게 도움을 받았던 여성이 다시 다른 여성들을 위한 일꾼이 되었다. 막달레나의집은 지난 이십 년 동안 확인한 그러한 사례들을 바탕으로 하여 동료에 의한 지원활동의 가능성을 열게 된 것이다.

막달레나의집은 쉼터에 거주하고 있는 여성들뿐 아니라 성매매지역에서 일하고 있는 여성들도 자유롭게 드나들 수 있기에, 우리 프로그램은 비단 쉼터에 거주하고 있는 여성들만을 대상으로 하지는 않으며, 지역 내 모든 여성들이 참여할 수 있었다. 동료교육이 기획되던 당시에는 특히 용산 성매매지역에서 현업으로 일하고 있는 여성들이 프로그램에 참여하도록 하는 경우가 많았다. 물론 이런 경우는 쉼터 거주 여성들에 비해 현장 여성들이 감수해야 하는 문제들이 더 많기 마련이다. 그들이 한 프로그램에 참여하기로 결정을 했다면 낮 시간 동안 이뤄지는 프로그램을 위해 자신의 하루 일상을 조절해야만 한다. 물론 간혹 그것이 이뤄지지 않아 프로그램의 단계를 제대로 이수하지 못하는 경우도 있다. 또한 정형화된 프로그램 안으로 들어오면서 익숙하지 않은 문화, 익숙하지 않은 정서 등과 맞부딪치게 되므로 여성 당사자는 더 많은 의지를 다져야 한다.

동료교육을 위한 필드워커 양성 과정의 경우, 이 프로젝트를 적절히 소화할 수 있는가, 이후 어떠한 형태로든 필드워크에 참여할 가능성을 지니고 있는가, 등이 참여자를 선정하는 기준이었다. 하지만 그보다 더 중요한 것은 무엇보다도, 준비과정이 충분했으며 그런 소양을 지니고 있는가, 본인은 그러한 욕구를 지니고 있는가, 하는 문제였다. 따라서 이 교육의 참가 대상을 탐색하고 진단하여 멤버로 확정하는 데 5개월 이상의 긴 시간이 필요했다.

이 프로젝트에는, 어쩌면 우리가 그토록 우려하는 '일시적' 시도에 머물 수도 있다는 위험이 존재했다. 그것은 막달레나의집이라는 한 작은 '집'의 노력만으로 프로젝트를 이루어내기에는 너무나도 많은 제한점이 있기 때문이었다. 우리는 또한, 외부적으로 제시할 수 있는 수적인 기준을 무시하기로 했는데, 이는 광범위한 대상을 포괄할 수 없는 프로젝트의 특성 때문이었다. 이 프로젝트가 안고 있는 의도와 전체과정을 이해하고, 본인 스스로 참여의사를 확고히 하며, 미약하나마 일련의 준비과정을 거친 '가능성' 있는 단 몇 명의 여성들만이 그 현실적 대상이었기 때문에 이 프로젝트에 '거대한' 목표치는 설정되어 있지 않았다. 이후 당사자 여성들에 의해 이루어지는 동료교육·동료지원 등을 가장 근본적인 목적의 근저에 놓아두기는 했으나 이 프로젝트를 통해서 몇 명의 필드워커 혹은 동료활동가를 양성하겠다는 식의 섣부른 목표치는 잡기 힘들었다. 참여자로 결정된 여성들이 이 과정을 이수하면서 다른 삶을 체험하고 스스로 저울질하며 변화의 가능성을 느낄 수 있으면 그뿐이었다. 또한 프로젝트를 기획하고 추진하는 측에서는, 그 여성들이 앞으로 나아가고자 하는 의지를 제대로 파악하고, 거기에 맞는 적절한 계기에 투자할 근거를 확보할 수 있으면 그걸로 된 것이었다. 그것이 바로 우리가 이 프로젝트를 통해서 얻고자 하는 가장 중요한 목적이었다.

우리의 필드를 찾아서

2002년에 처음으로 추진한 그 프로젝트는 기본교육, 멤버십 트레이닝, 해외연수, 아웃리치 현장실습 등의 과정으로 구성되었다.* 초반 과정의 기본교육을 모두 마쳤을 때, 우리는 현미 씨를 비롯한 모든 참가자들에게 소정의 교육수당을 지급했다.

---

* 이 프로젝트는 '우리 삶 속의 인권 찾기'(원미혜), '바로 내가 필드워커'(엄상미), '여성의 몸 제대로 알기'(이유명호), '일과 생활의 건강법'(유은주), '아웃리치 의미와 방법'(백재희) 등으로 구성된 기본 교육과, 멤버십 트레이닝, 용산 성매매지역에서의 효과적 아웃리치 서비스를 위한 교재 제작 워크샵 및 아웃리치 실습, 막달레나의집이 기획하고 필리핀 현지의 관련 단체와 공동으로 주관한 워크샵, 수료식 및 평가회 등으로 구성되어 있다. 전 과정을 가감 없이 다양한 방식으로 기록하여 유관기관에 보급하였는데, 동료교육에 대한 문제의식과 다양한 실천이 모색될 수 있도록 씨앗을 제공하기 위한 것으로 이 역시 본 프로젝트의 주요 내용 중의 하나였다. 2002년에 추진된 동료교육은 2003년 심화과정으로 연계되었으며 이에 대한 기록은 다음 책에 수록되어 있다. 막달레나의집, 『탈성매매, 미래를 준비하는 여성들—자활지원사업 기록과 프로그램 매뉴얼』.

"언니, 나 눈물이 날 것 같아요!"

"어머, 어머, 웬일이니! 나 이 봉투 평생 앨범에 꽂아둘 거야!"

참가자들은 금액은 확인해 볼 생각도 않고 지급내역과 자기 이름이 쓰여 있는 봉투 겉면을 한참 동안이나 바라보며 감격스러워 했다. 수당을 지급하는 문제는 이전의 여러 프로젝트 혹은 프로그램 때마다 누누이 그 필요성이 제기되고는 했다. 하지만 관련 예산을 지원하는 대부분의 재단에서는 그런 항목을 갖추고 있지 않거나 타당성을 인정해 주지 않는 경우가 더 많다. 이번 경우, 예산을 지원하는 재단 측에서도 그 타당성을 충분히 이해했지만, 행정적 차원에서 변동하기 힘든 제한점이 있었기에 예산배분은 불가능했다. 따라서 정부지원금을 받지 않아 늘 재정난에 허덕여 실무자들의 급여조차 지급하지 못하던 막달레나의집이지만, 이번만큼은 자체예산을 과감하게 투입하기로 했던 것이다. 몇 번의 경험에서 얻은 아쉬움을 극복해 보자는 의도에서 진행된 이 일이 가능했던 이유는 그만큼 이번 프로젝트에 담고 있는 의미가 선명했던 까닭이다.

그들이 프로젝트에 합류했던 것은 자기 욕구에 따른 자발적 의사가 있었기 때문이다. 하지만 그들은 이것을 위해서 지금까지의 일상에 적지 않은 변화를 감수해야 했고, 사적인 시간의 많은 부분을 포기해야만 했다. 당시 직업교육이나 여타의 공공기관 교육에서는 이미 수당지급이 당연시되고 있었지만 성매매 분야에서는 그와 같은 교육이 다양하게 준비되어 있지 않았을 뿐만 아니라 수당을 지급한다는 개념은 어느 기관에서도 시도해 보지 못한 일이었다. 그러나 우리는 어느 정도의 모험적 성격마저 지니고 있는 이 같은 프로젝트에 성판매 여성들이 참여하여 시간을 투자하고 과정을 이수하는 것에 대해 수당이 지급되는 것은 마땅한 일이라고 생각했다. 그런 타당성과 의도에 비한다면 지급된 교육참가수당의 액수는 초라하기 그지없었다. 그런데도 참가자들은 한없이 감격했다. 그들은 그 봉투에 담긴 '격려'와 자신들에 대한 '지원'의 의미를 그처럼 남다르게 받아들였던 것이다.

기본교육을 모두 마치고 첫번째 아웃리치 실습이 진행되던 날, 참여자들은 각양각색의 모습으로 나타났다. 밤 10시가 훨씬 넘었을 때였으니 초저녁 영업을 하다가 모임 시간에 맞춰 나온 사람도 있었다. 그 중에는 영업용 옷을 그대로 입고 나왔거나 이미 '콩알'(환각제) 몇 알을 털어 넘긴 뒤인지 말끝이 조금씩 흐려지는 사람도 있었다.

실습에 앞서 준비모임 때 의논한 것처럼 조별로 역할을 나누었다. 물품과 홍보물을 조별로 나누고 간단히 진행에 대한 사전 이야기를 나눈 뒤 각자 맡은 골목을 향해 총총 사라졌다.

"돈 많이 버세요~."

콩알을 먹고 나와 진행팀을 긴장시켰던 누군가는 들르는 업소마다 돈 많이 벌라는 말을 잊지 않으며 고개가 땅에 닿도록 인사를 하고 돌아다녔다. 전에 실무자나 자원봉사자들이 주축이 되어서 진행할 때라면 꿈도 못 꿀 대사를, 이들은 그렇듯 자연스럽게 남기며 현장 여성들을 상대하고 있었던 것이다. 또 한 가지 다른 점이 있다면, 예전에는 진행자들이 골목에 들어서는 것만으로도 동네 여성들의 뜨악한 눈길을 받곤 했는데, 그날은 전혀 그런 느낌이 없었다. 자기네를 만나러 오는 여성들(필드워커들)이 나이나 차림새는 조금 다르지만 이 동네 어디쯤에서 영업하고 있는 비슷한 처지의 여성들임을 한 눈에 알아차릴 수 있었으니 그럴 법도 했다.

각자의 역할을 다하고 다시 집결장소로 돌아온 참가자들의 얼굴은 자못 상기되어 있었다.

"으씨, 나 옛날에 한집에서 일하던 애 봤어."

현미 씨는 몇 년이 지나 또 다른 지역에서 예전에 함께 일했던 여성과 대면하는 일이 그토록 머쓱했던 모양이다. 그래서 느낌이 어떻더냐는 질문에 그저 모자를 푹 눌러 쓰고 얼른 돌아섰다고 했다. 그녀는 꿀릴 건 없지만 혹시나 예전 업소의 업주와 연결이 될 수 있는 빌미가 될까 봐 그랬다며 말끝을 흐렸다.

20대 초반의 한 젊은 참여자는 자신도 쇼윈도 안의 아가씨들과 비슷한 처지가 되어 일을 해봤으면서도 막상 그 모습을 밖에서 쳐다보려니 가슴이 뛰고 두려웠다고 말했다. 또 누군가는 자기가 맡은 골목의 여성들이 정확히 몇 명인지를 수첩에 꼼꼼히 적어 왔다. 진행팀에서는 사전에 활동을 진행하며 각자 맡은 골목의 인원을 대략 가늠하면 좋겠다고 제안했던 터였다. 그런데 그는 한 집을 끝내고 돌아설 때마다 수첩에다 극적극적 거리며 돌아다녔으니, 이만저만한 '오버액션'이 아니었던 것이다.

현장 여성들의 반응은 긍정적이었다. 우선은, '뜨악함'이 적었다는 것이 가장 큰 부분이었다. 이전의 활동을 생각해 보면, 물품을 들이밀고서 이런저런 이야기를 늘어놓기 전에는 웬 낯선 여성들의 등장에 "뭐야?"라는 반응으로 시작되었던 것이 사실이다. 하지만 이번 경우에는 달랐다. 자신들에게 말을 걸고 뭔가를 건네는 여성들이 낯설지 않았던 것이다.

참가자들은 준비모임 때 나눴던 마음과 달리 왜 동료여성들과 더 적극적으로 이야기 나누지 못했던가 하며 소극적이었던 자신들의 자세를 평가하기도 했다. 하지만 자신들이 할 수 있는 최대한의 자세로 그 활동에 임했다. 약에 '쫄아' 매끄럽지 않은 자신의 혀놀림을 땅에 닿도록 고개 숙여 인사하는 것으로 대신 했으며, 단 한 사람, 단 한 업소도 빼 놓지 않으려고 발바닥에 땀이 나도록 후미진 뒷골목을 찾아 뛰어 다녔다. 그러면서 자신들이 보고 느낀 현장 동료여성들의 반응을 서로 질세라 신이 나서 말했다.

기본교육과 아웃리치 실습 등을 모두 마치고 참여자 전체는 막달레나의 집이 기획하고 현지단체와 공동으로 주관한 필리핀 워크샵에도 참여했다. 솔 수녀(Sr. Mary Soledad Perpinan)에 의해 1985년에 설립된 '제3세계 여성의 착취와 억압에 반대하는 여성들의 조직'(Third World Movement Against the Exploitation of Women, 이하 TW-MAE-W) 은 성매매 피해여성들을 위한 체계적인 복지시스템을 구축하여 운영하고 있을 뿐만 아니라 무엇보다도 성매매 경험이 있는 여성들을 필드워커로 교육하여 파트너로 함께 일하는 곳이다. 여성들의 사랑방 역할을 하는 드롭인센터(Drop in Center), 보호와 자립 훈련을 하는 나자렛성장센터(Nazareth Growth Home), 경제공동체 베다니집(Bethany Transition Home) 등을 답사하였고, 현지의 필드워커들과 함께 유흥업소가 밀집되어 있는 지역에서 '바호핑'이라는 아웃리치 실습을 진행했다. 무엇보다도 우리들이 가장 중요하게 생각했던 프로그램은 오랜 경력을 지니고 있는 필드워커들과의 만남이었는데 우리쪽 참여자들은 이들과의 만남을 통해 많은 감동과 자극을 받았다. 여성들은 다양한 프로그램으로 구성된 필리핀 워크샵에서 많은 것을 배우기도 했지만, 어떤 참여자들은 그 낯선 환경과 빽빽한 일정을 무척 힘들어하기도 했다. 고작 열흘도 안 되는 일정이었지만 이들에게는 참으로 낯설고 힘든 도전의 시간이었다.

몇 가지 질문들 : 다양한 넘나듦으로

"이렇게 교육받은 경험을 바탕으로 다른 사람을 위해 교육해 주실 수 있나요?"

이 프로젝트를 거의 마쳐갈 즈음 전체 평가 때 참가자들은 몇 가지 특별한 질문과 직면해야 했다. 이 질문에 한 명이 '잘 모르겠다' 고 답했고, 한 명은 답을 하지 않았으며 나머지 다섯 명은 '그렇다' 고 답했다. 다른 사람을 위해 교육을 해주겠느냐는 것은 곧 이 문제에 관심을 갖고 있는 많은 사람들 앞에 나설 용기가 있느냐는 질문이기도 하다. 그것은 비단 자기가 이 교육 경험을 '말' 해 주는 것에 그치지 않을 수도 있다. 어쩌면 자기의 처지를 고스란히 드러내는 과정에서 자신이 겪어야 할 당황스러움, 괴리감들과 직면해야 할지도 모른다. 한데도 그들의 대부분은 과감하게 '그렇다' 고 대답했다.

'이 교육을 수료한 이후 아웃리치, 동료돕기 등의 필드워크 활동에 적극적으로 참여하시겠습니까?'

이 질문은 이 프로젝트의 목적과 목표와도 연결된다. 결론적으로 말하자면 네 명이 '그렇다' 고 답했고, 한 명은 응답하지 않았으며, 두 명은 '잘 모르겠다' 고 답했다. 그 두 명 중 한 명은 '그렇다' 에 답을 했다가 다시 지우고 '잘 모르겠다' 에 표시를 했는데, 그렇게 답한 이유로 '하고 싶지만 아직 용기가 안 난다', '교육을 더 지속적으로 받아야 한다' 고 했다.

누누이 밝히지만 우리는 애초에 '동료활동가 혹은 필드워커 몇 명을 양성하겠다' 는 식의 목표는 수립하지 않았다. 이 프로젝트를 통해 성판매 여성 혹은 성판매 경험이 있는 여성이 필드워커가 될 수 있는가에 그리 큰 의미를 두지 않았던 것이다. 위 질문의 의도는 이미 필드워커로서 자신의 정체성을 확립하고 활동하고 있는 해외의 여성들처럼 되겠느냐는 것이 아니다. 더욱 근본적인 의도는 그럴 마음의 동요 혹은 충동이 이번 계기에 있었는가, 그런 충분한 계기와 기회를 앞으로도 활용해 보고 싶은 마음이 있는가, 하는 점이다. 우리는 프로젝트 진행 초기 단계에서부터 이 점을 충분히 설명해 왔다. 우리의 목표치를 과도하게 설정하지 않으며, 참가자들이 느낄 수 있는 중압감과 부담감을 덜어내어 더욱 자유스럽게 프로젝트에 참가할 수 있기를 바랐다. 한데 정작 참가자들은 진행을 거듭할수록 그런 부담을 쉽사리 털어내지 못하고 오히려 진지하게 직면하며 스스로의 목표치를 더욱 높은 것으로 늘려 나가는 듯 했다.

그렇게 될 수 있기 위해서는 그 몫을 여성들에게만 오롯이 전가해서는 안 된다. 당사자들은 여러 가지 삶의 문제와 직면해야 한다. 지금까지 이어져 온 '익숙한 삶' 과의 단절 혹은 변화, 오늘을 살고 내일을 준비해야 하는 현실에서의 경제적 문제, 거듭 요구되는 스스로와 타인에 대해 열린 마음, 사회적 관계를 맺는 기술의 확대 등, 참으로 많은 문제들이 있다. 이 모든 문제들을 여성들이 홀로 감당하기는 힘들다.

더 많은 단계적 계기들이 제공되어 여기에 참여하는 여성들 스스로 삶(현재와 미래의)에 대한 긍정성을 확립할 수 있어야 한다. 또한 이들이 필드워크를 할 수 있는 현장에서의 조건이 차츰 열려가야 한다. 물론 여성들 스스로 필드워크를 하며 활동현장을 확보하는 것이 필요하기는 하지만, 미력하나마 현장에 기반을 두는 조직과의 끈이 더 많이 생겨야 한다.

더욱 근본적인 문제는 이런 토양을 마련할 수 있는 '합의' 일지도 모른다. 과연 무엇을 위해서 필드워크가 필요하며, 또한 왜 필드워커들이 요구되는 것인가,라는 질문은 어떤 이들에게는 생각보다 복잡한 문제가 될 수 있다. '고통 받는 여성들을 탈출시키기 위해서' 혹은 '극심한 피해를 겪는 여성들의 삶을 돕기 위해서' 라는 맹목적 답은 위험하기 그지없다.

다면성을 지니는 성매매현장에서 지원활동을 펼치는 인력이 오로지 그 같은 신념 하나로 버티어 내기란 여간 힘든 일이 아닐 수 없다. 여성들의 처지와 상황, 그 안에서 이루어지는 관계, 존재하는 관념들은 그만큼 다양하며 함부로 재단할 수 없는 문제이기 때문이다. 탈출을 결심한 여성, 탈출을 결심할 생각도 해볼 수 없는 처지의 여성, 탈출의 필요성을 느끼지 못하는 여성, 탈출이라는 말에 실소하는 여성 등 우리가 모르는 그 숱한 처지를 단순화시킬 수는 없는 일이다. 애석하게도, 감히 한 명의 이야기로 모든 성판매 여성들의 상황을 단정 내릴 용기가 나에게는 없다. 다만, 현장여성들이 더욱 다양한 통로를 발견하고, 더욱 다양한 삶의 형태를 고민할 수 있게 되기를 바랄 뿐이다. 필드워크란 바로 그런 통로와도 같은 거라고 생각한다. 그 통로를 통해 무언가를 제공하고 그들 스스로 활용할 수 있도록 하는 것이 성판매 여성들을 위한 필드워크가 갖는 큰 의미가 아닐까 싶다.

이 프로젝트에는 일곱 명의 해당 여성들이 참여했고, 전문 활동가와 신뢰할 만한 경력을 지닌 자원봉사자들, 각자의 활동분야에서 활동력을 인정받는 강사들, 그리고 해외의 수많은 워커들과 자원봉사자들, 클라이언트들이 참여했다. 국제적인 재단에서 예산을 지원했고, 자체적으로 그에 버금가는 추가예산을 비롯한 사적 인력이 아무런 경제적 대가도 없이 동원되었다. 실제로 실행되는 기간 '4개월'을 위해 준비와 평가 및 사후사업에만 꼬박 '8개월'의 전후 기간이 소요되었다. 사실, 전후 기간을 따진다면 막달레나의집이 용산의 성매매현장에 뿌리를 내리고 일해 온 이십여 년의 세월까지도 포함되어야 할 일이다. 물적·인적 자원을 비용으로 환산한다면 실로 막대한 예산이 여기에 투자된 셈이다. 굳이 이런 조건들을 열거하는 까닭은 그만큼 한 모형을 개발하고 확대시켜 나가는 일이 복잡다단하다는 것을 일러두고 싶기 때문이다.

당시 이 시도는 단지 하나의 모형에 지나지 않았다. 이 모형이 희망적 대안의 전형으로 활용되고 또한 확대·지속되기 위해서는 더 많은 도구들이 개발되어야 했다. 수량적 성과의 척도를 디밀어 더 다양한 시도 혹은 대안들이 제한받는 것을 경계해야 한다. 결과적으로 우리는 수량적 성과를 챙기는 대신 우여곡절 많았던 이 교육을 통해 여성들이 파트너로 함께 일하게 되는 것의 의미를 알고 그 가능성을 열어 두게 되었으며, 또한 다양한 넘나듦의 의미를 비로소 체험하는 더욱 값진 성과를 얻을 수 있었다.

자기로부터의 탈출

"결국에는 용기가 있어야 될까? 나, 니네처럼 살 수 있을까?" 참여자 중의 한 명인 박숙희 씨가 어느 날 새벽, 술에 취해 불콰해진 얼굴로 막달레나의집에 쳐들어와서는 뜬금없이 내게 던졌던 말이었다. 얘기를 들어보니, 그녀에게는 이 프로젝트에 결합할 수 있었던 것이 대단한 행운이었다고 한다. 한데 그녀는 난생 처음 겪어 보는 흥미로운 과정을 거쳐 오는 동안 이게 그리 간단한 문제가 아니라는 걸 느끼기 시작했던 것이다.

그녀가 모든 프로그램에 성실하게 참여했던 것은 매 순간마다 던져진 물음에 성실히 반문하는 과정이기도 했고, 꼬리에 꼬리를 물고 이어지는 더 큰 삶의 고민을 쉽사리 흘리지 않고 오롯이 감당하는 과정의 연속이기도 했다. 다른 참가자들이 프로젝트에서 받은 자극과 감동에서 서서히 벗어나 일상에 안주하고 있을 즈음, 박숙희 씨는 제게 주어진 고민을 그렇듯 더욱 키워가고 있었다. 그녀는 자기가 이 고민을 풀 수만 있다면 절에 들어가 삼천 배, 아니 만 배라도 하고 싶은 심정이라고 했다.

그 뒤 박숙희 씨는 이옥정 대표의 권유로 한 대학에 함께 강의를 하러 간 적이 있었다.

"그런데, 여성들은 왜 못 나오는 건가요?"

그때 한 청중으로부터 받았던 질문은 두고두고 그녀의 가슴을 후벼 팠다. 그 스스로도 수없이 되물었으며, 거푸 좌절을 겪게 했던 질문이었던 까닭이다.

"답을 할 수가 없었어. 사람들은 단지 빚이 있어서 못 나오는 줄 알지. 사실적으로 빚 때문에 못 나오는 건 아니겠지……. 대답하기 힘들었어."

제아무리 성매매를 전제로 한 채권, 채무는 무효라고 하지만 만일 여성들이 '탈출' 뒤 법적인 절차를 받아 '무효' 인정을 받아낸다고 해도, 거기에서 진정한 해방을 만끽할 수 있는 경우는 많지 않을 거라고 했다. 손해를 본 업주들은 여성을 찾아내 성매매 경험을 세상에 들춰낼 수도 있으며 어쩌면 그보다 더 직접적인 시달림을 가할 수도 있다. 그런 이유를 들어 제 의견을 말하던 박숙희 씨는 또 다른 시각의 이야기를 했다.

"방문을 열어 놓고 나가라고 해도 내 스스로 나갈 수가 없다는 거지. 보통 '문을 잠가 놓고 감금을 시켰다' 하지만 그게 전부는 아니거든. 여기가 창살 없는 감옥이잖아. 감옥이 가둬 놔서 감옥이 아니라 사회와 단절돼서 살았기 때문이야. 열이 나가면 아홉은 다시 돌아오니까. 돌아올 때는 또 빈손으로 돌아오는 거야. 사회에 나가지 못하는 건 두려움 때문인 게 더 많아. 정말 말 들어 보면 하고 싶어 하는 사람 한 명도 없어. 다 지겨워하고, 다 나가고 싶어 해. 하지만 나가서 있는 사람이 차라리 거기 감옥이 더 편하다고 하는 게 그 말이야. 적응이 안 되니까. 거기가 내가 갈 곳이다, 생각하고 저절로 돌아오게 돼 있다니까. 그게 가장 서글픈 현실이야."

그러면서 그는 한 가지 예를 들어 이야기했다. 설령 성매매현장에서 돈을 제법 모아 혼자 가게를 개업한다고 한들, 누군가를 통해 그 여성의 이력이 입방아에 올려진다면 누군들 고개를 떳떳이 들고 다닐 수 있겠느냐고 했다. 그러다가는 자신에게 익숙한 '그곳'을 떠올려 내고 '그쪽을 보고는 오줌도 누지 않겠다'고 다짐했던 곳으로 결국 다시 가는 게 아니겠냐며, 씁쓸히 웃었다.

"접근 방법이 조금 달랐으면 좋겠어. 입으로 외칠 게 아니고 이 집(막달레나의집)처럼 편안하게 출발하는 실질적인 도움, 이런 걸 연구해 달라는 거야. 우리로서는 외치면 외칠수록 더 고통이야. 겉으로 막 근절하니 어쩌니 그러지만 근절이 되냐고. 경찰이 와서 뭔가를 하지만 그때부터 우리는 지하실로 밖으로, 한 시간 동안 일 못하고 숨어 있다가 낮에 그 한 시간을 더 일해야 돼. 우리만 더 이중 삼중으로 고통 받잖아. 도움을 줄 거면 현실적인 것부터 해달라는 거지. 근절은 해야 되고, 당연히 필요하지만, 이왕 성매매에 대해 일을 한다면 남자들이나 업주 인식을 바꾼다든지, 그런 일상적인 일이 필요하지. 궐기만 하면 뭐하냐고. 쉼터라도 꼭 끝내고 와서 사는 게 아니고, 끝내기 전이라도 왔다갔다할 수 있는 이런 집이 있다든가……. 무조건 그만두고 와서 살아라, 하는 건 너무 단순한 거지."

그는 사회적으로 '성매매 근절'을 위한 활동에 공감과 회의를 동시에 표현하면서 자신이 당사자 여성으로서 느끼는 문제의식을 얘기했다. 물론 그의 의견이 곧 전체 여성들의 의견이 아닐 수도 있다. 그가 처해 있는 성매매공간에서의 처지나 상황이 모든 여성들의 경우와 동일하다고 단언할 수 없기 때문이다. 어쩌면 그나마 목소리 낼 수 있는 통로를 찾기 시작한 박숙희 씨는 여느 여성들의 처지에 비하면 더 나을지 모른다. 그럼에도 그의 이야기가 송곳처럼 느껴지는 까닭은 그가 강조하는 '편안한 출발', '일상적 실천', '현실적 방법'들이 쉽게 흘려버릴 수 없는 말들이었기 때문이다.

"어차피 들어 왔으니까 나가야 돼. 누가 불러내 주면, 도와주면 나올 수 있잖아. 적응을 하도록 도와 줘야지. 단지 빚 해결해 줄 테니까 나와라, 그러면 어떻게 해. 그게 끝이 아니야. 그래봤자 다시 돌아올 수밖에 없어. 그게 현실이야. 우리를 정말로 불쌍하게 생각하고 안타깝게 생각한다면 나올 수 있게 도와주는 거, 이왕이면 거기서나마 좀 편하게 있을 수 있게 도와주는 거, 편하게 있다 보면 스스로 탈출할 수가 있는 힘이 생기는 거지. 나로부터 탈출하는 거 말야."

박숙희 씨의 이야기는 곧 '시간을 달라'는 것이었다. 이 프로젝트 과정에서 자기와 동료들이 자극을 받고, 한 번도 생각하지 않았던 과제에 부딪혔듯이 약간의 빌미와 시간을 달라고 했다. 이면에 '상상이 안 가는 무거운 주제'를 감추고 있었으면서도 처음에는 그저 맛난 김치찌개 끓여 놨으니 어서 와 밥 먹으라고 자기네를 꼬셨듯 그렇게 천천히, 편안하게 시작하면 좋지 않겠냐고 했다. 그 덕분에 자기는 '사기'를 잘 당해 이렇게 조금씩 변하려고 노력하지 않느냐며 기분 좋게 웃었다.

그는 이 교육을 통해서 제 가슴에 새삼스럽게 각인된 '동료'라는 이름을 스스럼없이 불러보고, 그들이 한결같이 함께 나아가기를 바라는 마음은 분명, 전과 달라진 점이라고 했다. 제 한 몸 의지하고 있는 용산 성매매지역이 전과 달리 새삼스러워 보이고, 흐느적흐느적 하루를 살아가고 있는 그 숱한 '동료'들이 전과 다르게 느껴진다는 건 그에게 새로운 삶의 충격이자 기쁨이었다. 그것을 본인 스스로는 '변화'라고 했고, 더러 주춤거리거나 더디더라도 그 변화가 계속 이어지기를 바란다고 말했다.

혼자 떠나는 여행

2002년 이후에 추진된 동료교육 프로젝트에는 초기의 시도 외에도 다양한 교육과 방법들이 활용되었는데, 때때로 리더십 트레이닝을 거친 교육참여자들은 타기관의 동료교육을 지원하거나, 성매매현장에서의 연구작업에 참여하는 등 그 활동 영역이 매우 넓어졌다.

김현미 씨는 누구보다도 강한 의욕을 드러내며 가장 마지막까지 전 과정에 참여했고 결국에는 참가자 중에서 유일하게 막달레나의집 정식 스탭이 된 사람이기도 하다. 현미 씨는 2002년 교육 외에도 이후 꾸준히 후속 교육에 참여했는데, 전체 과정을 마친 뒤 참 많이 변했다. 무엇보다 가장 큰 변화는 요리라면 질색을 하던 사람이 자기가 해낸 음식으로 사람들이 행복해 하는 모습에서 기쁨을 느낀다든가, 유난히 상처투성이인 손으로 쓰레기 더미들을 들추고 다니며 골동품이나 헌옷가지, 심지어는 피자쿠폰에 이르기까지 쓸 만한 것을 찾아내 그 물건이 꼭 필요했던 사람들에게 준다든가, 했다. 그러고는 우유곽이든 뭐든 간에 하여간에 뭔가를 담아낼 수 있는 것들을 찾아내면 그 그릇의 쓰임새에 아랑곳 없이 파란 생명들을 심기 시작했다. 처음에는 그저 "신기하지 않니?"라며 제 스스로도 어쩌다 재미삼아 하는 일처럼 느꼈지만, 그것이 점점 일과 중에서 가장 중요한 일이 되어 버렸다. 외출 중이나, 여행 중에 보도 듣도 못한 새로운 식물을 만나면 주인의 양해를 구해, 곱게 몇 뿌리 혹은 몇 줄기를 얻어와 자기가 일하는 보듬네 쉼터에 심었다. 얻어온 것이 뿌리를 내리고 줄기를 쳐대면, 또 다른 그릇에 나누어 옮겨 심거나 나 같은 사람이 관심을 보이면 냅다 줄기를 뚝 끊어 정성

스레 포장을 해 분양을 해줬다.

현미 씨는 동료교육 전체과정을 마친 뒤 막달레나의집에서 인턴십을 거쳐 보듬네*에 정식 직원으로 발령을 받았다. 물론 그 과정에서 현미 씨가 순탄대로를 걸었던 것만은 아니다. 이제 독립을 하겠다며 쉼터에서 나갔다가 외로움을 견디지 못해 다시 옛친구에게 부탁해 성매매업소에서 일을 하기도 했고, 술에 빠져 지내기도 했다. 당시, 누구보다도 현미 씨를 가까이에서 도와주던 이옥정 대표는 수소문 끝에 그녀가 일하는 업소를 알아내고는 몇 번이고 택시를 타고 가 몰래 현미 씨가 일하는 모습을 지켜보다 눈물을 지으며 돌아오곤 했다. 그렇게 돌아오던 날이면 막달레나의집 다락방으로 올라가 한참 동안이나 그녀를 위해 기도했다. 그때 나는 이옥정 대표와 현미 씨의 관계를 지켜보며 자신을 이해해 주는 사람이 있다는 것, 자신을 기다려 주는 사람이 단 한 명이라도 있다는 것은, 여성들이 자신의 힘을 기르는 데 무엇보다도 소중한 거름이 된다는 것을 어렴풋이 느낄 수 있었다. 설령 이 쉼터에서 나가 중도에 다시 성매매를 하게 되는 불행한 일이 되풀이된다고 하더라도 당사자의 마음속에서 자신을 위해 기도해 주던 단 한 사람을 떠올릴 수 있다면, 그 여성에게는 다시 붙잡을 수 있는 희망 한 가닥이 존재하는 것이다.

현미 씨는 동료교육이 진행되는 과정에 누구보다도 열심히 참여했지만, 자신이 다시 성매매업소에서 일한다는 사실은 누구에게도 말

---

* '보듬네'는 장애가 있거나 의탁할 곳 없는 노령의 성매매 경험 여성들을 위해 막달레나의집이 2001년에 지은 쉼터로 '시골집'이라고도 불린다.

하지 않았다. 나나 다른 스탭들은 이미 현미 씨가 그 일을 다시 시작했다는 것을 알고 있었지만 단 한 번도 그에 대해 묻지 않았다. 그러던 어느 날 그녀는 다시 짐을 꾸려 막달레나의집으로 돌아왔고, 단지 너무 외로웠노라는 말만 했다. 하지만 막달레나의집으로 와서도 그녀는 잘 지내는가 싶다가도 누군가와 머리끄댕이를 잡고 싸웠고, 또 다시 잘 지내는가 싶으면 바람이 들어 아무 데고 돌아다니다 오밤중에나 나타나곤 했다. 어떤 때 보면, 그렇게 오랫동안 교육에 참여한 사람이 맞나 싶을 정도로 현미 씨의 상태는 들쭉날쭉이었다. 간혹 자기 스스로도 "내가 미쳤나 봐"라면서 자신의 돌출적인 행동에 고개를 절레절레 흔들곤 했다. 쉼터의 누군가가 가족을 찾거나 가족들과 정을 나누는 것을 보고는, 자신도 가족을 한번 찾아 보겠다며 가방을 꾸려 고향으로 떠났던 적도 있다. 그때는 모질게 작정하고 자기도 이 기회에 혼자서 떠나는 여행을 해보겠다고 선언하듯 결심하고 출발하더니 달랑 하루 만에 돌아와서는 "도저히 혼자서는 못 다니겠어. 혼자 밥 먹고, 혼자 버스 타고, 혼자 찾아 댕기고. 어휴 다시는 혼자 안 갈 거야"라면서 후회했다.

외로움이 제일 무섭다고 입버릇처럼 말하던 현미 씨는 외로움을 감당하는 법으로 개발한 것인지는 몰라도, 어디에서든지 친구 하나는 정말 잘 사귄다. 함께 공공근로를 하던 사람, 버스 옆자리에 앉았던 사람, 심지어는 길을 가다 부딪친 사람과도 친구 삼아 연락을 하고 지낸다. 막달레나의집에서 살다 나간 가족들 중에서도 실무자들에게는 연락을 하지 않더라도 현미 씨에게는 꾸준히 연락을 하는 옛식구들이 많이 있었다.

하여간에 몇 년 동안이나 이어진 동료교육 프로젝트를 마칠 즈음 현미 씨는 완전히 술을 끊었고, 오랜 약물중독의 후유증으로 앓던 몸도 충분히 회복되어 안정적으로 보였다. 그녀는 막달레나의집에서 사는 시간이 길면 길어질수록, 이런저런 교육경험이 많아질수록 무엇보다도 지극정성으로 자기 몸을 가꾸고 공을 들였으며, 어느 날부터인가 이제야 자기 스타일을 찾았다면서 옷 하나를 입더라도 꼭 그 스타일을 고집하여 입었다. 현미 씨가 멋들어지게 차려입고 나설라치면 처음에 봤던 그 초라한 모습은 온데간데 없었다. 그녀는 그런 과정을 거쳐 보듬네로 발령받아 일을 시작하게 된 것이다.

보듬네로 발령받은 현미 씨는 본격적으로 요리를 하고, 재활용품을 끌어 모아 새것으로 만들고, 온갖 식물들을 키워냈으며 장애가 있거나 늙어 기력 없는 노년의 보듬네 식구들을 보살폈다. 그렇다고 보듬네 생활 역시 내내 순탄했던 것은 아니다. 현미 씨는 보듬네에서 생활하며 일하는 것이 신나고 재미있다고 했지만, 정작 보듬네에서 생활하는 다른 식구들은 어느 때부터인가 현미 씨의 눈치를 보기 시작했다. 자신이 없으면 문밖으로조차 혼자 나갈 수 없고, 자신이 없으면 땅에 묻어둔 김치를 내다 먹을 수도, 혼자서 상을 펼 수도 없는 식구들 속에서 그녀는 전처럼 아무 때고 휙 나돌아 다니는 무책임한 행동에 상당한 자제력을 보이며 열심히 소임을 다했다. 그러나 현미 씨는 점점 자신을 감당하기 힘들어 했다. 어느 때부터인가 '완장의 힘' 과도 같은 권력을 휘두르면서 다른 식구들에게 스트레스를 푸는가 싶더니, 보듬네로 발령받은 지 2년 가까이 되어갈 즈음 어느 날에는, 훌쩍 예고도 없이 그곳을 떠나 버렸다.

얼마 뒤 연락을 해보면 이제 막 잠에서 깬 듯한 목소리로 저 아랫

녘의 어느 식당에 취직을 했다고 말한다든가, 또 얼마 있다가는 음료수 파는 일을 한다는 소식이 전해지기도 했다. 우리는 갑작스러운 그녀의 떠남이 당혹스러웠고, 유독 외로움을 감당 못하는 그녀이기에 더욱 안쓰러웠다. 또한 남겨진 보듬네의 다른 식구들 때문에 마음이 편치 않았으며, 또다시 우회의 과정과 만나 순탄치 않은 여행을 시작한 그녀의 삶에 연민이 느껴지기도 했다.

필드워크하던 여성들, 그 후

"동료활동가들이 몇 명 배출되었나요?"

막달레나의집이 한국에서 성매매 분야의 동료교육을 처음으로 시도했던 경험을 여러 형태로 공개한 뒤 사람들은 자주 이런 질문을 던진다. 그 잣대를 들이민다면 우리의 동료교육은 한마디로, 실패다. 이 글을 쓰는 지금까지 교육참여자 중에서 '동료활동가' 혹은 '필드워커'라는 직함으로 막달레나의집에 소속된 사람은 단 한 명도 없기 때문이다. 다만 김현미 씨의 경우처럼 몇몇이 교육을 수료한 뒤 인턴십을 거쳐 직원으로 채용되어 정식 발령을 받았던 사례들이 있기는 했지만 그들에게 일반적인 동료교육의 기획의도처럼 '동료활동가'라는 지위를 부여하지는 않았다. 이런 질문을 받을 때마다 나는 참으로 신중해진다. 우리가 지향했던 것은 '몇 명의 활동가 배출', '몇 명의 탈성매매'가 아니다. 다만 우리가 소중히 여겼던 가치는 성매매 경험이 있는 당사자 여성들이 자신들의 목소리를 내고, 자신들로부터 시작되는 대안의 실천을 자기 삶에서 시작하는 것, 그 과정에서 우리가 함께 파트너가 될 수 있는 가능성을 여는 것이었다. 그런 기준으로 본다면 그 막대한 열정과 자원이 투자되었던, 우리가 추진했던 일련의 교육들은 과연 의미가 있었던 것일까?

2002년 첫 교육참여자인 일곱 명의 여성들은 모두 현재까지 고군분투하는 삶을 산다. 현미 씨는 자신이 그토록 두려워했던 '혼자의 삶'을 다시 살아가고 있으며, 20대 초반의 젊은 참여자들은 검정고시에 합격하는 등 열심히 공부에 열을 올리다가도 어느 날 홀연히 나가 사고를 치고 돌아와 여기저기 쉼터를 전전했다. 그들은 게임중독자가 되어 며칠이고 컴퓨터 앞에만 앉아 있기도 했고, 누군가로부터 도용한 명의로 핸드폰을 장만해 수백만 원의 빚을 떠넘겼는가 하면, 이른바 '탕치기' 로밖에는 이해할 수 없을 정도로 업소에서 빚만 챙겨 도망을 와 또다시 우리에게 도움을 요청하기도 했다. 40, 50대의 중년 참여자들은 교육 이후에도 여전히 성매매현장에 남아 고단한 삶을 이어갔으며, 이들은 2004년 성매매방지법이 제정 · 시행된 이후에 단속이 강화되고 생계가 막막해지자 누구보다도 앞장서 자신들의 생존권을 앗아간 정부와 여성단체를 규탄하는 시위에 참여하곤 했다. 그 당시 한 교육참여자는 성매매현장에서 자신과 막달레나의집이 인연이 있다는 것이 알려져 난처해질까 봐 부러 그 관계를 부정하든가 아예 지하실 방에 스스로를 가두고 운신을 하지 않는 안타까운 일이 빚어지기도 했다.*

중년의 참여자들 중 단짝으로 함께 교육과정에 참여하던 김자영 씨와 박숙희 씨는 성매매방지법이 시행되기 시작한 이후 손님으로 만나 사귀던 남자와 살림을 차렸다. 그리고 얼마 뒤 정부가 제공하기 시작한 지원을 누구보다도 적극적으로 활용하며 막달레나의집 현장지원센터에 바쁘게 드나들더니, 성매매가 아닌 다른 삶의 자원을 갖기 위해 노력했다.

2002년 교육 이후로 일곱 명의 참여자들이 살아가는 모습을 지켜보며, 때로는 그들의 삶에 개입하며 우리가 지향했던 의도의 얼만큼을 이룬 걸까, 하는 상념에 젖곤 했다. 한동안은 김현미 씨를 비롯한 몇몇의 참여자들이 우리와 결합하여 강연이나 인턴십 과정에 적극적인 활동력을 보일 때 우리의 교육이 매우 성공적이라고 판단했다. 또, 한동안은 쉼터를 전전하고, 여전히 성매매현장에서 손님을 끄는 참여자들의 모습에서 그 교육에 담은 우리의 지향이 얼마나 실현되고 있던가, 하는 불편한 반문을 거듭하곤 했다.

김자영 씨는 성매매방지법 시행의 여파 속에서 그토록 오랜 시간 동안 용산이라는 삶의 공간을 서성이고 있는 자신의 모습을 그 어느 때보다도 희망적으로 직면했다. 그리고 드디어 결심을 내렸다. 그 결심의 배경에는 물론 거진 이십 년 동안이나 막달레나의집과 인연을 맺어오며 별의별 교육에 다 참여하면서 고군분투했던 과정이 녹아 있었으며, 뒤늦게 만난 사랑하는 사람과의 알콩달콩한 나눔이 있었으며, 또한 성매매방지법 시행이라는 제도적 계기가 있었다. 우리는 막달레나의집을

* 용산 성매매집결지 여성들은 그저 작은 쉼터인 막달레나의집 역시 여성단체라고 생각했다. 실제로 막달레나의집은 여성단체는 아니었지만 쉼터의 역할뿐만 아니라 성판매 여성들의 더 나은 삶을 지원하기 위한 다양한 활동을 해왔던 터였다. 따라서 여성들은 막달레나의집을 쉼터라기보다는 여성단체로 이해했다. 따라서 오랜 세월 이웃으로 살며 자신들 편에 서서 일하는 곳이라고 생각했던 막달레나의집이 성매매방지법 제정에 참여하여 자신들의 생존권을 위협했다고 오해하는 경우들이 종종 있었다. 하지만 용산지역에서는 여느 성매매집결지에서처럼 막달레나의집이 '공격'을 받는 일은 없었다. 오히려 어느 정도 시간이 지나자 여성과 업주들이 막달레나의집에 먼저 대화를 청해 정부와 자신들을 잇는 다리가 되어 도움을 달라고 요청하였다.

찾는 누구에게도 '그 일'을 그만두라고 강요하지 않는다. 그 일을 그만두는 것만이 바람직한 것이라고 판단한 적도 없다. 중요한 것은 그들 스스로의 결정이며, 그들 스스로의 성찰이기 때문이다. 김자영 씨의 결정에 녹아 있는 그 숱한 삶의 계기들을 잘 알고 있던 우리들은 장난삼아 김자영 씨의 결정에 눈을 흘기며 "결국 남자 때문이구만!"이라며 짓궂은 농담을 건네기도 했다.

김자영 씨는 살림을 차린 뒤 비가 오거나 눈 오는 날만 빼고는 무조건 밖에 나가 일하라며 남자에게 가방을 챙겨 내보냈고, 자신은 막달레나의집 지원으로 운전면허증도 따고, 간병인자격증도 땄다. 성매매방지법 제정 당시에는 정부와 막달레나의집을 비롯한 여성단체가 자기 같은 여성들이 더 이상 성매매를 못하게 법을 그 지경으로 만들었다며 앞장서서 시위를 하던 김자영 씨였다. 하지만 정작 막달레나의집이 현직 여성들을 지원하는 일을 현장에서 시작하자 누구보다도 적극적인 '활동가'가 되어 동료여성들이 더 많은 지원을 받을 수 있도록 우리의 끈이 되어 주었다. 그녀는 여러 교육을 수료하고도 마땅한 일자리를 찾지 못하자 정부의 공공근로에 참여하며 화단정리도 하고, 거리 청소도 했는데 우리는 노동일을 해본 적 없는 김자영 씨가 얼마나 버틸까 싶었다. 하지만 그녀는 악착같았다. 그 찬바람이 쌩쌩 부는 날 거리를 돌아다니며 일을 하다가도 점심밥값을 아낀다며 거리급식소에서 노숙자들과 함께 줄을 서곤 했다. 김자영 씨의 삶을 아는 사람들이라면 그녀가 노숙자들 곁에서도 당당히 어깨를 펴고 줄을 서서 조금이라도 점심을 싸게 먹을 궁리를 하고, 공공근로를 하며 내일의 삶을 계획하기까지 얼마나 많은 시간과 인연과 에너지와 자원이 그 배경을 이루고 있는지 잘 안다. 그렇기에 김자영 씨의 변화가 더더욱 소중하게 느껴지는 것이다.

우리는 어느 해 겨울, 김자영 씨의 결혼식을 치러 주었다. '화류계 친구는 범친구'*라는 말이 무색할 정도로 김자영씨의 결혼식은 성매매 현장의 많은 동료들, 막달레나의집과 인연을 맺었던 사람들이 모두 참여한 '공개형 결혼식'이었다. 이런 경우는 그리 흔하지 않았다. 성매매를 했던 여성이 결혼을 한다 하면 그 과거가 알려질까 봐 신중하고 구체적인 시나리오를 짜야만 하는 경우가 허다하다. 하지만 김자영 씨의 결혼식은 달랐다. 하객으로 참여한 여성들은 주인공 신부가 살아낸 삶의 연혁을 모르지 않았다. 지난 날 죽을 결심으로 목에 칼을 긋고, 한강다리 위를 서성이거나, 술에 취해 약에 취해 "너희들은 씨부릴지 몰라도 우리는 오늘밤도 여기 있어야 하잖아!"라며 히빠리 골목 한 귀퉁이에서 악머구리를 해대던 김자영 씨. 결혼식을 지켜보는 동료여성들은 그 새로운 삶의 의식 앞에서 저마다 가슴에서 흐르는 눈물을 꾹꾹 찍어냈으며, 그들이 보내는 박수에는 축하와 부러움이 교차했다.

김자영 씨와 단짝이었던 박숙희 씨도 김자영 씨와 마찬가지로 성매매방지법이 제정된 이후에 한 남자를 만나 살림을 차렸다. 역시나 그 커플에게도 '영업이 안 되니까 저러려니…….' 하는 비슷한 의혹의 눈초리를 보냈다. 또한 얼마나 갈까 싶었는데, 함께 사는 남자는 어느 날 이옥정 대표의 부탁으로 몇 번쯤 막달레나의집 일을 거들어주는가 싶

---

* 왜 이런 말이 나왔는가는 잘 모르겠지만 성매매를 경험했던 여성들은 이러한 표현을 자주 썼다. 그 말의 의미를 물을라치면 '당장은 서로 이해하고, 똑같은 불쌍한 처지로 일하지만 결국에는 서로 배신하고 등을 돌릴 수밖에 없는 게 바로 화류계 여자들'이라는 한숨 섞인 설명이 이어질 뿐이다.

더니 어느 날엔가는 아예 '자연봉사자[*] 이아무개'로 불렸다. 그 남자는 박숙희 씨가 아직 성매매를 하고 있다는 걸 모르지 않았고, 막달레나의 집이 무슨 일을 하는지도 다 알았다. 그러더니 해가 두 번 바뀐 어느 날엔가는 둘이 함께 막달레나의집을 드나들며 천주교 신자가 되기 위한 교리학습을 시작했다.

여성들이 자신의 계획을 갖게 되었다는 것은 자기 삶에 애착이 생기기 시작했다는 것이다. 또한 인생을 성찰하기 시작했다는 것이며, 곧 자신의 인생 비전을 고민하는데 한 걸음 더 다가간 것이다. 이것은 누가 애써 일깨워 주지 않아도 하루하루의 생활을 보태 나가는 동안 여성들 스스로 알아가게 되는 과정이며, 여성 내부에서 이미 자신이 앞으로 살아갈 수 있는 '힘'(resilience)을 그만큼 배양시키기고 있다는 의미이기도 하다.[**] 그리고 우리가 지향했던 동료교육 의미의 키워드는 바로 그것이 아닐까 싶다. 비록 현재 굴절된 성매매구조 안에서의 삶을 자신의 의사로 선택했다고 하더라도, 또 여전히 비독립적인 생활을 이어간다 하더라도, 자기 스스로의 힘으로 살아갈 수 있는, 어떠한 위기의 상황에서도 어떠한 형태로든 버틸 힘을 찾아낸다는 것이야말로 이 교육의 성과인 것이다.

---

* 막달레나의집에서는 비록 장남삼아 시작된 말이기는 하지만 '자원봉사자'라는 말보다 '자연봉사자'라는 말이 더 익숙하다. 인연을 맺어 교류를 하다보면 '내가 봉사를 한다'라는 개념 없이 지극히 '자연스럽게' '참여'를 하게 되는 것이 바로 막달레나의집 자원봉사이기 때문이다.

** 여기서 말하는 '힘'은 '탄력성'(resilience)의 개념에서 차용한 것이다. 일반적으로 탄력성이란 '부정적인 생활사건들, 외상, 스트레스, 위험의 다양한 형태들에 대한 개인의 예기치 못했거나 두드러진 성공적 적응, 위험에 대응하는 개인 차원에서의 변화'를 말한다(로버타 그린, 『사회복지와 탄력성』).

힘이란, 한 개인의 생애 과정을 거쳐 자기 스스로 지니고 있는 강점과 바깥으로부터의 외적 지원 사이의 복합적인 관계를 산출하는 상호작용의 결과이다. '힘 기르기'는 단지 개인의 문제에 그치는 것이 아니다. 힘이 일상에서의 도구가 되고 더욱 의미 있고 체계적인 삶의 방편이 되기 위한 것이다. 하여 힘이란, 사람들에게 주도성과 끈질김, 사랑과 도덕적 용기, 그리고 희망을 가르치는 경험과, 그 관계망에 대한 외적이고 가시적인 징표인 것이다. 다만, 우리는 그 징표들을 지금껏 단편적이고 물리적인 개념 안에서만 찾아왔던 건지도 모르겠다.

'생존가' 혹은 '피해여성'의 정체성을 넘어서며

언젠가 성매매 근절을 위해 일하는 한 여성단체가 국제심포지엄을 개최했을 때 외국의 동료활동가와 함께 하는 '생존가에서 활동가로'라는 섹션을 진행해 달라는 제안을 받은 적이 있다. 당시는 현미 씨가 떠나기 전이었는데, 나는 그 모임에 현미 씨가 참석해 주기를 제안했고, 워낙 외부활동을 좋아하는 그녀는 흔쾌히 좋다고 했다. 하지만 나는 그 섹션의 진행제안이 당혹스럽기 그지없었는데, 그 섹션타이틀 자체가 암시하듯 진행자로서 그 게스트로부터 생존가에서 어떻게 활동가가 되었는지에 대한 이야기를 유도해야 할 것이기 때문이었다. 함께 진행을 맡은 동료와 의논 끝에 우리는 다른 진행방향을 찾았다.

많은 사람들이 게스트의 이야기를 듣기 위해 그 섹션을 택해 모여들었다. 하지만 우리는 그녀에게 이야기를 청하는 대신 참여자 전체에게 '생존가'와 '활동가'라는 낱말 혹은 호칭의 간극 사이에 존재하는 의미에 대해 곤혹스러울 정도로 많은 질문을 던지며 우리의 생각을 돌아보길 권했다. 참여자 대부분은 성매매를 경험한 여성들을 '그들' 즉, '생존가' 로, '그들' 을 지원하는 '우리들' 을 '활동가' 로 이해했다. 성매매를 경험한 '그들' 이 일련의 훈련과정을 거쳐 '활동가' 로 이어질 수 있다고도 했다. 그러한 인식에는 다소 이분법적인 사고의 틀이 존재했으며, 그에 대한 더 깊은 사유를 제안할 때 사람들은 매우 곤혹스러워했다. 하지만 많은 이야기들이 오가는 동안 그 두 존재 간의 간극이 점점 좁혀지는 것을 느낄 수 있었다. '생존가' 혹은 '동료활동가' 라는 지위 안에 부여되었던 존재감—우리 안의 편견 그리고 새로운 인식들—을 새롭게 느끼는 계기가 되기도 했다.

막달레나의집에서부터 동료활동가 양성 프로젝트가 시작되어 여러 기관으로 전파되어 가는 지난 수년간 자칫 피해 사실을 증언하는 '증언자' 로서의 역할 혹은 지극히 보조적인 역할만을 부여하는 여타 기관들의 동료활동 방향에 우려가 생기기 시작했다. 그러한 과정을 통해 우리는 어느 순간 우리 내부로부터 이런 질문과 맞닥뜨려야 했다. '동료활동가' 들에게 '성매매 피해여성' 으로서의 지위만을 요구하는 것은 아닌가, '피해' 를 넘어 '당당한 삶의 주체' 로서 성매매 경험 여성들의 지위를 새로이 찾아야 한다고 주장하면서도 그 동료활동가라는 개념 안에 이미 '피해자(혹은 피해에서 생존한 자)' 로서의 존재감만을 부여하고 있는 것은 아닌가.

포마 월쉬(Forma Walsh)의 말처럼, "외상과 비극이 일어났다고 해서 이를 반복할 필요는 없"다. "누구든 희생이 될 수도 있지만 희생자로서 정체성을 갖지 않을 수 있다. 피해를 입는 것은 능력을 벗어난 것이지만 인생을 피해의 덫에 걸린 것으로 바라보지 않는 것은 누구든 할 수 있는 일"이며 여성의 미래는 여성 스스로 "자신의 삶을 이해하고 모든 살아 있는 것에 대한 책임을 수행할 때 희망이 있는 것"이다(로버타 그린, 『사회복지와 탄력성』). 막달레나의집에서 했던 시도를 모델 삼아, 동료교육이 더욱 더 많은 기관들의 주요사업으로 자리를 잡아갈수록 우리는, 이러한 피해와 생존의 간극 사이에서 이렇듯 수많은 반문을 이어 나가고 있었다.

결국 외국에서 온 그 게스트는 자신이 어떻게 생존가에서 활동가가 되었는지 이야기할 기회를 얻지 못했다. 그러기는 현미 씨도 마찬가지였다. 하지만 그 둘은 자신들의 '의견'을 자유롭게 모임 안에 내놓았으며, 또한 교류했다.

모임이 끝날 때 그 게스트는 꼭 하고 싶은 이야기가 있다며 통역을 부탁해 이렇게 말했다.

"나를 한 사람으로 존중해 주어서 고마워요. 이 모임에서 내가 여러분들과 함께 정말 평등해진 것 같아요. 이런 경험은 처음이에요."

그녀는 울고 있었다. 그러자 현미 씨는 조용히 자리에서 일어나 그녀 앞으로 걸어가더니 한국말로 조용히 이런 얘기를 건넸다.

"에구에구, 그 맘 알 것 같아요."

그러고는 한참동안 그녀를 끌어안아 주었다.

성매매에서 벗어난 혹은 현재 성매매구조 속에서 살아가는 여성들을 지원함에 있어서 우리는 '그녀들의 성장을 위해'라는 지원의 당위성을 찾는다. 그 '성장'이란 더 나은 삶을 위한, 어쨌거나 지금보다 나은 삶을 위한 성장이다. 하지만 여성들의 성장이 언제나 일정한 속도로 이뤄지는 것은 결코 아니다. 누구나 '발전'을 향해 나가는데 나선형의 과정을 겪듯이 여성들 역시 그러한 굴곡을 거치며 좌절과 다시 일어섬을 무수히 되풀이 할 것이다.

또한 그 성장의 척도를 무엇으로 판단할 것인가에 대한 의문을 품어본다. 누군가는 보이는 삶의 형태적 발전을, 누군가는 성찰과 사유의식의 발전을 그 척도로 이야기할 것이다. 하지만 그것 역시 우리의 판단이다. 더욱이, 그러한 성장의 기대를 여성들에게만 일방적으로 요구하는 것은 참으로 이기적인 관점이 아닐 수 없다. 그 대상이 살아가는 삶의 고단함과 그 과정 전반을 깊이 이해할 수 있는 가슴과 눈을 갖기 전까지 누군가의 성장을 논한다는 것은 매우 조심스럽고 진지해야 할 일이기 때문이다.

'생존여성'을 '동료활동가'로 '성장'시키는 것 역시도 마찬가지이다. 여성들의 피해 경험을 이끌어 내어 그와 비슷한 경험을 한 여성들의 삶을 추동해 내거나 자신이 겪은 피해 사실을 증언하는 것이 아니라, 서로가 서로 간의 '능력'을 추동하고 '강점'을 개발하도록 자극하면서 소중한 자원이 되게 해야 한다. 그래서 성매매 피해 경험의 유무에 상관없이 '파트너'로 공존할 수 있다면 좋은 일이다. 더 나아가, 앞서 언급했던 바와 같이 여성들이 어디에서건 자기 삶을 스스로 키워낼 수 있으면 그뿐이다. 2002년 첫 교육 이래로 지금까지 막달레나의집이 주관했던 교육에 참여했던 수많은 여성들이 그토록 치열하게, 무수한 우회의 과정을 거치면서도 오늘도 제 삶의 현장을 헤쳐 나가고 있듯이 말이다.

* * *

어느 날 베란다를 보니 현미 씨가 분양해 준 양푼에 심은 식물이 훌쩍 자라 줄기를 길게 내려뜨리고 있었다. 그 식물 줄기를 몇 가닥 뚝뚝 잘라내어 여기저기 남는 그릇에 심어 주었다. '저래서 제대로 자랄까' 싶었지만 현미 씨가 하듯 나도 그렇게 해보았다. 잊고 있다가 어느 날 보니 그것이 뿌리를 제법 탄탄히 내린 모양이다. 생명가꾸기에 도통 재주가 없는 나는 분양만 했지 물은 한 번도 준 기억이 없다. 내 남편이나, 손주 귀여움 보러 문턱이 닳도록 우리집을 드나드시는 친정어머니가 종종 물을 주고 햇빛 잘 보라고 이리저리 그릇을 돌려 놔 준 게 전부이리라. 그마저도 뭐든지 헤집어 놓기 좋아하는 내 아들이 몇 번이고 뿌리를 들었다 놨는데도 저리 탄탄히 무리 없이 제 자리를 잡다니 그저 고마울 따름이다.

일곱 명의 여성들이 살아내고 있는 그 삶을 생각하며 동료교육 이후에 우리가 관계되었던 그 숱한 추억의 장면을 떠올려 본다. 그 중 유독 현미 씨가 그토록 자주, 선명히 떠오르는 것은 무슨 연유인지. 들리는 얘기로 현미 씨는 여전히 저 아래 지방 어느 마을에서 무슨 일인가를 하는 모양이다. 이옥정 대표가 대신 관리해 주던 곗돈도 이제 다 까먹고 얼마 남지 않았으리라. 여전히 외로워, 외로워 노래를 부르고 있을 지도 모르겠는데, 어쩌면 다시 술을 입에 대었으려나. 그래도 현미 씨가 변함없이 행하는 것이 있다면, 날마다 재활용품을 주워 나르고, 어디 굴러다니는 그릇들 없나 눈을 반짝이며 새로운 생명들을 심어 나르는 것이리라. 그리곤 일상의 곳곳에서 만난 아무하고나 친구했다 또

헤어지고 거푸 그런 인연을 쌓아낼 것이다. 그러다 어느 날엔가는 홀연히 나타나 나가보니 외로웠노라고, 또 그렇게 말할지도 모르겠다. 이옥정 대표는 현미 씨에 대해 '완전 포기'를 선언했으면서도 여전히 그녀를 위해 기도를 하고 촛불을 켜두실 터이니.

.7. 혹시 자활하셨나요?

최정은

글을 시작하며

나는 사회복지사업이란 그저 착한 사람들이 하는 일 정도로만 인식하고 있던 차에 친할머니께서 평생 동안 일구셨던 여성복지시설에 취직하게 되었다. 그곳에서 나는 지나온 삶에서 경험하지 못했었던 사회의 관심 밖에 있는 여성들의 다양한 삶의 이면들을 보고, 느끼고, 공감하게 되면서 비로소 여성의 삶과 인생에 대한 고민을 시작하게 되었다.

나 자신이 가업으로 물려받은 '사회복지사업'의 수혜자이면서도, 내 마음속엔 때로 '사회복지사업'에 대한 강한 거부감마저 일곤 했었다. 그것은 변화가 쉽지 않은 경직되고 정체된 분위기 속에서 나도 '선한 일'을 한다고 자만하며 그렇게 닮아가면 어쩌나 하는 노파심 때문이기도 했고, 내가 늘 만나는 여성들을 '치료와 보호의 대상자'라는 하나의 안경으로만 해석하려는 그 단순함과 어리석음이 싫었기 때문이기도 했다.

다양한 시도와 좌절 속에서 경험한 시행착오는 곧 나의 재산이다. 이 글에서 나는 그간의 시행착오들과 그것을 통해 얻게 된 것들에 대해 말함으로써, 왜 이들에게 '피해여성' 으로서 시혜의 대상이 아닌 자신의 삶을 주도해 나가는 '삶의 주체' 로서 바라보는 것이 요구되는지 말하려 한다.

회색 콘크리트, 철제 책상, 몇 권의 장부, 286 컴퓨터 2대, 임시보호소 같은 무지 큰 방, 같은 색깔과 무늬의 담요들……. 1997년 3월 2일, 내가 은성원*에 처음으로 출근하던 때의 모습들이다. 어디서부터 어떻게 시작해야 할지 참으로 막막했던 기억이 새롭다.

내가 처음 이 일을 하게 된 것은, 어떤 대단한 사명감이나 책임감 때문은 아니었다. 한국전쟁 이후 우리나라의 복지사업이 대부분 몇몇 뜻있는 자선사업가에게서 시작된 것처럼, 그렇게 할머니께서 시작한 여성복지사업에 나는 그야말로 '무임승차' 했던 것이다. 할머니는 이화여고를 졸업한 이후 일본 유학까지 다녀온 신여성이었다. 그러나 남편과 일찍 사별한 후 갖은 고생 끝에 종로에서 양장점을 운영하면서 얻은 경제적 안정과 자신의 사명을 바탕으로 평생, 당시 사회가 미처 챙기지 못한 소외된 여성들을 위한 여성복지사업을 하셨다.

---

* 사회복지법인 은성원은 1953년부터 여성들을 위한 복지사업을 해오고 있다. 한국전쟁 이후 남겨진 아이들과 어머니들을 위한 모자복지사업에서 출발하여, 미혼모 보호사업, 빈민 여성들을 위한 직업 보도사업 및 성산업 종사 여성들의 전업을 위한 다양한 지원사업에 이르기까지 '여성들의 주도성' 이라는 기관의 철학을 바탕으로 내면의 힘과 경제적 풍요로움을 추구하며, 스스로 정의한 자신의 행복을 위한 준비를 내실 있게 하고 있는 여성 공동체이다. 초창기의 모자복지사업, 미혼모 보호사업, 직업 보도사업 등을 제외한 1996년부터 지금까지 약 700여 명의 성산업 종사 여성들에게 의료 · 법률 지원 및 미용, 제과제빵, 조리, 컴퓨터 등 다양한 종류의 직업교육과 학력취득을 위한 교육지원 및 치유와 성장을 위한 다양한 전문 프로그램들을 진행해 왔다.

나는 할머니처럼 재산이 있었던 것도 아니었고, 사명감이 남달랐던 것은 더더욱 아니었다. 단지 그때 나는 '돈' 만을 버는 데 주력하기보다는, 사회적으로 의미 있는, 공적인 일을 하고 싶다는 생각뿐이었다. 때로는 내가 이 일을 시작할 때 진지한 고민이나 자세한 정보 없이 시작한 것이 무모했었단 생각이 들기도 하지만, 또 다른 한 편으로는 '무식하면 용감하다' 라는 말도 있듯이, 차라리 이에 대한 사전지식이 없었던 것이 나를 더 자유롭게 해주었다는 생각도 든다. 나를 지배하는 이론이나 이데올로기 내지는 선(先) 경험이 없었던 것이 형식이나 틀에 얽매이지 않고 창의적인 다양한 시도들을 하게 해주었기 때문이다. 그렇게 멋모르고 시작한 일이긴 했지만, 당시의 나로서는 답답함을 많이 느꼈다.

낯선 풍경 속에서

당시 은성원은 '윤락행위등방지법' (이하 윤방법)의 법적 설치 기준에 따라 '윤락여성이나 윤락우려여성들을 선도, 보호' 하는 역할을 감당하고 있었는데, 마침 법의 개정작업이 이루어진 직후라 시설운영과 관련한 여러 가지가 변화되는 시점이어서 아무 것도 없이 처음부터 새롭게 시작하는 상태였다. 부랴부랴 기관의 홍보물을 만들어 경찰서나 관련 상담기관에 보내기 시작했지만, 정작 여성들이 와도 며칠을 넘기기가 힘들었다. 일단은 '하드웨어' 가 너무도 열악했다. '따뜻함' 보다는 '칙칙하고 획일적인' 것들이 눈에 띄는 그곳에는 분명, 우리들이 평소에 자주 접하지 못했던 '낯선 풍경' 들이 많았다.

입장을 바꿔놓고, 누군가가 나에게 이곳에 와서 살라고 한다면 살 수 있을까?

기본적으로 그곳은 '집' 같은 분위기는 아니었다. 정해진 시간에 밥을 먹어야 했으며, 외출과 외박 시에는 일일이 사전에 알려야 했다. 그러나 함께 사는 사람들이 무엇보다도 가장 힘들어했던 점은 생면부지의 사람들을 거의 매일 만나야 한다는 것이었다. 자신이 원하건, 원하지 않건 생기게 되는 새로운 인간관계 속에서 부대끼는 감정의 소용돌이로 인한 충돌, 그것은 많은 여성들로 하여금 '시설생활'을 망설이게 하는 주요한 원인 중의 하나가 되었다. 그곳에서 살아남기 위한 나름의 노하우를 터득하면서 또 다른 종류의 소소한 즐거움과 재미를 경험하기도 했지만, 자신의 의지와 상관없이 지속되는 '관계'만큼은 여전히 서로를 힘들게 했다.

공동생활을 하는 우리들에게 '공동체 의식'은 절대적으로 필요하다. 그러나 때로는 이러한 '공동체 의식'이 귀찮고 피곤할 때도 있다. 그것은 낯선 이들과의 '관계'를 이어간다는 것이 말처럼 간단하지도 않을 뿐더러 대단한 에너지를 필요로 하기 때문이다. 자신의 삶에 갇혀서 지쳐 있는 이들에게 100% 공동체 의식을 심어 주고, 그렇게 기대한다는 것은 어찌 보면 너무 가혹한 일이었다는 생각이 들었지만 그때 그 시절, 우리들은 그렇게 해야만 하는 줄 알았고, 알게 모르게 그렇게 '강요'하며 살아왔다.

이러한 시설운영의 내부적인 어려움보다 더욱 힘들었던 것은 성산업 종사 여성 당사자들이 갖고 있었던 '시설'에 대한 부정적인 생각들과 사회 안에서 공통적으로 갖고 있었던 성산업 종사 여성들에 대한 근거 없는 억측과 냉소로 뭉친 '편견' 들이었다. 이미 정부 주도하에 그들을 대상으로 통제된 시설을 운영하고 있던 차에 발생한 경기여자기술학원의 화재사건은 사회를 큰 충격에 몰아 넣었다.

1995년 8월 21에 있었던 이 화재사건에서, 총 37명의 성산업 종사여성 및 가출여성들이 사망했으며 16명이 부상하였다. 경기여자기술학원은 도립시설로서 공무원인 직원들의 퇴근시간 이후에는 창문과 출입구를 쇠창살과 열쇠로 굳게 잠그고 외부와의 접촉을 철저히 폐쇄시키면서 통제적인 시설운영을 해왔다. 그저 자신의 존재를 알리려 했던 16명의 원생들이 모여 집단방화를 일으킨 것이 그만 걷잡을 수 없는 대형 화재참사로 이어졌다. 이에 많은 국민들은 그동안 정부가 통제적인 방식으로 이들을 수용·감금해 왔다는 것을 알게 되었으며, 이는 곧 사회적 공분으로까지 이어져 관련법인 '윤방법' 의 개정작업과 함께 종전의 '강제적인 수용시설' 에서 '자율적인 개방시설' 로 전환하게 하는 커다란 기폭제가 되었다.

그러나 그동안 쌓였던 편견들이 하루 아침에 바뀌기에는 더 많은 시간과 노력이 필요했다. 스스로의 판단에 따라 시설에 들어오는 여성들마다 예전에 들었던 이야기와 많이 다르다며 의아해 했으며, 더 많이 홍보되지 못하는 한계를 안타까워 하기도 했다. 그때 비록 경제적으로 넉넉하진 않았지만 우리들의 마음은 훈훈했으며, 미래에 대한 계획으로 꽉 차 있었다.

그럼에도 불구하고 여전히 외부에 있는 사람들은, '시설' 이라고 하면 공통적으로 '아주 짧은 머리에 모두 똑같은 트레이닝복을 입고서 기합을 받는 모습이나, 보리밥에 시래기국과 김치가 전부인 식사를 하면서 단체로 미용기술 등을 받고 있는' 그러한 암울한 그림만을 떠올리고 있었다.

시도와 좌절의 줄타기

이러한 현실과 추측 사이의 '간극'과 대(代)를 이은 복지사업에 대한 나름의 '피해의식'은 나를 더욱 분발하게 만들었다. 내가 마땅히 수행해야 할 책무는 '어떻게든 이 여성들이 다른 누구와도 다를 바 없이 당당하게 살아갈 수 있다는 것을 보여 주는 것'과 '가족으로 이어지는 복지사업에 대한 부정적인 편견들을 보다 긍정적으로 바꿀 수 있도록 진보적인 시설운영을 해야 한다는 것'이었다. 지금이야 '자활'이란 단어를 정책적 용어로서 많이 사용하고 있지만, 당시에는 '사회복귀'라는 용어의 사용이 더 흔했다. 그러나 나는 '사회복귀'라는 용어가 매우 불편했다. 이렇게 번창하고 있는 성산업이 어디, 사회 밖에서 일어나고 있는 일인가? 성산업 종사 여성들 또한 이미 사회 안에서 존재하고 있는데 '사회복귀'라는 말은 분명, 맞지 않는 이야기이다. 이렇게 우리들은 성산업 종사 여성들과 일반인들을 구분하고 있었으며, 얼른 사회 안으로 들어오라고 암묵적인 강요를 하고 있었던 것이다.

'사회복귀'에 대한 불편한 마음은 있었지만 이것을 불식시키기 위해, 사회복귀가 아닌 사회 안에서 이미 살고 있지만 제대로 살아갈 수 없는 그들이 제대로 살아가도록 뭔가를 해야 하는데, 그것이 잘 안 잡혔다. 우리들은 여전히 열심히 하고는 있었지만 확신이 부족했으며, 평생을 살아가기 위한 힘보다는 지금 당장의 하루하루를 살아가는 것에 급급해 하고 있었다.

인간관계 프로그램, 분노조절 프로그램, 약물예방 프로그램, 성교육, 자아존중감 회복 프로그램, 문화체험 프로그램, 미술치료 프로그램, 무용치료 프로그램 등과 자격증 취득을 위한 미용기술교육 그리고 학력취득을 위한 검정고시 준비 프로그램 등 필요하다 싶은 것이 있으면 마다않고 무엇이든지 했다. 이처럼 '치료'에 중점을 둔 프로그램 외에도 자격증 취득을 위한 교육의 성과로 많은 여성들이 미용사, 컴퓨터, 조리 등의 자격증을 취득하게 되었다. 그러나 시간이 지날수록 자연히 '백화점식 프로그램'이 되었으며, '프로그램을 위한 프로그램'이 되어버렸다. 아무리 좋은 '치료' 프로그램을 이수해도, 아무리 많은 '자격증'을 갖추어도 여성들 스스로의 힘으로 사회 안에서 살아가기란 결코 쉬운 일이 아니었다.

학력에 대한 콤플렉스가 있는 여성이 있었다. 두고두고 고등학교 졸업장이 없는 것을 마음에 걸려하던 그는 마침내 고등학교 졸업자격을 획득했지만 그 기쁨은 잠시뿐이었다. 이후 달라진 상황이 없었기 때문이다. 몇 번씩 미용사 자격시험에 낙방했다가 겨우 시험에 합격하고 난 후, 그토록 고대하던 자격증을 손에 쥐고서도 마찬가지였다. 취업을 해도 자신들의 경제사정은 나아진 게 없었고, 사회적 자원이 열악한 빈곤 여성이 살아가기에 이 사회의 벽은 여전히 너무 높기만 했다.

2004년에 제정된 새로운 성매매방지법 체제하에서 사회적 관심과 재정적 지원에 힘입어 적극적으로 일할 수 있는 분위기가 만들어질 수 있었다. 보다 구체적으로 '자활'과 '자립'의 개념으로 접근하여 입소에서 자립까지 각 단계마다 전문 프로그램을 시행하는 것을 기본으로 로

드맵을 그리게 되었는데, 당시 우리들을 고민하게 만들었던 키워드는 '지속성' 이었다. '왜 시설에 입소하여 오래 버티질 못하는가?' 3년여 동안 진행되었던 리모델링으로 예전에 비해 시설의 환경은 몰라보게 바뀌었다. 쾌적한 분위기는 물론이고, 특히 '시설' 의 분위기를 자아낸다고 판단되는 것들은 모조리 없애버렸다. 누가 보더라도 이제는 예전의 회색빛 콘크리트 분위기가 아닌, 밝고 아기자기한 분위기로 탈바꿈되어 있었다. 그러고 나니 '하드웨어' 가 얼마나 중요한지 새삼 깨달을 수 있었다.

이에 대한 만족도를 정확하게 조사한 바는 없지만 시설의 분위기가 바뀐 만큼 이곳에 사는 여성들의 자존감도 많이 향상된 것 같았다. 그러나 여성들은 여전히 입소 3개월을 넘기지 못 하고 퇴소를 결정하는 일을 반복하고 있었다. 3개월 미만의 입소 초기의 중간 퇴소율이 전체 퇴소율의 70%나 차지하고 있는 현실 속에서 물리적으로라도 시설에서 머무르는 기간을 좀더 확보할 수 있다면, 여성들이 자립하는 데 더 많은 도움이 될 수 있으리라는 확신이 들었다. 그래서 만들어지게 된 것이 입소 1주일 이내의 '기웃거리기 프로그램' 을 비롯한 입소적응, 도움닫기, 자립준비 프로그램 등이었다. 입소한 시기에 따라 그룹을 정하여, 자립에 필요한 전 과정을 세부적으로 단계별로 접근하는 방식이었다. 그 결과 3개월 미만의 중간 퇴소율이 30%대로 감소하는 추세를 보였으며, 1년 이상의 장기 거주자가 14%에서 40%로 증가하여 단계별 전문 프로그램의 개입 이후 안정적인 생활이 이어지고 있음을 알 수 있었다.

이러한 전문적인 프로그램을 통해 여성들은 자신의 미래에 대해 집중적으로 고민하고 준비할 수 있었고, 무엇보다도 그 과정을 통해 서로 간에 형성된 결속력과 동료애는 전문 프로그램의 성장동력이 되어 주었다. 그렇게 2년 정도를 단계별 전문 프로그램에 집중하다보니 보완해야 할 점 등이 보이기 시작했다. 그래서 외부의 전문가들에게 그동안의 자활 프로그램들을 점검받는 기회를 가지게 되었다. 우리가 그동안 해왔던 것을 내놓는 데에는 참으로 많은 용기가 필요했다. 그러나 무언가를 얻기 위해서는 기꺼이 감수해야 하는 부분도 있는 법, 우린 겸허히 자활을 향한 우리의 과정들을 되돌아보기로 하였다. 외부 슈퍼바이저 선생님들은 척박한 여성복지의 현실에 안주하지 않고 끊임없이 무엇인가를 만들어내고자 노력하는 우리의 자세를 칭찬해 주시긴 했지만, 나는 여전히 의문스러웠다. 여성들의 자활을 위해 우리가 하고 있는 이 프로그램들이 그들에게는 어떻게 받아들여질까? 그리고 과연 우리는 잘하고 있는 것일까?

2005년 11월, 운영위원회에서의 일이었다. 운영위원들 앞에서 기관의 개괄적 소개를 위해 관련 파워포인트를 보여 주었는데, 한 교수님께서 말씀하셨다. 왜 아직도 '피해'에 매몰되어 있느냐고. 모든 것이 '피해여성'이라는 전제하에 시작하기 때문에 언제나 정신적·육체적 피해에 대해 의식하게 되고, 아울러 자신의 '피해상황'에 대해 객관적일 수 없으며, 그것에 눌려 있으므로 모든 것에 자신감을 갖기 어렵다는 것이었다. 또한 과감히 그 관점에서 벗어나 여성들의 '강점'에 집중하여 또 다른 잠재력을 찾을 것과, 그들을 피해여성으로 낙인화하는 것은 우리들, 바로 이 시설에서부터는 아닌지 심각하게 고민해 보라는 화두를 던져주었다.

그 당시 나는 얼굴이 화끈거리면서, 동시에 매우 당혹스러웠다. 그동안 피해여성으로 낙인찍는 이 사회에 대해 늘 불만을 갖고 있었는데, 정작 우리가 그 위치에 있었다니……. 또한 우리 스스로 그들을 '피해여성'이라 규정함으로써 우리의 발목을 잡고 있던 것은 아니었는지……. 적어도 나는 안 그럴 줄 알았다는 그 교수님의 말씀이 자꾸만 뇌리에 맴돌았다.

우리에게 필요한 것은 빵보다 장미

이렇게 외부 전문가 그룹이 던져준 과제와 근본적인 물음들을 갖고 우리들은 다시 고민하기 시작했다. 현재보다는 10년 후를 상상하게 되었는데, 놀랍게도 10년 후에도 내가 이 일을 하고 있을까를 생각해 보니 자신이 없었다. 그만큼 이 일에 대한 비전이 명확하지 않다는 것이었다. 도대체 우리는 무얼 보고 일하고 있는 걸까? 지금 이대로는 안 된다는 어떤 절박함이 생겼다. 여성들의 자활에 대해서도 뚜렷하게 보여줄 만한 것도 없지 않은가?

그리고 생각해 보았다. 나는 어떤 사명으로 이 자리에 있는가? 그저 좋은 일을 한다고? 선한 일을 한다고? 가업으로 이어진 복지사업을 하는 것으로 만족하고 살려고? 아무리 다시 생각해 보아도 나는 분명히 해야 할 일이 있었다. 그것은 바로, 세상 사람들이 성산업 종사 여성은 전업하기 힘들다고 생각하는 것에 대해 그 안에 감춰진 다양한 스펙트럼 안에서 새롭게 도전할 만한 가치가 있다는 것, 그리고 충분히 가능한 잠재력을 갖고 있다는 것을 묵묵히 실천으로 보여 주는 것이다.

그렇게 시작한 비영리 조직의 컨설팅*은 우리 조직에 활력을 불어 넣어 주었다. 비전 다이어트를 통해 우리가 가야할 길을 보다 명확하게 그릴 수 있었으며, 이로써 기존의 은성원이 가지고 있는 다양하고 방대한 비전들을 다이어트의 과정을 거쳐 재구성하여 기관의 강점과 열정이 내제되어 있는 핵심적인 비전으로 명료화할 수 있었다. 우리는 '비전토크' 라는 타이틀로 많은 사람들과 대화를 나누었다. 우선, 대표 및 중간관리자 그리고 직원들과의 허심탄회한 대화가 이루어졌으며 다양한 유관기관 전문가들과 그룹미팅을 가지기도 하였다. 이 과정에서 그 동안 우리가 걸어온 길에 대한 긍정적 평가를 받게 되었는데 그것은 '대를 이어 복지사업을 한다' 는 것에 머물지 않고 끊임없이 새로운 길을 개척하며, 안주하지 않았던 결과라고 생각한다. 또한 성산업 종사 여성의 자활, 자립의 핵심 목표는 정신적 삶에 기초한 경제적인 독립이라고 정의하게 되었다.

여성들의 더 나은 미래를 위해, 그리고 우리 조직의 탁월한 성과를 내는 길은 자활의 성공사례를 만드는 것이라고 생각한다. 그러나 자활의 성공사례란 그렇게 간단한 것만은 아니었다. 많은 시간과 공을 들여야 했으며, 물질적인 지원뿐 아니라 심리·정서적으로도 섬세하게 지

---

* 기업이 추구하는 목적을 달성하는 데 있어 그 조직과 구성원들의 합리적 운영과 성장을 위해 독립적인 자문을 받는 '컨설팅' 은 이미 기업 쪽에서는 보편적인 추세이지만, 비영리단체나 복지단체에서는 이제 막 관심을 갖고 시작해 보려는 단계이다. 영리·비영리의 구분을 넘어 조직적 차원에서의 변화에 대한 욕구와 조직과 조직구성원의 열정, 그리고 주변상황의 변화 등이 맞물릴 때가 바로 '컨설팅' 이 필요한 시점이라고 생각한다. 현재에 안주하며 상황을 지켜보는 것이 아닌, 변화를 주도하며 미래를 예측하고 준비하기 위해 '비영리 조직의 컨설팅' 을 선택하였다. 물론 과정 중에 힘들었던 점은 많았지만, 지나온 발걸음을 반추하며 조직의 강점을 발견하고, 객관적인 분석력으로 조직을 점검하고, 앞으로의 새로운 계획을 구상했었던 의미 있는 기회였었다.

지해 주어야 했다. 여성들은 자격증이 있으면 자활하는 데 좀 수월하려나 싶어서 많은 자격증 취득에 열을 올리기도 했으며, 학력 때문인가 싶어서 학력취득은 기본으로 하기도 하였다. 그러나 나는 여성들이 자활하는 데 필요한 것은 자격증도, 학력도 아니라는 것을 깨닫게 되었다. 왜? 무엇 때문에 여성들은 자활하는 데 어려움을 겪는 걸까? 우리가 그동안 치중했던 '직업훈련' 만 가지고는 정신적 · 경제적으로 충분한 자활을 이루기는 힘들다. 그보다 더욱 중요한 내면의 힘이 부족했기 때문에 여성들은 아주 작은 흔들림에도 넘어지기 일쑤였다.

'성산업 종사 여성들은 왜 자활하기 힘든 걸까?' 에 대한 물음을 갖고 고민하기 시작했을 때였다. 그 즈음 우리들은 종전과는 다른 접근의 프로그램을 하기 시작했는데, 그 중의 하나가 바로 '글쓰기 워크샵' 이었다. 우리는 치유적 글쓰기를 통해 자유로움을 얻을 수 있었다. '글쓰기' 라 했을 때에는 누구나 기술적으로 글을 잘 써야 한다는 부담감을 갖게 된다. 우리들도 마찬가지였다. 그동안 얼마나 보여 주기 위한 글만을 써 왔는지, 정작 나 자신을 위하여 내면을 응시하며 스스로를 위로해 주는 글을 써 본 적은 없었다. 그렇게 울고 웃으며 글을 쓰면서 글을 잘 쓴다는 것이 학력의 정도나 기술적인 장식의 유무가 아니라 얼마나 자신을 들여다 볼 줄 알며, 용감하고 솔직하게 그것을 꺼내 볼 수 있는가에 달렸다는 것을 알게 되었다. 글쓰기 마지막 시간에 선생님은 우리들에게 이런 이야기를 해주었다. "손가락에 낀 반지는 누구나 훔쳐갈 수 있지만 내면의 힘은 절대 아무도 훔쳐가지 못해. 그러니 너희들도 내면의 힘을 키우기 위해 노력하길 바라."

그 즈음 우연히 신문에서 '인문학 강좌' 에 대한 기사를 읽었다.

'빈곤에서 벗어나게 하는 것, 그리고 스스로 살아갈 수 있게 해주는 것은 바로 내면의 힘을 갖는 것' 이라는 글을 읽은 나는, 가슴 뛰는 경험을 했다. 빈곤한 사람들에게 필요한 것은 이제까지 감정적으로 반응하고 사고했던 삶의 방식에서 벗어나 성찰적 삶을 살아갈 수 있도록 해야 한다는 것이었다. 왜냐하면 빈곤이란, 돈의 부족을 의미하기보다는 '사고의 감옥과 구조' 를 의미하기 때문이다. 바로 그것이었다. 우리가 그토록 찾던 것, 그동안 수없이 많은 프로그램을 하면서도 뭔가 미진한 것 같은, 2% 부족한 그 무언가를 이제야 찾은 것만 같았다.

그러나 인문학 교육을 위해 철학 강좌를 열어야겠다고 생각한 것은 순전히 혼자만의 생각일 뿐, 그것을 준비하기에는 여러 가지로 부족한 점이 많았다. 재정적인 부분도 그렇고, 특히 강사 확보가 더욱 그랬다. 어느 철학 교수가 와서 쉽게 설명해 줄 수 있을까? 이런 고민을 하던 중, 당시 우리 조직의 컨설팅을 담당하던 컨설턴트에게 나의 답답함을 토로하기에 이르렀다. 그 분은 조용히 나의 이야기를 듣더니 수첩에 몇 자 받아 적고 가셨다. 며칠 후 컨설턴트로부터 만나자는 연락이 와서 갔더니, 그 분은 나에게 철학 강의 계획안을 보여 주면서 철학 강의를 본인이 한 번 해보겠다고 제안했다.

'인간에 대한 철학적 이해' 라는 제목으로 플라톤, 아리스토텔레스서부터 한나 아렌트까지, 삶과 인간에 대한 철학적 이해를 바탕으로 쉽게 짜여진 강의 계획안을 보고 나는 당장 하자고 했다. 강사 확보가 가장 급선무였는데, 강사료야 어떻게 마련이 되겠지 하는 생각으로 덥석 철학 강의를 시작하기로 한 것이었다. 나중에 들은 이야기이지만, 컨설턴트는 대학과 대학원에서 철학을 전공하여 철학 석사학위를 갖고 있었다. 철학교수가 되고 싶은 자신의 꿈을 접은 지 오래지만, 나와 인문학에 대한 이야기를 나누던 중 잊고 있던 옛 꿈이 떠올라 순식간에 열정적으로 철학 강의를 해야겠다는 생각을 하게 되었다고 했다. 그러면서 자신이 잊고 있었던 열정과 꿈을 일깨워줘서 내게 고맙다고 했다.

그렇게 시작한 철학 강의, 어렵지 않을까 하는 마음은 노파심에 불과했다. 여성들은 충분히 그만큼의 잠재능력이 있었으며, 수업의 열기는 그야말로 뜨거웠다. 각각의 철학자들이 설파하는 내용들을 우리의 일상에 접목하여 어렵지 않게 일상 속의 철학이 될 수 있도록 만들었다. 매 수업시간마다 리포트를 제출하고, 쪽지시험을 보았으며, 자신의 생각을 충분히 발표하였다. 쪽지시험을 위해 족보를 만들어 나누던 일, 전철 안에서 대학생들이 플라톤에 대해 이야기하는 것을 듣고는 '저거 나도 아는 것인데!' 하며 으쓱해 하던 이야기하며, 예전에는 생각지도 못했던 '존재의 이유'에 대해 묻고 대답하며 고민하는 모습들을 보면서, 바로 저런 과정이 내면의 힘을 쌓아가는 과정이라는 생각을 하게 되었다. 수업 마지막 날, 한 친구는 이런 이야기를 했다. "앞으로 계속해서 물어볼 것 같아요. 엄마, 나는 어디에서 왔어? 그리고 나는 어디에서 왔는가? 무엇 때문에 왔는가? 그렇게 내 자신의 존재이유를 물으면서 살 것 같아요."

이렇게 우리는 비전을 재구성하는 중요한 경험을 한 것이다. 내면의 힘이란 바로 인문학적 소양에서 출발한다는 것을 깨달은 우리들은 기존의 직업훈련에 전념했던 자활의 준비과정을 재점검하기에 이르렀다. 자격증이 10개 있더라도 내면의 힘이 없다면 사상누각이라는 것을, 인생의 파도 앞에 서면 바로 쓰러지고 만다는 것을 정확히 알게 되었다. 우리에게 때로는 버티는 힘도 필요하다는 것을 알게 되었고, 어려움을 회피하는 것이 아니라 당당히 맞설 수 있는 힘을 키우기 위해서는 당장 눈앞의 생계를 위한 일자리를 찾는 것도 중요하지만, 그보다 더욱 중요한 것은 일생동안 자신을 지탱해 줄 내면의 힘을 키우는 것이란 사실을 알게 되었다. 그리고 그것은 바로 정신적 삶을 통해서 완성되는 것이다.

패러다임의 전환

이처럼 내면의 힘을 키우는 정신적 삶 가운데에서 경제적 풍요로움을 추구하는 은성원의 비전이 점차 명확해지기 시작할 무렵, 또 한 가지 의문 나는 점이 생겼다. 지금은 예전의 회색빛 시설의 분위기를 찾을 수도 없을 뿐만 아니라 모두가 만족할 만한 환경과 운영방식 등으로 여성들의 만족도는 올라갔는데도, 이상하게 이곳 은성원 현관만 나가면 누구라도 이 곳에 사는 것이 알려질까 봐 전전긍긍하는 것이었다. 우리끼리 사는 게 그토록 창피한 일인가? 사회가 주는 낙인의 영향이 이렇게 파급력이 큰 것인가? 우리들은 별별 생각을 다 해보았다. 그리고 여성들에게 진지하게 묻기 시작했다. 왜 우리랑 사는 게 힘이 드는지, 그리고 왜 부끄럽게 생각하는지에 관해서 말이다. 물론 그 이유에는 사회적 낙인이 없을 수는 없을 것이다. 그렇게 생각하며 받아 본 조사결과는 참으로 놀라웠다.

여성들은 바로 이곳에서, 매 순간에 자신이 누구인가 계속해서 재확인 받고 있다고 말했다. 사례관리자로부터 클라이언트에 이르기까지……. 모두가 말하는 '성매매 피해여성 시설' 이라는 곳에서 상담이라는 미명하에 알게 모르게 자활을 강요받으며, 누군가와 비교당하고, 때로는 상담원이 의도한 바와 상관없이 자존심 상하는 경험을 겪으면서 인간으로서 '대우' 받는 것이 아닌 어떤 대상으로서 '관리' 를 당하고 있는 '피해여성' 이라는 것을 재확인 받고 있었다고 말하는 것이었다.

나는 할 말이 없었다. 그리고 너무도 부끄러웠다. 결국은 우리가 그렇게 한 것이었다. 행정적인 관행 내지는 절차상 필요하다는 이유로 여성들의 입장에서 생각하기보다는 행정편의주의적인 발상으로 그들을 '관리' 하려고 했다는 생각을 그때 처음으로 하게 되었다. 그렇게 조사한 바에 따르면 시설에서 사용하고 있는 모든 용어가 성매매 여성들을 낙인화하고, 피해여성으로 재규정하고 있었다. 가다머가 "언어는 존재의 집이다"라고 말했듯이 언어가 바로 존재를 인식시켜 준다는 것을 실감하게 되었다. 그후 우리들은 그동안 사용했던 모든 용어들을 폐기하고, 재개념화하는 작업을 시도하게 되었다.* 그것은 그야말로, 패러다임의 전환이었다.

여성들이 자활할 수 있도록 돕는 것은 누군가 그들을 '관리' 하거나 이끄는 것이 아니라 스스로 주도해야 한다는 것을 깨닫게 되었다. 아울러 우리들의 역할은 지시하고 감독하는 존재가 아닌 함께 하는 코치가 되어야 한다.

---

* '사례관리' 는 '코칭' 으로, '입소' 와 '퇴소' 는 '입학' 과 '졸업' 으로, '상담원' 은 '코치' 로, '자활' 과 '자립' 은 '주도적인 삶' 으로 재개념화했다. 그러나 본 글에서는 종전에 사용하던 용어를 그대로 사용하기로 했다. 아직까지는 W-ing이라는 작은 조직에서 논의를 거쳐 합의하에 통용되는 용어일 뿐, 공식적으로 사용하며 확장해 나가기 위해서는 더 많은 고민과 논의가 수반되어야 한다고 생각했기 때문이다.

또한 '은성원' 이라는 기관명이 사람 이름 같기도 하고, 푸근하기도 하여, 사용하는 데 그런대로 별 어려움은 없었지만, 이제 기관의 비전이 재세팅되고 나니 기관명이 영 어울리지 않는 것 같았다. 예전에도 한 번 기관명을 바꿔 보려고 여러 가지 시도를 하다가 결국은 다음 기회로 미룬 적이 있었다. 지금 생각해 보니 그때는 기관의 철학과 비전이 명확하지 않았기 때문에 기관명을 만들기가 더욱 어려웠던 것은 아니었나 하는 생각이 든다. 그러나 지금은 기관의 비전이 명확해졌기 때문에 자연스럽게 새로운 이름을 얻을 수 있었는데, 바로 W-ing** 이라는 멋진 이름이었다. 여성이 주도성을 갖고 네트워크를 통해 성장해 간다는 뜻의 W-ing은 내친 김에 우리의 비전을 널리 알리는 비전선포식을 하기로 결정했다. 우리의 비전을 세상에 알린다는 것은 비단, 외부에 보여 주기 위함이 전부는 아니었다. 그렇게 많은 사람들 앞에서 선포함으로써 책임을 지고 비전을 실행에 옮길 수 있도록 하기 위함이 더욱 컸다. 어느 선선한 봄날 저녁 은성원의 아담한 마당에서는 50여 년의 역사를 지닌 전통적인 복지기관 은성원에서 새로운 패러다임의 도전장을 내미는 W-ing으로의 비상을 알리는 비전선포식이 열렸다.

여성들은 자신들을 '피해여성' 이라 규정하고 억압하는 불편함과 복지 수혜대상자로서의 틀에 자신을 맞춰야 하는 기존의 낡은 개념들을 폐기하는 퍼포먼스를 진행했다. 누군가 자신들을 끊임없이 '관리' 하는 것이 아닌, 또한 '케이스' (CASE)로서 자신이 존재하는 것이 아닌,

---

** Women, Initiative, Networking, Growing 각 단어의 첫 자를 따왔다. W-ing에 대한 자세한 소개는 www.w-ing.or.kr에 있다.

주체로서의 자신, 스스로 정의한 행복을 찾아나서는 주도적인 여성으로서 첫 발을 내딛게 된 것이다. 또한 실무자의 입장에서는 그때가 반성과 화해의 시간이기도 했다. 나 스스로도 타성에 젖어 그들을 관리하려고 했던 것은 아니었는지, 행정편의 위주로 운영하다가 본의 아니게 그들에게 상처준 일은 없었는지, 나는 얼마나 그들의 자활을 위해 애쓰고 있었는지 성찰해 보는 귀중한 시간이었다. 그러나 나는 여전히, 자활에 대한 의문이 들었다. 시설에서 사용하는 용어가 모두 그렇지만 특히 자활이라는 용어는 그 당사자를 하대시하며 '대상화' 하고 '구분' 짓는다는 생각이 들기 때문에 사용하기가 꺼려진다. 그것은 우리 주변의 친구들이나 자녀들에게 사용하는 일상적인 용어가 아니기 때문에 더욱 그럴 것이다. 나는 지금도 계속해서 고민한다. 사회적으로 통용되는 더욱 적절한 언어는 없는 것일까?

우리는 비전선포식을 계기로 자활에 대한 접근을 새롭게 하게 되었다. 성산업 종사 여성이라는 낙인은 결코 먼 곳에서 이루어지는 것이 아니라 내가 서 있는 지금 이 자리에서 비롯된다는 것을, 그리고 주도적인 삶을 위해서는 새로운 패러다임이 절대적으로 필요하다는 것을 말이다.

누구의 자활인가?

현존하는 탈성매매 여성의 성공사례를 만드는 것은 나의 오랜 소망이었다. 그런데 드디어 그 소망을 실현시켜 줄 수 있을 것만 같은 여성, 정미 씨를 만나게 되었다. 시원스러운 외모에 화끈한 성격, 외모만으로도 카리스마가 느껴지는 그런 여성이었다. 당시 '직업탐색 프로그램'을 통해 자신의 적성과 관심이 피부미용에 있다는 것을 안 정미 씨는 본격적으로 피부미용 공부에 매달리게 되었다. 버스에 앉아 자신의 무릎팍 위에서 열심히 손동작을 연습하는 등, 그렇게도 열심이던 정미 씨는 차츰 늘어가는 자신의 실력에 자신감을 갖게 되었다. 마침, 탈성매매 여성에게 창업자금을 지원하는 제도가 있는 것을 알게 된 정미 씨는 피부관리실의 CEO를 꿈꾸며, 더욱 연습에 박차를 가하게 되었다. 그러나 창업이라는 것이 생각만큼 빨리 진행되지 않았기에 정미 씨의 조급함은 점점 커졌고, 급기야는 몇 번씩이나 짐을 싸기도 하였다. "그냥 포기하고 가겠다"며 주저앉으려 하고, "조금만 더 기다려 보자"며 설득하는 과정을 반복하다가 드디어 창업의 기회가 열리게 되었다.

부푼 꿈을 안고 한 달여간의 창업준비 뒤 드디어 피부관리실을 열게 되었다. 정미 씨는 물론이고 오픈을 축하해 주러 오신 분들 모두 눈물을 훔치며 가게의 번창과 그녀의 행복을 기원해 주었다. 그때 축하객으로 와주신 관련 부처의 한 국장님은 "성매매방지업무를 맡은 지 3년 만에 눈으로 보는 성과는 처음이다"라며 눈물을 보이기까지 하셨다. 이렇게 많은 분들의 기도와 염원 속에 출발한 정미 씨의 피부관리실은 순조롭게 운영되었다. 정미 씨가 피부관리실을 운영했던 2년여의 시간은 우리 모두에겐 참으로 행복한 시간이었다. 다른 기관에서 자활을 준비하는 여성들에게 훌륭한 성공모델로서 새로운 희망과 꿈을 갖게 해 줌과 동시에, 취업과 창업을 위한 인턴십 교육장소로 활용됐으니 옆에서 지켜보는 것만으로도 흐뭇하고 가슴 벅찬 나날들이었던 것이다.

그러나 피부관리실 운영에 조금의 여유가 생길 즈음에 정미 씨는 남자친구를 사귀게 되었다. 둘은 곧 서로 사랑하는 사이가 되었고 결혼도 약속하게 되었다. 그러면서 정미 씨는 차츰 피부관리실 운영에 흥미를 잃고 온통 새 가정을 꾸릴 생각만 하고 있었다. 나는 결혼을 하더라도 피부관리실은 계속 이어가야 한다고 설득하기 시작했다. 어떻게 시작한 가게인데 이렇게 쉽게 접으려 하는지, 나는 무슨 일이 있어도 그것만은 막아야 한다고 생각했으며, 정미 씨가 마음을 돌리기를 바랐다. 더 솔직한 마음으로는, 아예 그 결혼 이야기를 없던 것으로 돌려버리고 싶은 마음이 더욱 컸던 것이 사실이다.

"결혼이 여자 인생의 전부가 아니야, 네가 가고자 하는 길을 중단하면서까지 결혼을 할 이유는 없어. 넌 금방 후회할 거야!" "아니에요, 잠시 쉬면서 남편과 아이도 돌보고 행복한 가정을 한번 꾸려보고 싶어요." 그렇게 정미 씨는 결혼을 택했고, 곧이어 건강한 아이도 얻게 되었다. 가게를 접겠다고 최종적으로 결정을 하고 그에 따른 수순으로 가게의 집기들이 빠져나갔을 때 나의 마음은 참으로 허허로웠다. 어디에 마음을 두어야 할지……. 그렇게 10여 년을 성공사례 하나 만들어보겠다고 이리 뛰고 저리 뛰고 했는데…… . 결국 이것도 아니란 말인가?

이 일을 처음 시작했을 90년대 후반만 하더라도 법은 있으나 마나한 사문화된 법이었으며, 그에 따른 정책이나 지원금조차 거의 확보하지 못했던 시기였다. 그러나 실효성 있는 법과 제도 아래 경제적 지원까지 확보된 지금, 이제야 제대로 된 성공사례 하나 나오겠다고 벼르던 참이었는데 참으로 안타까웠다. 덕분에 나는 지난 시간 내가 그렸던 자활의 상과 탈성매매 여성 자신이 갖고 있는 자활의 상에 차이가 있음을 알게 되었고, 결국 누구를 위한 자활인가에 대해 진지하게 생각해 보는 기회를 갖게 되었다.

탈성매매 여성의 자활이라고 했을 때 떠오르는 그림이 있을 것이다. 몇 개의 자격증에 안정적인 직장 내지는 작은 가게 사장님으로 일하는 모습. 그러나 중요한 것은 '그런 자활의 상을 누가 규정하는가' 이다. 결국 그것은 여성 스스로가 선택한 삶이라기보다는 사람들의 보편적 사고에서 만들어낸 이미지 속 자활의 상이라고 할 수 있다. 나 또한 이미 내가 규정한 자활의 상이 있었기에 그토록 성공사례를 만들고자 갈망했는지도 모른다. 고백하건대, 나는 그동안 내가 규정한 자활의 틀 속에 적합한 인물을 찾고 있었으며, 나와 타인들 그리고 세상에 인정받기 위한 자활의 상을 그리는 데 급급했었다. 그리고 이 복잡한 문제를 처음 시작하는 마음으로 새롭게 접근하고자 한다.

누가 자활을 규정하는가? 여성 스스로가 정의한 자활인가? 아니면 정부정책 또는 활동가들이 정의한 자활인가? 분명한 것은, 여성 스스로 정의한 자신의 행복에서 출발해야 한다는 것과, 자신의 삶을 스스로 주도해 나갔으면 한다는 것이다. 삶의 다양한 변주 안에서도 자신이 준비하고 꿈꿔 왔던 미래를 포기하지 말았으면 좋겠다. 연애나 결혼을 더 이상 내 삶의 대단한 이벤트가 아니라, 폭넓은 경험의 한 부분쯤으로 여기게 되었으면 좋겠다.

자활의 끝은 어디인가?

성매매방지법이 제정되고 시행된 지 어느덧 3년이 되어간다. 그동안 모두가 철저히 외면해 온 성매매의 문제에 이제야 국가와 사회가 나서게 된 것이다. 일제시대의 공창제로부터 기생관광, 기지촌 및 현재의 광범위한 산업형 성매매까지 성매매의 유구한 역사를 뒤로 한 채 이제야 겨우 사회가 제대로 된 관심을 갖게 되었다. 그러나 우리 생각처럼 성매매 문제가 하루 아침에 변화되는 것은 아니지 않은가? 성매매공간의 여성, 그 존재 자체에 대한 인정에서부터 그들을 보호하는 보호시스템의 가동과 여러 시행착오의 지난한 과정들을 밟아가고 있는 현실 속에서 성급한 우리들은 어서 빨리 자활하라고, 자활의 성과가 무엇이냐고 재촉하기만 한다.

"혹시 자활하셨나요?"

언제부터인지 나는 이 질문을 마음에 담고 늘 되묻곤 했다. 도대체 자활이란 무엇인가? 특히 성매매공간의 여성에게 있어서 자활은 어떤 의미일까? 보통의 사람들은 모두 자활에 성공한 것일까? 누군가 내게 자활했냐고 묻는다면 나는 어떤 대답을 할 수 있을까? 어떤 상태가 되었을 때 자활했다고 할 수 있는가?

자활은, 어느 특정한 대상에게만 필요한 것이 아니라 모든 인간에게 필요한 것이라고 생각한다. 우리 주위에는 엄격한 의미에서 '스스로의 힘으로 살아가지 못하는' 사람들이 많이 있다. 그것이 사회·구조적인 문제이건, 심리·정서적인 문제이건, 경제적 능력의 문제이건 말이다. 따라서 성매매공간의 여성이기 때문에 자활을 별도로 이야기할 것이 아니라, 인간에 대한 통합적 관점에서의 자활을 고민하면서 그 안에서 여성이기 때문에, 성매매공간이라는 더 열악한 조건에 처해 있는 우리의 현실을 인식해야 할 것이다. 또한 자활이란 매우 복잡하고 다양하며, 결코 '표준화' 될 수 없는 동시에 살아 움직이는 주체로서의 독립된 개념이다. 아리스토텔레스가 말하는 행복 또한 어떤 정지된 상태가 아니라 살아 움직이는 '활동' 이지 않은가? 이처럼 자활이란, 고정된 형태의 명사형이기보다는 움직이는 동사형이라고 할 수 있다.

그렇다면 자활의 끝은 어디인가? 과연 자활의 끝이 있을 수 있을까? 우리는 이제까지 자활의 끝을 보기 위해 이렇게 열심히 일하고 있는지도 모르겠다. 특히나 우리들은 하나에서부터 열까지 여성들의 모든 것을 바꾸려고 한다. '어느 정도 준비가 되었다, 적응이 되었다' 라는 말은 우리들이 자주 사용하는 말이기도 하다. 그러나 무엇을, 어떻게 보고 잘 적응하는지, 제대로 준비하는지 알 수가 없다. 이처럼 자활이라는 의미 속에는 주관적 · 자의적 해석의 여지가 너무 크다. 이렇게 한 인간을 '개조' 하려 하기보다는 기대치를 낮추고, 각 단위, 각 기관에서 자활의 목표를 보다 분명하게 잡아야 할 것이다. 정부는 정부대로, 기관은 기관대로 각자의 영역에서 갖고 있는 특성을 감안한 자활의 목표와 측정기준들을 갖고 우리가 할 수 있는 만큼 해야 한다.

은성원에서 W-ing으로 오기까지, 그동안 수많은 선택의 기로에서 다양한 선택들을 취하여 지금에 이르렀다. 그 선택의 과정이나 결과가 때로는 다소 부족했을지라도, 또한 너무 앞서갔거나 혹은 과했을지라도, 그때 그 자리에서 우리가 할 수 있었던 가장 최선의 선택을 했다고 생각한다. 청소년 중심의 기관에서 성인 여성 중심으로 전환했을 때에도, 현존하는 창업의 성공사례를 만들겠다고 모든 실무자가 의기투합했을 때에도, 기존의 '치료중심' 의 프로그램에서 정신적 삶을 위한 내면의 힘을 키우는 인문학 교육 중심으로 전환했을 때에도, 또한 상담자와 피상담자 간의 암묵적인 위계 안에서 자유롭지 못한 상담의 틀을 깨고서, 소중한 사람을 안전하게 바래다 준다는 의미의 '코치'로서 상담자와 피상담자 모두 승승할 수 있도록 하자는 커다란 변혁의 순간에서도 우리들은 매번 최선의 선택을 하였으며, 그에 따른 실천 또한 게을리하지 않았다.

그런데 이제 우리는 '생활'과 '교육'의 분리라는 새로운 선택을 해야 할 시점을 맞이했다. 이 일을 하면서 갖게 된 확신 중의 하나는 바로 여성들의 변화를 위해서는 그들의 삶 속에 들어가 있어야 한다는 것, 따라서 '생활'을 함께 하지 않는 자활의 준비과정은 성공할 수도, 의미도 없다는 것이다. 그러나 우리는 그동안 이렇게 중요하다고 생각했던 것에 대한 생각을 바꾸기로 했다. 가장 큰 이유는 생활할 수 있는 공간을 찾는 여성들의 수가 급격히 줄어드는 것 때문이었다. 법이 제정되고, 시행되던 초창기를 제외하고는 매 해 감소하는 추세였기 때문에 새로운 대안을 모색해야 한다는 절박함이 있었다. 왜냐하면 굳이 '성과중심'을 논하지 않더라도 '효율성'의 측면에서 타당한 이유가 되었다. 여성들에게 매력적으로 다가갈 수 있는 방법이 무엇인가? 어떻게 우리를 필요로 하는 여성들을 찾을 수 있을까? 이 모든 것의 해답에는 바로 여성들의 눈높이에서 시작해야 한다는 것과, 여성들이 원하는 다양한 서비스를 최대한 편리하게 받을 수 있도록 해야 한다는 가장 기본적인 원칙이 있었다.

또한 '생활시설'이라는 보호 시스템이 과연 시대적으로 적합한가에 대한 의문이 들었다. 전 지구적인 사회복지 패러다임을 볼 때 '시설

중심의 보호'에서 '다양한 주거 형태 안에서의 개별지원'으로의 전환이 이어지고 있다. 이미 우리나라에서도 아동시설과 장애인시설이 기존의 대형시설에서 그룹홈 중심의 소규모 가정공동체 형식을 취하고 있다. 요즘 젊은이들만 보더라도 점차적으로 개인주의적 성향이 짙어지고 개별화되어 가는데, 생활시설에 오는 여성들이라고 별반 다르지 않을 것이다. 하나같이 '집단'이나 '공동체'보다는 '나 자신'이 더욱 소중하고 개별적인 지원을 받기를 원하고 있다. 그런데 우리가 이러한 경향들을 모두 무시하고 늘 그래왔던 것처럼 대규모 생활시설을 고집할 수 있을까? 그래서 생각하게 되었다. 우리가 하고 있는 것이 시대와 맞지 않을 수도 있다고 말이다.

이와 함께 본격적인 자활의 성과를 내기 위해서는 기존의 생활공간과 분리된 교육공간과 그에 따른 시스템이 절대적으로 필요함을 느꼈다. 생활공간과 교육공간이 분리되지 않는 환경에서는 자활에 박차를 가하기가 쉽지 않다. 이것은 단지 물리적인 공간만을 뜻하지는 않는다. 물론 요즘 '교육'은 주로 외부에서 이루어지고 있는데, 이보다 중요한 것은 시스템이다. 시스템 자체가 생활과 함께 어우러지다 보니 긴장감이 떨어지고, 삶의 영역에서 생겨날 수 있는 다양한 일상사의 복잡한 감정들이 교육의 영역까지 전이되어 불필요한 에너지를 낭비하는 것을 자주 보았기 때문이다. 예를 들어, 아침기상이나 청소문제 때문에 담당 실무자와 충돌이 있으면 하루종일 그 기분을 안고서 교육에 참여하게 되는데, 그 기분은 당사자에게서 끝나지 않고, 다른 참여자에게까지 영향을 주고 만다. 자신의 꿈을 향해 분주히 나아가도 쉽지 않을 시점에 이 얼마나 소모적인 일들인지, 참으로 안타까웠다. 여성들이 자신의 삶을 주도하기 위하여 필요한 것은 그렇게 할 수밖에 없는 시스템, 즉 환경을 만들어 주는 것이라고 생각한다. 자신의 삶은 자신이 책임지며, 자신의 미래를 위해 '프로'의 정신을 심어 주는 것이 무엇보다도 중요하기 때문이다.

W-ing은 이렇게 '생활'과 '교육'의 분리라는 새로운 시도를 하려고 한다. 이러한 우리의 선택이 향후 어떤 모습으로 진화될지 지금으로서는 아무도 모른다. 그러나 중요한 것은 여성 스스로 정의한 행복이란 완성된 상태가 아닌 끊임없이 도전하고, 부딪치며 만들어 가는 '과정'이라는 확신이다. '자활이란 이런 것이다'라는 정형화된 틀에서 벗어나 자유롭게 상상하고 체험하며 함께 만들어 가고자, 쉽지 않은 길을 우리는 또 다시 시작하려고 한다. 삶에 정답이 있는 것이 아닌 것처럼, 우리가 하고자 하는 일, 즉 성산업 종사 여성들이 주도적으로 자신의 삶을 만들어 가는 것에도 정답은 결코 존재하지 않는다. 전업을 위하여 단지 하나의 정답을 만들어 내기보다는 가능성 있는 여러 개의 답들을 찾아 내기 위해 우리들은 계속 바쁘게 살아갈 것이다.

.8. 성판매 여성의 건강을 고민한다는 것
—막달레나의집 경험을 중심으로

김민지, 전유나

들어가며

"여성들의 건강은 어떤가요? 주로 어디가 아픈가요?"

"…… 글쎄요."

막달레나의집에 일하기 시작하면서 간혹, 성판매 여성의 '건강' 문제에 대한 질문을 받곤 한다. 사실 솔직하게 대답하자면, 그건 "모르겠는데요"이다. 막달레나의집에서 일한 지 3~4년이 되어 가지만, 우리에게는 여전히 이런 식의 질문이 낯설고 당황스럽다. 그래서 적절한 대답을 찾지 못하면 어눌하게 동문서답을 하면서 먼 산만 바라보거나, 뜬금없이 막달레나의집 식구들의 소소한 일상 이야기를 꺼내면서 화제를 바꾸곤 했다.

우리는 막달레나의집을 통해 이제까지 만나 왔던 여성들을 떠올리며 그녀들의 건강상태에 관한 이야기를 종합하려고 애써보기도 했다. 하지만 그간의 경험을 통해 우리가 '목격한' 그 누군가의 건강상태나 질병에 대하여 이를 명쾌히 정리하고 표현할 만한 무언가가 선뜻 떠오르지 않았다. 여성들은 모두 저마다의 개성과 독특한 상황 및 병력을 갖고 있었고 각자가 경험한 성판매의 양상도 달랐기에, 우리의 경험을 토대로 성판매 여성의 건강이 어떠하다는 식의 일반화된 결론을 내릴 수는 없었던 것이다. 건강이 좋지 않아서 '종합병원'이라 불리는 여성이 있는가 하면, 병에 대한 필요 이상의 강박감으로 스스로를 챙기는 여성도 있다. 또한 음식을 씹을 수조차 없이 치아가 망가졌어도 적절한 치료를 받지 못한 채 어쩔 수 없이 '일'을 하고 있는 여성이 있는가 하면, 꾸준한 자기관리를 통해 건강을 돌보면서 삶의 계획을 적극적으로 실현해 나가는 여성도 있다. 하나의 통일된 시선과 언어로 여성들과 만났던 경험을 해석하거나 규정하는 것은 적절하지 않았다.

우리의 경험만으로 풀어 내기에는 버거운 이야기라는 생각이 들었다. 그래서 우리는 성판매 경험 여성들의 건강문제를 해결하기 위해 함께 노력해 온 사람들의 목소리를 더 들어 보고자 했다. 그 목소리의 주인공은 여성 본인의 것이 될 수도 있고, 각자의 영역에서 여성들과 만나면서 건강에 대해 고민하고 지원해 온 기관의 대표나 실무자 혹은 의료진일 수도 있다.* 그렇기에 이 글에 실린 내용들은 여성들이 좀더 건강해질 수 있도록 노력해 온 집단적인 경험의 일부분이자, 그 결과물

* 인터뷰를 통해 글에 참여한 사람들은 성매매집결지에서 일하고 있는 최경순 씨, 탈성매매하여 현재 쉼터에 거주하고 있는 유희정 씨를 포함하여, 지난 20년간 용산집결지 여성들과 함께한 막달레나의집 이옥정 대표, 용산집결지 자활지원사업을 수행하고 있는 막달레나의집 현장지원센터 홍춘희 팀장, 막달레나의집을 통해 여성들에게 의료서비스를 제공해 왔던 송화수 치과 의사와 현장지원센터 햇살고운진료소의 정이은정 가정의학과 의사이다. 그 외에도 우리가 막달레나의집에서 만난 여러 사람들의 이야기가 이 글에 반영되었다.

이기도 하다. 이러한 조건과 배경 안에서, 막달레나의집의 경험을 중심으로 이야기를 풀어 나가고자 한다.

현재 진행형일 수도 있는 지난 이야기

1) "언니, 예전에 일할 때 보건소에서 검진 받아봤어요?"

1961년에 제정된 '윤락행위등방지법'(이하 윤방법)내에서 '요보호자'로 규정되었던 성매매공간의 여성들은 성병의 예방 및 관리를 위해 정기적으로 행해진 성병검진의 주요 대상이었다. 성병검진제도는 '전염병의 발생과 유행을 방지하여 국민보건을 향상·증진시키고자' 1954년에 제정된 '전염병예방법'에서부터 찾아 볼 수 있었다.** 1969년 보건사회부령으로 제정된 성병검진규정에 따르면 '특수업태부'(외국군이 밀집하여 주둔하거나 윤락행위를 하는 여자들이 밀집한 지역에 있는 댄서·접대부 기타 윤락행위를 하는 여자)는 성병에 관한 강제진단 및 치료를 받아야 했고, 시장 및 도지사는 보건사회부장관에게 매월 강제진료

** 당시의 시대적 상황은 다음과 같은 글에서 참고할 수 있다. "서울시는 1957년 2월 28일에 공포된 전염병예방법 시행령이 제정되기 이전에는 이렇다 할 적극적인 방역을 기할 수 없었지만 동 시행령이 공포되면서 시내 9개 보건소가 행정구역별로 방역업무를 강화함을 계기로 해서 본격적인 방역사업이 활발히 전개되었던 것이다. 전기 시행령에 의하면 접객업에 종사하는 부녀자는 2주일에 1회, 댄서는 매주 2회씩 성병에 관한 건강진단을 받게 하였으며, …… 1956년 1년간의 통계에 의하면 시립보건소에서는 모두 24,795명의 접대부와 매춘부의 검진을 실시하였는데 매독환자가 551명, 임질환자가 1,527명이나 되었다. 성병관리사업 중에서 무엇보다도 중요한 위치를 차지하고 있는 것은 성병의 전파원(傳播源)인 밀창(密娼)과 접대부 및 위안부에 대한 관리 사업이다. 이에 서울시는 성병관리방침으로 1954년 성병치료강조주간(10.1~10.8)을 설정하여 시내 9개 보건진료소에서 무료치료를 실시하였다."(서울시사편찬위원회, 「서울특별시대(1)- 4. 사회 전염병관리와 방역사업」, 『서울육백년사』)

를 실시한 실적을 보고하도록 되어 있었다. 그리고 보건소장은 '성병의 발생 및 확산을 방지하기 위해' 특수업태부의 소재를 항시 파악하도록 규정되었다.

1978년부터는 성병검진을 받은 자에게 진단 결과를 기재한 '건강진단증'을 발급하였다. 이것은 1984년 '위생분야 종사자 등의 건강진단규칙'에서 건강진단수첩(소위 보건증)에 관한 조항으로 바뀌었는데, 이 수첩에는 업소이동 상황과 업소명, 소재지, 업주확인 서명란 등의 내용이 포함되어 있었다. 규정에 해당하는 자는 취업 중에 이 수첩을 항상 휴대해야 하며 관계기관의 요구가 있을 때에는 반드시 제시해야 한다고 되어 있었다.

우리는 80년대 용산집결지의 상황이 어떠했는지 막달레나의집 이옥정 대표에게 들어 보았다. 그녀의 기억에 의하면 당시 용산집결지에서는 낮에 보건소 직원들이 업소를 돌며 성병검진을 권유했고, 보건증이 없는 여성이 일을 하다 발각될 경우 수용시설로 보내졌기에 여성들은 어쩔 수 없이 보건소에서 설치한 간이 성병 진료소에서 검진을 받았다. 용산 보건소의 경우 성병 이외에 법정전염병인 결핵검사도 시행했으나, 보건증에는 성산업 종사 여성에 해당되는 성병에 관련된 사항만 표기되었다고 한다.

성병에 감염된 것이 확인되면 진료소에 며칠씩 머물면서 수사를 맞아야 했기 때문에 영업이 중단될 수밖에 없었고, 또 진료소에 있던 여성들이 그곳에 있다가 '도망' 가는 일도 있었기 때문에 업주들 사이에서는 종종 '난리'가 났었다고 했다. 그래서 업주들은 검진에 안 걸리게 하려고 주사이모*를 통해 소염제 같은 것을 사다가 주사를 놔 주곤 했다고 한다.

성병검진에 대한 이야기를 들으면서, 우리는 성산업공간에 있던 여성들의 실제 경험에 대해 알고 있는 바가 거의 없다는 생각이 들었다. 그래서 당시 상황에 대해 더 알아 보려고도 했지만, 문헌조사로는 별다른 정보를 찾을 수가 없었다. 그래서 관련 자료를 뒤적이며 애를 먹고 있었는데, 막달레나의집에 입소해 있는 한 여성이 "도대체 뭐하고들 있는겨?" 하고 물어 왔다. "언니, 예전에 일할 때 보건소에서 검진받아 봤어요?" 했더니, 뭐 당연하지 하는 반응이었다. "어땠어요?"라고 물어보니 그녀는 "(보건소 검진 담당자가) 콘돔을 왜 안 써요? 콘돔을 쓰지 않으면 당신 때문에 손님들이 병에 걸리잖아요, 이러는 거야"라며 성병검진을 받을 때 겪었던 '기분 나쁜' 경험에 대해 몇 가지 들려주었다. 그녀는 성병검진 과정 중에 검진 담당자로부터 "도대체 어떻게 손님을 받느냐"며 성매매 행위를 묘사해 보라는 식의 말이나 "하루에 몇 명을 받는지" 등 검진에 직접적으로 해당사항이 없는 말들도 들은 적이 있다고 했다. 또한 성병검사 시 아픔을 호소하면 오히려 "손님 받을 때보다 안 아프지 않느냐"며 면박을 주기도 했다고 한다. 그녀는 이야기 과정 중에 "너무 기분 나쁘지, 그런 일 있으면 정말 (보건소에) 가기 싫지"라고 몇 번이나 말했다. 보건소 검진 담당자의 이러한 태도가 일부에만 해당하는지 아니면 성병검진을 하러 보건소에 가는 여성들이 전

---

* 성매매업소 주변에서 성판매 여성들을 상대로 무면허 의료행위를 하는 사람을 '주사이모'라고 한다. 보통 의사의 처방 없이 항생제 주사를 놓거나 감기약, 영양제 등을 투약하는 등 일상적으로 여성들의 질병 문제에 관여하는 역할을 한다. 주사이모의 불법의료행위는 비교적 최근의 기사(『국민일보』 2001년 8월 2일자)에서도 찾아볼 수 있다.

반적으로 겪었던 것인지는 확신할 수 없지만, 우리는 여성에 대한 이해와 존중감이 조금이라도 있었다면 과연 저렇게 대할 수 있었을까 하는 생각이 들었다.

전염병예방법 및 이와 관련된 시행령과 규칙들이 수차례 제·개정되어 오면서 최근 국가차원의 성병관리정책은 '강제검진보다는 자발적 검진을 권장하도록 하는 추세'라고 하지만, 여전히 성산업 종사 여성들에 대한 성병검진의 기본틀은 크게 바뀌지 않은 것 같다.* 우리는 자료를 조사하면서 최근 여성들에 대한 강제검진규정에 대해 사회적인 논란이 있었다는 것을 알게 되었다. '후천성면역결핍증예방법'(이하 에이즈예방법)에 명시된 에이즈검진대상자는 성병검진대상자와 동일하다. 그리고 에이즈예방법 제8조 제1항은 '공중과 접촉이 많은 업소 종사자에 대한 정기 또는 수시 검진'을 명시하고 있으며, 제27조 제2호는 '검진 불응자에 대한 벌칙'에 관해 규정하고 있다.

2007년 2월 국가인권위원회(이하 인권위)는 보건복지부가 제출한 에이즈예방법 개정안에 대해 권고안을 발표했다. 여기에는 에이즈예방법 제8조와 제27조 등 강제적인 성격의 검진 관련 규정에 인권침해의 소지가 있으며, 에이즈예방을 위한 실효성이 적다는 등의 이유로 규정의 변경을 권하는 내용이 포함되어 있었다. 이에 여러 인권단체들은 인권위의 입장에 찬성을 표명했지만, 일부 언론들은 '국민의 생명권 및

---

* 2007년 질병관리본부의 성병관리지침의 기본방향은 성병건강진단 대상자에 대한 검진 및 치료를 철저히 하는 것으로 제시되어 있다. 성병검진의 대상질환은 HIV 및 STD(매독, 임질, 클라미디아감염증)이며, 그 외 건강검진 대상자로는 위생분야종사자와 관련된 정기건강진단 대상자와 헌혈자, 교도소 수형자, 임신부 등 일반관리자로 나뉘어 있다.

건강권'을 위협할 수 있다며 강제검진규정 폐지에 비판적인 입장을 취했다. 몇몇 언론에서는 "여성들에 대한 강제검진을 포기한다는 것은 질병관리를 포기하겠다는 것이나 마찬가지"라는 식의 논지를 제시하기도 했다. 위와 같은 논의에 대해 민주성노동자연대(민성노련)는 「국가인권위의 '성매매 여성에 대한 에이즈검진 의무화 조항 삭제 의견'에 부쳐」라는 제목의 성명을 통해 '합법이냐, 불법이냐를 떠나 자신의 필요에 따라 자율적으로 에이즈검진을 받을 수 있는 쾌적한 환경의 조성'이 필요하다고 주장했다. 우리는 이 쾌적한 환경이 구체적으로 무엇을 의미하며 어떤 방식으로 이루어져야 하는지는 알 수 없었지만, 여성들이 인격적으로 대우받으며 자율적으로 검진을 받을 수 있는 '사회적 분위기'야말로 그녀들이 현실에서 피부로 느끼는 것이 아닐까 하는 생각이 들었다.

2) "누구나 건강할 권리가 있지"

윤방법에 따라 성산업에 종사하는 여성들이 이용할 수 있는 시설로는 여성복지상담소와 선도보호시설 등이 있었다. 그리고 선도보호시설에 입소한 여성들은, 윤방법 제13조 2항에 의거하여 입소 후 1개월 이내에 건강진단과 함께 의료보호법이 규정하는 의료보호서비스를 받을 수 있었다.

하지만 1985년에 설립된 막달레나의집은 20여 년간을 미인가 시설로 운영되어 왔기 때문에, 쉼터 운영과 여성들의 지원에 필요한 비용은 주로 후원금으로 이루어졌다. 막달레나의집은 의료보호 등 여성들의 지원과 관련된 사항들을 정부로부터 지원받을 수 없었기에 끊임없이 외부 민간자원을 발굴하기 위해 노력해야 했다. 그래서 종종 바닥난 통장잔고를 보며 전전긍긍한 적도 많았다는 이야기를 전해 들었다.*

우리는 그렇게 어려운 상황에도 불구하고 막달레나의집을 운영해 올 수 있었던 이옥정 대표의 원동력이 무엇이었는지 궁금했다. "저희는 이제 고작 몇 년 일했을 뿐인데도 탈업소했던 언니들이 다시 성매매를 하게 되었다고 하면 무척 힘이 빠지던데, 어떠셨어요? 그 세월 동안 이런 문제로 속상하지 않으셨나요?" 라는 물음에 이옥정 대표는 이렇게 답했다.

> 예전에 사람들이 자해하고 자살을 하는 것을 봤기 때문에, 우리들이 가난한 경제를 해결해 줄 수도 없었고 법적으로 뭐가 되어서 선불금 문제를 해결해 주는 것도 아니었지. …… 그래서 현장에서 저렇게 있지만, 외롭지 않고 스스로 자기 목숨을 버리는 행동을 하지 않았으면 좋겠다는 생각이 있었어. 그래서 친구가 되어 주는 생각으로 살았기 때문에 그렇게 (성매매공간으로 다시 돌아간다고 하더라도) 속상하거나 뭐하거나 하진 않았어. …… 누구나 건강할 권리가 있지. 병들어 죽어가는 사람들 보면서 성매매를 하고 있다는 이유로 병원에 안 데려갈 수 없는 거고, "우리가 수술을 시켜 줬기 때문에 당신 집에 가서

---

* 의료보호는 국가의 사회보장제도 중 공적부조제도의 하나로, 의료보호법의 근거법률인 '국민기초생활보장법'이 종전의 '의료보호'를 '의료급여'로 변경함에 따라 이 법명 또한 의료급여법으로 변경되었다(2001). 의료급여법은 국민기초생활보장수급자 등 일정한 요건에 해당되는 생활이 어려운 자를 그 대상으로 하며 급여의 내용에는 ①진찰 검사, ②약제 치료재료의 지급, ③처치 수술과 그 밖의 치료, ④예방 재활, ⑤입원, ⑥간호, ⑦이송과 그 밖의 의료목적의 달성을 위한 조치 등이 있다.

굶어 죽어가는 한이 있어도 성매매 해선 안 된다"고 할 수 있는 것은 아니잖아.

"외롭지 않았으면 해서, 친구가 되려고" 현장에서 활동을 시작했다는 이옥정 대표의 이야기를 들으면서, 우리가 생뚱맞은 질문을 했다는 생각에 잠시 할 말을 잃었다. 막달레나의집이 용산에서 자리 잡을 수 있었던 것은 설립자 문애현 수녀와 이옥정 대표의 여러 노력이 있었기 때문에 가능했겠다는 생각을 한 적이 있다. 과거 막달레나의집은 설날에는 떡국을 끓여 나눠먹고, 명절에 떡을 돌리며, 고스톱판을 벌이기도 했고, 여성들에게 어려운 일이 있을 때에는 발 벗고 나서서 함께 해결하고자 노력하면서 용산집결지라는 '동네'에 가능한 가깝게 다가갔던 것 같다. 또한 아픈 사람이 찾아오면 병원에 데려가거나 쉼터에 함께 살면서 건강을 회복할 수 있도록 돌보기도 했고, 죽어가는 여성의 임종을 지켜보거나 연고가 없는 이들의 장례식을 치러 주기도 했다.** 이렇게 오랜 시간을 통해 신뢰가 쌓이고, 용산 지역의 '막달레'라는 데서 아픈 사람은 치료해 주고 장례도 치러 준다는 소문이 돌자 사람들이 알음알음 찾아오기 시작했고 이들은 다시 자신이 아는 사람을 데려오기도 했다. 이렇게 찾아온 사람들을 지원대상인지 아닌지, 기준과 조건을 따져 매정하게 내칠 수도 없지 않았을까. 그래서인지 몰라도, 이 시절 막달레나의집을 통해 의료서비스를 받았던 사람들 중에는 쉼터에

** 과거 막달레나의집 상황에 대해서는 이옥정 대표의 인터뷰와 『막달레나, 막 달래나?』(이옥정 구술, 엄상미 기록)를 참조했다.

입소한 여성뿐만 아니라 용산집결지에서 일하고 있는 현직 여성, 그리고 여성들의 가족이 포함되었고, 때로는 가난한 핌프나 업주도 있었다고 한다. 막달레나의집은 성매매공간의 여성들과 가장 가까운 곳에서 함께 있고자 하는 신념에서 시작되었기 때문에, 성을 파는 것을 그만두었든 그렇지 않든 누구나 최소한의 의료서비스를 받고 건강할 수 있는 조건에 있어야 한다는 생각이 가능했던 것이 아닐까 싶었다.

하지만 당시의 상황에서 이용할 수 있는 병원은 그리 많지 않았던 것 같다. 쉼터에 몸이 아픈 여성이 입소해도 적절한 치료를 받기 힘들 때가 많아 발을 동동 구르기도 했다. 또 기관의 형편이 넉넉하지 않았던 관계로 무료병원을 이용하거나 혹은 개인의 인적자원을 최대한 활용하여 비교적 저렴한 비용으로 의료기관에 가야 했다. 가난한 사람들이 이용할 수 있는 병원시설은 매우 제한적이었고, 그나마 가톨릭 등의 종교시설에서 자원봉사자를 통해 무료로 운영하고 있는 병원들이 서울에 몇 군데 있는 정도였다. 당시 실무자들은 대중교통으로 이동하며 각기 다른 병원에 입원해 있는 세 사람의 간병을 한날에 하기도 하였고, 조금이라도 먼저 진료순번표를 받기 위해 새벽같이 출발하여 병원 앞에 줄을 서 라면으로 끼니를 때우는 경우도 있었다고 한다. 여성들의 경우 진료과정에서 자신을 드러내야 하는 어려움으로 인해 병원에 가는 것을 불편한 일로 간주하기도 했다.

> 지금처럼 병원을 이용할 수 없었던 과거에는(80년대 후반) 무료로 진료하고 치료해 주는 병원에 갔었는데, 가난한 사람들이 많이 가기 때문에 그나마 거기 가는 것도 쉽지 않았거든. 지금은 건강보험이 있어

서 최소한의 보험료만 내면 어지간히 이용할 수 있지만 그전에는 그런 게 없어서 아파도 병원에 갈 수 있는 사람들이 많지 않았어. (무료로 진료해 주는 병원이) 서울에 몇 군데 안 됐었고. 그런데 거기서 문제가 생겼던 것이 사람은 많고 이용에는 한계가 있으니까 환자를 데려가면 병원상담원들이 지원할 사람인지 아닌지 혹은 정말 가난한 사람인지 아닌지를 꼬치꼬치 물어. 우리집(막달레나의집)에서 왔다는 사실을 사전에 아는 사람도 있었지만 다 자원봉사자이기 때문에 연결이 안 되어 모르는 경우도 있었지. 그러면 여성들의 상황에 자기네들이 감정이입되어 분노하면서 "왜 그렇게 살았어요? 거기서 나와야죠. 그렇게 하면 안 돼요." 이렇게 말해서 상처주기도 하고 의사들 역시 "집으로 빨리 가라. 부모들이 얼마나 기다리겠냐?"라면서 퉁명스럽게 말했지. 그런 걸로 힘들었던 적이 많았어. 돈이 없다는 게 바로 이런 거구나. 그저 가난한 사람들로만 보고 해주면 되는데 자기가 그 사람을 바꿔 놓으려고 하지. 그래서 속상하기도 하고……. (막달레나의집 이옥정 대표)

이옥정 대표는 의료인들이나 병원관계자들의 태도로 인해 여성들이 마음의 상처를 입었던 경험들을 떠올리며 속상해 했다. 이것은 단지 과거의 일이 아니라, 지금도 종종 겪을 수 있는 문제이다. 우리도 의료지원 과정에서 '성매매 피해여성' 지원시설에서 왔다는 것을 병원에 밝혀도 되는지 항상 고민을 하곤 한다. 의료인들이 진료과정 중에 인적사항과 개인사를 캐묻는 자세를 보이거나 성판매 경험을 듣고 이에 대한 자기 선입견을 담아 이야기를 할 때, 여성들은 당황스러워 하며 병원에 가는 것을 불편한 경험으로 생각하는 일도 있기 때문이다. 간혹, 병을 치료하러 갔다가 오히려 마음이 상해 돌아와서는 다시는 병원에 가고 싶지 않다고 불쾌한 감정을 호소하는 쉼터 식구들도 있었다. 의료인에 대한 신뢰가 불충분한 상황에서 이루어진 진료는 그리 만족스럽거나 효과적이지 않아 보였다. 성판매 여성에 대한 낙인 없이 진료를 받고자 하는 여성들의 욕구가 있기에, 의료지원에 있어서 단지 병원에 가는 것만이 전부는 아니라는 생각이 들곤 했다. 여성들이 자신의 건강문제를 고민하는 데 있어 병원에서의 진료가 좋은 경험으로 남아 의료서비스에 거부감 없이 접근할 수 있기를 바라기 때문이다.

변화가 열어준 새로운 시도, 다양한 고민

1) 사회적 변화와 공적지원의 확대 : 소통과 합의의 중요성

2000년대에 들어서면서 성판매 경험 여성들에 대한 지원이 필요하다는 사회적 공감대가 형성됨에 따라 의료지원 분야에서도 서서히 변화가 생기기 시작했다. 또 2004년 '성매매방지 및 피해자보호 등에 관한 법률' (이하 성매매방지법)의 제정으로 의료급여에 해당되지 않던 치료항목에 의료비용을 지원할 수 있는 조항이 신설되면서 의료지원의 폭도 확대되었다. 그리고 이전까지 미인가 시설이었던 막달레나의집은 신고시설로 전환하면서 국가의 자원을 활용할 수 있게 되었다.

막달레나의집은 2004년 여성부의 탈성매매 자활지원시범사업의 일환으로 '성매매공간에서의 경험과 전업에 대한 인식 및 조건들을 알아보고자' 전업인식조사를 기획하였다. 현직 여성들과 탈성매매하여 쉼터에 거주하면서 전업을 준비하고 있는 여성들을 대상으로 이루어진 이 설문조사에서 성매매공간에서의 질병경험을 묻는 질문에 예상 외로 다양한 대답들이 나왔다. 일상적인 감기를 비롯하여 생리불순, 자궁 내 물혹, 위염, 디스크, 빈혈, 타박상, 불면증, 손발 저림 등 여성들이 경험한 혹은 경험하고 있다고 응답한 질병의 종류는 범주화하기 어려울 정도로 여러 방면에 분포되어 있었다. 또한 삶의 조건, 즉 자신의 몸의 상태를 점검하는 여유와 같이 개인을 둘러싼 환경은 질병에 대한 인식에 영향을 미쳤다.*

이 조사결과를 통해 우리는 건강에 관한 여성들의 욕구가 실로 다양하며, 본인에게 필요하다고 여기는 의료서비스 역시 동일하지 않을 것이라고 유추할 수 있었다. 또한 자활에 걸림돌로 작용할 것이라 여겨지는 질병요인도 사람마다 다를 수 있다고 생각되었다. 그것은 성산업공간의 여성이 앓고 있을 것이라 생각되기 쉬운 '산부인과 질환' 일수도 있고, 대인관계를 기피할 정도로 치아의 상태가 좋지 않았지만 한번도 병원에 가본 적이 없는 '치과질환' 일수도 있다. 혹은 외출할 때마다 사람들의 이목을 신경 쓰게 만드는 '문신' 일 수도 있으며 의자에 앉는 것조차 어렵게 만드는 '치질' 일 수도 있다. 이렇듯 여성들이 각자의 상황에 따라 각기 다른 욕구들을 가지고 있는 것은 어쩌면 당연한 것일지도 모른다. 그렇기에 실무자와 여성 간의 상호교류과정을 통해 여성이 가지고 있는 건강에의 욕구, 지금까지 자신의 건강을 챙겨 온 방식, 그리고 의료서비스를 받은 경험에 대해 물어야 한다고 생각된다.

---

* 막달레나의집, 『2004 성매매로부터 탈주, 그리고 전업』.

사실 우리는 입사하면서부터 선배 실무자들에게 여성들이 갖고 있는 건강에 대한 욕구를 찾아 그 접점에서부터 지원을 고민해야 한다고 들었고, 이것을 자연스럽게 생각해 왔다. 하지만 그러한 방법 역시 막달레나의집에서 여성들과 건강문제에 대해 소통해온 경험과 시행착오를 통해 이루어졌을 것이며, 실제로 그 과정을 수행하는 것은 생각만큼 쉽지 않게 느껴졌다. 실무자의 입장에서 먼저 건강이 어떠할 것이라고 생각하기 이전에, 여성의 건강에 관한 욕구를 먼저 듣고 이해하며 소통하는 것은 실무자 자신이 가지고 있을지도 모르는 선입견과 인식의 틀을 깨야 가능한 것 같다.

또한 의료지원을 하느냐 마느냐의 여부에 집중하는 것이 아니라, '외부의 공적자원을 통해 이루어지는 의료지원' 의 한계를 설명하며 소통하고 합의하는 것은 여성 스스로 자신의 건강에 대한 욕구를 파악하는 데 중요한 부분이라는 생각이 들었다. 이러한 경험을 통해 여성들은 자신의 건강을 위해 필요한 것이 무엇인지 스스로 고민할 수 있었을 것이다. 하지만 성판매 경험 여성들을 위한 의료지원의 필요성에 공감하고 함께 할 수 있는 의사들을 만나기 전까지, 입소여성들에게 보다 적절한 진료를 하는 것이 쉽지는 않았다.

우리는 막달레나의집에서 어떻게 치과진료가 시작되었는지를 당시의 실무자들에게 들을 수 있었다. "아무리 '건강' 을 이야기하고 '자활' 을 이야기하더라도, 치아건강 상태로 인해 쉼터에서나 현장에서 밥을 씹어 삼킬 수 없는 여성들도 있다는 것을 알게 된" 일련의 경험들이 있었다는 것이다. '성매매 여성' 하면 의례히 산부인과 관련 질환을 떠올리기 쉽기 때문에 성판매 경험 여성과 치아건강을 연결시키는 것은 쉽지 않았을 것이다. 2004년경부터 막달레나의집 여성들을 진료해 온 송화수 치과 의사 역시 처음에는 '치과치료와 지원대상인 여성들 간에 어떤 관련이 있는지, 자신이 과연 도움이 될 수 있을지'를 되묻기도 했다고 한다. 하지만 그녀는 막달레나의집 식구들이 치과진료를 받기 시작하면서 변화하는 모습은 정말 놀라운 것이었다고 이야기했다. 당시 치과 의사에게 진료를 받으면서 잇솔질의 중요성에 대해 들었던 식구들은 이를 닦는 데 정성을 기울이기 시작했다. 식사를 마치자마자 화장실로 몰려가 시간을 재며 3분 동안 정성껏 양치질을 하는 식구들에게, "이빨을 왜 그렇게 열심히 닦냐?"고 실무자가 물었던 적이 있다. 그러자 "무식하게 이빨이 뭐야, 잇솔질이지" 하고 핀잔을 주며, 치아를 관리하는 것이 얼마나 중요한지를 열심히 일러 주었다. 앞니에 이상이 있어 말할 때마다 입을 가리곤 했던 한 식구는, 치과진료 후엔 "나 봐, 나 봐" 하면서 이제 자녀들을 만나러 갈 수 있겠다고, 이를 드러내며 환하게 웃기도 했다. 치과진료는 단순히 진료의 차원을 넘어서 식구들에게 자기 몸에 대한 애정과 자신감을 비롯한 '삶의 변화'를 일으키고 있는 것 같았다.

2) 또 다른 시도, 그리고 햇살고운진료소

일상에서부터 자신의 건강을 돌아볼 수 있는 것을 중요하게 인식하면서, 막달레나의집에서는 집결지 지역을 돌며 진료를 하는 '치과버스'에 대한 구상을 한 적이 있다는 얘기를 들은 적이 있다. 치과 설비가 차 안에 모두 실릴 수 없다는 것을 알게 되면서 이러한 상상은 무산됐지만, 이는 자연스럽게 현장과 가까운 곳에 여성들이 자유롭게 드나들 수 있는 진료소에 대한 생각으로 연결되었다. 이렇게 '구상'으로 시작된 진료소는 여성들을 위한 의료지원체계에 동참하고자 하는 의료인들을 만나면서 실질적으로 가능해졌다. 막달레나의집을 지원해 오던 몇몇 의사들을 통해 성판매 경험 여성들의 상황이 알려지면서 2004년 말부터는 여성들에 대한 적극적인 의료지원의 필요성을 공감하는 의사들이 모임을 갖기 시작했고, 그 결과 2005년 9월에 막달레나의집 현장지원센터 내 '햇살고운진료소'가 문을 열었다.*

햇살고운진료소의 진료과목에 가정의학과와 치과가 포함된 것은 그간 막달레나의집의 경험과 전업인식조사의 연구 결과를 참고한 것이었다. 진료소의 치료실 내에는 여성 의료인들의 후원으로 치과 베드 및 설비가 들어 왔고, 가정의학과 상담실도 만들어졌다. 개소 후 진료가 있는 수요일이면 많게는 하루에 20여 명씩 예약을 하고 진료를 받았다. 햇살고운진료소는 일회적인 의료행위가 아니라 막달레나의집이라는 공간을 기반으로 의사와 환자 간에 상시적인 소통이 가능하도록 일

---

* 2005년경 '행동하는 의사회', '건강사회를 위한 치과의사회' 등의 기존 의료집단 안에서 활동해오며 여성주의적 의료 실천에 관심을 가졌던 여성 의사들을 중심으로 성판매 여성들을 지원하기 위한 준비작업이 시작되었다. 2005년 봄 '늘푸른여성지원센터'를 통해 여성 전문가(의료·법률 분야)들이 참석하는 여성학 세미나가 시작되면서, 여성 의료인들은 성 인지적 관점의 의료서비스 및 여성들을 위한 진료소의 필요성에 공감하고 정기적인 모임을 통해 지원방향을 모색했다. 이후 워크샵과 회의 등을 통해 다양한 분야의 의료인들과 경험을 공유하면서 '여성의료연대'(가칭)가 결성되었고, '여성의 자원과 에너지로 대안적인 진료를 시도'하며 여성들에 대한 지원 논의가 본격적으로 이루어졌다. 마침 당시 막달레나의집에서는 2005년 9월부터 용산집결지 현장과 가까운 거리에서 현장지원센터(집결지 자활지원사업)를 시작할 예정이었기에, 시기적으로 지원센터 내에 진료소를 설치하여 여성들에게 효과적인 의료서비스를 제공할 수 있는 더없이 좋은 기회였다. 이에 신순회, 이가은 치과 의사, 정이은정 가정의학과 의사가 진료소 담당 의료진을 맡았고, 이렇게 만들어진 햇살고운진료소는 2005년 10월부터 진료를 시작하여 1년여간 운영되었으며, 2006년 11월에 문을 닫았다.

번적인 병원의 틀에서 벗어난 의료서비스를 시도했다. 이 진료소의 특이점은 성판매 경험 여성에 대한 효과적인 지원을 위해 여성 의료인들로 이루어진 자원과 에너지가 모여 새로운 의료적 내용과 형태로 추진되었다는 점이었다.

우리가 아는 한 여성들에 대한 의료적 서비스에서 햇살고운진료소와 같은 시도는, 막달레나의집에 있어서나 사회적으로나 전무후무한 것이었다. 그렇기에 당시 의료진들과 막달레나의집 실무자들은 지속적으로 소통하며 진료소의 위상과 체계, 서비스 방식 등에 대해 논의를 해야 했다. 진료소의 의료진과 현장지원센터의 상담원들은 정기적인 회의를 통해 좀더 효과적인 지원을 위한 고민을 나누었다. 또 질환을 진단하고 치료하는 기본적인 진료와 함께 외부 의료기관에서 시도하기 힘든 내담 여성의 일상에 대한 구체적인 상담이 이루어졌고, 개개인이 겪어온 삶의 이야기를 듣고 건강에 대한 욕구를 알기 위해 노력하는 과정을 병행했다.

'막달레나의집에서 차린 진료소'에 대한 소문을 듣고 찾아 온 여성들은 의료진들을 붙잡고 오랜 시간 동안 자신의 이야기를 털어놓기도 했기 때문에, 진료시간은 기본적으로 30분 이상이 소요됐고 1시간이 넘는 경우도 많았다. 또한 여성들이 진료소를 통해 일상적인 건강관리에 관심을 가질 수 있도록 다양한 프로그램(금연교실, 잇솔질교실, 비만교실, 당뇨교실)들도 열었다.

우리는 사회적 변화와 공적지원의 확대를 통해 이루어진 의료서비스의 형태와 내용이 개개인에게 어떤 경험으로 기억되고 있을지 궁금했다. 그래서 성매매공간의 여성들, 막달레나의집 실무자, 그리고 의료진. 이렇게 의료지원체계의 여러 축에서 함께 했던 사람들을 만나 여성들의 건강을 향한 고민의 궤적을 따라가 보았다.

자활하기 위한 건강, 혹은 삶의 권리로서의 건강

1) 삶으로부터 접근하기 : '성매매로 인한 질환' 규정이 갖는 함정

성매매방지법 시행규칙 제10조*는 여성들에 대한 의료지원의 범위를 성병, 성매매와 관련된 폭력으로 인한 상해, 알코올 및 약물중독, 성매매로 인한 정신질환 등 '성매매로 인한' (것이라고 여겨지는) 질환들을 열거하고 있다. 우리는 인터뷰에 참여한 의료진(송화수 치과 의사, 정이은정 가정의학과 의사)으로부터 한국표준질병 · 사인분류**에서 '성매매

---

* 성매매방지법 시행규칙 제10조, 제14조 제2항의 규정에 의하여 국가 또는 지방자치단체는 다음 각 호의 치료항목에 대한 의료비용 중 의료급여법상의 급여가 실시되지 아니하는 의료비용의 전부 또는 일부를 지원할 수 있다.

1. 성병감염여부의 진찰 검사 및 감염된 성병의 치료비용.
2. 성매매 또는 성매매와 관련한 폭력으로 인한 상해의 치료비용.
3. 알코올 및 약물중독의 치료 보호비용.
4. 성매매로 인한 정신질환(기분장애, 불안장애〔외상후 스트레스 증후군〕, 섭식장애, 인격장애, 정신분열증, 해리성장애, 성적장애 등)의 치료비용.
5. 성매매로 인하여 임신한 성매매피해자등의 검사 및 출산 등 임신과 관련한 비용.
6. 성매매와 관련된 것으로 판단되는 문신제거 및 피부질환 치료비용.
7. 그 밖에 성매매피해 질환을 확인하기 위한 검진에 소요되는 비용(초음파, 자기공명영상 및 양전자 단층촬영을 포함한다).

** 한국표준질병 · 사인 분류는 세계보건기구의 국제표준질병 · 사인 분류(ICD, International Classification of Disorders)를 기초로 통계청에서 발표하며, 의무기록자료 및 사망원인 통계조사 등 질병이환 및 사망과 관련된 자료를 그 성질의 유사성에 따라 체계적으로 분류한 것이다. 각종 질환이 총망라되어 의료코드에 따라 분류되며, 의료 행위 표기는 이를 기반으로 쓰여진다(통계청 홈페이지 www.nso.go.kr 참조). 이 분류에 따르면 질병이환 및 사망의 외인에는 빈곤 및 결핍 등 사회적 요소도 포함되어 있으나, '성매매' 그 자체를 질환의 원인으로 구분하지는 않는다.

로 인한 질환'이라는 구분은 존재하지 않는다는 설명을 들을 수 있었다. 의료적인 개념 안에 존재하지 않는 이 질병분류는 여성들의 건강을 위한 접근이기보다는, '성매매 피해로 한정된' 질환의 치료에 중점을 둔 용어에 가까운 것으로 보인다. 만약 법률의 규정을 엄격히 적용한다면 의료지원을 위해 여성들의 질환이 성매매에 의한 것이라는 의사의 소견이 필요하지만, 의학적인 입장에서 특정 질환이 성매매에 의한 것이라는 내용의 소견서를 써줄 수 있는 의사를 찾기는 어려울 듯 했다. 의료진과의 인터뷰를 통해 우리는 질병이 발생하는 단일한 요인이란 존재하지 않을 뿐만 아니라 그 인과관계가 불분명할 때가 더 많고, 더구나 여성들이 살아온 삶의 양상에 따른 불균형한 건강상태나 특정 질환의 요인은 의사로서 확인해 줄 수 있는 의학적인 설명 범위를 넘어선다는 점을 생각해 볼 수 있었다.

공적지원이 확대되면서 의료지원의 비용을 국가나 지방자치단체가 부담하는 것이 가능하게 되었기 때문에, 예전보다 양적으로든 질적으로든 향상된 의료지원이 이루어질 수 있었다는 점을 긍정적이라 생각한다는 의료진의 이야기에 우리는 고개를 끄덕였다. 제도적인 변화는 현장에서 노력할 수 있는 시도의 폭을 확실히 넓혀 주었다. 만약 그 모든 비용을 막달레나의집이라는 개별 단체 스스로 해결해야 했다면, 후원금을 모으기 위해 엄청난 시간과 노력이 필요했을 테니 말이다. 하지만 의료지원을 받을 수 있는 기준을 '성매매로 인한 질환'으로 한정짓는 것 때문에 현실의 벽에 부딪치곤 했다. 현장에서는 의료지원의 범위를 생각할 때, '어떤 질환을 성매매로 인한 것으로 볼 것인가'라는 점에서 종종 논쟁거리가 되기도 했던 것이다.

예를 들어 쉼터에 입소하여 생활하고 있는 한 여성이 업주로부터 선불금을 갚으라는 독촉 전화를 받고 나서 소화불량 증세를 보이다가 얼마 후에 급체를 했다면, 그녀의 삶에서 이것은 성판매 경험과 전혀 관련이 없다고 볼 수 있을까? 자활을 위해 학원을 다니며 공부하고 있는 여성이 앉아 있기조차 힘들 정도로 치질로 인한 어려움을 겪고 있다면 의료지원을 할 수 있는가, 없는가? 할 수 없다면 이 여성은 학업을 중단해야 하는가? 또 만약 어려운 가정형편으로 인해 제때 치료받지 못하여 지병이 생긴 여성이 성산업에 종사하고 있다면, 이 경우 '성매매로 인한 질환' 임을 확인받기 어려우므로 의료지원을 할 수 없는가? 인생의 어느 한 지점만을 딱 끊어서 그 삶의 속성을 규명할 수 있고 인과관계를 재단할 수 있을까? 성산업에 종사하는 여성들의 질환을 단지 성병으로만 한정시키는 것의 문제와 마찬가지로, 여성들의 건강문제를 성매매를 바라보는 틀 안에서만 생각한다면, 의료지원이 가장 필요한 상황에서 오히려 적절한 의료서비스가 이루어지지 못할 수도 있다. 또 다른 인터뷰 참여자인 용산집결지의 최경순 씨는 의료지원의 기준과 관련하여 자신의 생각을 이야기해 주었다.

이 사람이 건강하게 해가지고 나가야, 다시는 이 생활을 안 하는 거야. 근데 거기에 속한 (성매매와 관련된) 부분만 해주면 나가서 병든 몸으로 무얼 하라는 거야? 이게(지원이) 생겼다는 자체는 성매매 여성을 많이 줄이자는 목적 아닌가? 그런 목적 같으면 지금 성매매를 하고 있는 여자들을 (자활) 할 때까지는 건강을 다 돌봐서, 나갈 때 다시는 여기를 안 들어오게끔 해주는 그 목적에서, 병이라는 것은 모두 돌봐줘야 한다고 생각해. 그래야지 이 사람이 나가서 이것(성매매)을 안 할 수 있는 거야. 단지 하나 성매매에만 속한 것만, 그것에 의한 질병만 고쳐 준다는 것은 어떻게 보면 납득이 안 되는 거지. (최경순 씨)

그녀의 이야기는 의료지원 과정에서 생기곤 했던 우리의 고민과 비슷한 점이 있었다. 우리 역시도 여성들의 질환을 '어떤 것은 성매매에 의한 것이고, 어떤 것은 그렇지 않은지' 성긴 잣대로 구별하고 그 이유를 설명해야 하는 상황에 처할 때마다 이러한 규정의 한계를 느꼈던 적이 있다.

모든 건강문제를 지원을 통해 해결할 수 있다고 보지는 않지만, 중요한 것은 여성들의 삶을 총체적으로 이해하면서 가장 절실하고 필요한 건강에 대한 욕구를 찾아내는 상호작용이며, 그 과정에 따라 지원이 이루어진다면 여성들은 스스로의 삶에 더 적극적으로 개입할 수 있다는 생각이 들었다. 여성들의 자활 과정에서 치료가 필요한 질환의 경우 사례회의와 운영위원회 등의 절차를 통해 지원을 하고는 있지만, 좀더 각 개인의 상황과 필요에 맞추어 지원이 이루어지기 위해서는 더 많은 노력이 필요하다는 생각이 들 때가 많다.

2) 병을 질환 그 자체로 보지 못하는 것

탈성매매하여 쉼터에 있는 유희정 씨에게 인생에서 크게 아팠을 때의 기억 중 하나는 '골반염'에 걸렸을 때였다. 그때는 업소에서 일을 하면서 이제까지 경험했던 '최악의 악덕업주'로 인해 아파서 쓰러질 지경이 되었는데도 병원에 가지 못했던 시기였다. 당시 성병검진을 했던 보건소로부터 염증이 있으니 병원에 가서 치료한 후 다시 확인받으러 오라는 말을 들었으나 업주는 그저 괜찮다고만 하고 병원에 가지 못하게 하면서, 보건소에는 당사자(유희정 씨)가 더 이상 일하지 않는다고 거짓말을 하기도 했다고 한다. 그녀는 업소를 빠져나와 처음 들어간 쉼터에서 골반염을 치료한 후 퇴소했다가, 얼마 지나지 않아 자궁상피내암이라는 진단을 받아 다시 막달레나의집에 입소하고 수술을 했다.* 이 과정을 설명하면서 유희정 씨는 "정말, 진짜 창피했다"고 몇 번이나 반복했다. 그녀가 산부인과에 갈 때마다 들었던 생각들은 주로 "다른 사람들이 나를 어떻게 생각할까"에 대한 것이었다고 했다. 유희정 씨는 암에 대한 충격이 어느 정도 가라앉은 이후 주로 들었던 느낌을 "수치심이나 쪽팔림, 혹은 피해의식일지도 모르는 감정"으로 표현했다. 수술실에서의 짧은 시간을 돌이켜보는 중에서도 그녀는 자신의 몸과 수술에 대한 걱정보다 그저 "정신은 깨어 있고 사람들은 둘러서 있는 상황에서 창피하기만 한" 느낌으로 수술과정을 기억했다.

그런 거 있잖아요. 저 사람이 나를 어떻게 생각할까. 너무 성적으로 문란하다고 생각하지 않을까. 그런 생각이요. 병원 갈 때마다 혼자

* 성매매공간의 여성들이 건강관리수첩(보건증)을 소지하도록 하고 이를 관리했던 '위생관리규칙'에 관해 유희정 씨는 자신이 경험했던 바를 들려주었다. "한 2, 3, 4 개월, 다 그런 간격으로 옮겨 다녀 가지고, 옮겨 다닐 때마다 그런 걸 해야 된다는 게 나는 짜증이 나는 거예요. 그때 나는 마냥 귀찮기만 했어요. 그리고 보건증을 받으러 간 적이 한 번도 없거든요. 그냥 만들어 놓고, 받으러 가야지 가야지 했는데, 조금 일하다 보면 또 다른 데로 가잖아요. 내가 이런 보건증을 만들기는 하지만, 한 번도 그거에 대한 검사결과나 이런 거를 못 듣고, 그런 보건증을 못 받았기 때문에 귀찮다고 생각했을 수도 있는 것 같아요."

가는 거 싫어했어요. 처음에 병원에 가기 전에는 같이 가는 게 싫었는데, 왜냐하면 부인과잖아요. 그런 설명들을 상담원 선생님들이 같이 따라가면 그 얘기를 듣게 되잖아요. 내가 뭐 어떻게 해서 어디가 아프고, 그런 얘기를 듣는 것 그 자체가 창피한 거예요, 선생님하고도. 나에 대해서 안다는 자체가 창피한 거죠. 그런데 한 번 갔다 오고 나면 혼자 가기 싫은 거죠. 혼자 가면 너무 창피하니까. 자궁에 염증이 있고, 남자랑 성관계 많이 해서 그런 거다, 이렇게 의사가 말하면 그때는 그런 게 창피했는데, 내가 쪼그라드는 것 같고, 당당하지 못한 것 같고, 시선도 어디다 둬야 될지 모르고. (유희정 씨)

이야기를 하면서 유희정 씨는 감기나 다른 곳이 아팠을 때는 비교적 부담감 없이 병원에 갈 수 있었는데 반해, 산부인과적 질환의 경우 다른 사람들의 시선이 항상 의식되었다고 했다. 또한 그녀는 시설 입소를 통해 받을 수 있는 의료급여증을 '보건증' 과 비슷한 종류로 착각한 적도 있다고 이야기했다.** 의료지원 과정에서 들었던 고민을 누군가와 나누기 힘들었다는 유희정 씨의 이야기를 들으면서 실무자로서 많이 부족했다는 생각에 미안해졌다. 미처 알지 못했던 유희정 씨의 뒷이

** 한때 그녀는 쉼터에 입소하면서 받게 된 의료급여증을 국가가 성산업 종사 여성에게 발급하는 '보건증' 과 비슷한 성격으로 파악하여 이것이 성매매와 관련된 시설에 있다는 것을 나타낸다고 생각했다고 한다. 처음에 있던 쉼터에서도, 두번째 쉼터에서도 모두 같은 1종의 의료급여증을 받았기 때문에 그녀는 그렇게 생각하는 것이 자신으로서는 너무 자연스러웠고, 누구에게도 물어볼 생각을 못 했다는 것이었다. 간호조무사로 일하면서 그녀는 1종, 2종 의료급여수급권자인 환자를 통해 이것이 사회복지시스템이라는 것을 알게 되면서 가까스로 오해가 풀렸다고 했다. 하지만 그걸 알기까지 1년여의 기간이 있었고, 그동안 유희정 씨는 자신이 어떤 사람인지 드러날까 봐 병원에 가고 싶어도 갈지 말지를 항상 고민하고 망설였다고 했다.

야기를 들으면서, 우리는 여성들을 만날 때 스스로를 어떻게 생각하고 있는지, 어떤 증상과 건강문제로 무엇을 불편해 하고 있는지를 우선 '듣는 것'이 얼마나 중요한지 생각하게 되었다. 여성들이 어떠한 질환에 더 취약할 것이라는 가정이나 고정된 생각이 실제 의료서비스가 수행되는 과정에 영향을 미치기 때문에, 여성 개인의 상황과 고민을 더 민감하게 알아차려야 하는 것이다.

성판매 경험 여성을 만나 '이 여성이 얼마나 건강한지, 어떤 병력을 가지고 있는지, 현재 스스로 어느 부분의 건강에 문제가 있다고 보는지, 이를 개선하기 위해 어떤 방법이 필요한지' 등을 알기 위해서 우리는 보통 "어디가 아프세요?", "어떤 점이 불편하세요?"라고 물어보게 된다. 사실 이때 성판매 경험 여성들의 질환에 대한 통계적 수치는 그다지 필요하지 않다. 특정 질환의 유병률이 70%가 넘는다 하더라도 내가 만난 여성이 그 질환을 갖고 있지 않다면 그 여성에게는 0%가 되는 것이고, 유병률이 10%가 채 안 된다 하더라도 한 여성이 그 질환을 갖고 있다면 그 여성에게는 100%가 된다.

우리는 막달레나의집 현장지원센터의 홍춘희 팀장과 인터뷰를 하면서도 이러한 이야기를 들을 수 있었다. 그녀는 "의료지원을 삶의 전체 영역과 분리시켜 볼 수 있는 것이 아니"라고 하면서, 여성들의 질환에 관한 통계수치가 가질 수 있는 위험성에 대하여 언급했다. 그녀는 '산부인과 질환 몇 명, 안과 질환 몇 명, 내과 질환 몇 명', 이런 식의 통계가 "그 여성들의 삶과 건강에 대한 풀스토리를 이해하는 것"에 도움이 되기보다는, 오히려 여성들에 대한 사회적 편견이 적용되어 해석될 수 있다고 말했다. 홍춘희 팀장의 이야기를 들으면서 우리는 특정한 병이 성매매에 의해 생겨난 것인지의 여부나 그 병증이 사회에서 어떤 식으로 나타나고 있는지의 경향을 판단해 버리기보다는, 그 사람의 삶에 대해 구체적으로 이해하고 존중하는 것에서부터 시작하여 개개인이 겪고 있는 건강문제를 바라보는 것이 중요하다는 것을 다시 한 번 느끼게 되었다.

3) "건강해야지 내가 잘 사니까"

개개인이 느끼고 있는 건강문제만큼이나 성판매 경험 여성들이 이용해 왔던 의료서비스의 경험도 아마 각각 다를 것이다. 자신이 어떤 일을 하는지 드러내지 않고 그냥 보통의 의료기관을 방문하거나, 보건소 등의 공공의료체계를 이용할 때도 있고(이마저도 보험료 체납 및 주민등록 말소 등으로 인해 어려운 경우가 많다), 때로는 구전으로 알게 된 생활습관 등을 통해 자기 나름의 방식으로 건강관리를 하기도 한다. 용산집결지의 최경순 씨의 이야기를 통해서 나타난 자신의 건강을 돌봐 온 방법은* "그런 쪽(성병이나 염증 등 생식기계통 질병)으로는 확실하게 챙겨

---

* 최경순 씨는 본인 스스로 성병이나 염증으로부터 몸을 돌보았던 '철저한 관리' 방식에 대해 다음과 같이 들려주었다. "그때만 하더라도 이 생활을 하기 때문에, 철저하게 관리하는 사람들은 진짜 철저해. 그래도 걸리는 것은 어쩔 수 없지만. 나도 진짜 철저하게 했거든. 옛날 언니들이 영업 끝나고 어떻게 하면 성병에 안 걸리는지 가르쳐 준단 말이야. 그래서 나도 좋다는 것은 다 따라했어. 언니들이 관계 가지고 나면 세정제 쓰지 말고 치약을 물에 풀어서 그걸로 소독하라고 했지. 그러면 안 쓰리고 오히려 시원해. 그렇게 하고 나면 밑에가 보송보송하고 깨끗해. 자고 일어나면 냉 한 방울이 없어. 그리고 우리가 먹는 염증약이 있는데 좋아. 독하고 수시로 먹어. 나 같은 경우에는 염증주사를 스스로 놔. 그러니까 영업을 조금 심하게 했다, 손님을 심하게 받았다고 생각하면 주사를 맞아. 지금은 그런 게 없지만 옛날에는 약국에서 다 팔았고 지금도 천안이나 수원에 가면 10개씩, 20개씩 팔아. 그래서 우리는 그런 쪽으로는 자신을 하는 거지. 그래서 나도 이 생활 십 몇 년 해봤지만 임질 같은 소소한 것은 안 걸려봤어. 그렇게 관리를 했기 때문에……."

서 자신하는" 믿음으로 표현되기도 했고, 한편 그렇게 철저하다고 표현되는 자기 관리의 내면에는 "어디서 어떻게 걸릴지 모르는" 병에 대한 두려움이 존재하기도 했다. 한편으로 최경순 씨는 성접촉을 매개로 걸릴 수 있는 질병에 대한 본인의 대처 방식을 확신이 담긴 어조로 설명하기도 했는데, 우리는 그녀가 일을 하면서 갖게 된 '노하우'가 오히려 그녀의 건강을 해치지는 않을까 걱정이 되기도 했다.

최경순 씨는 보건소에 다니면서 성병검사도 알아서 챙기고, 현장지원센터에서도 먼저 에이즈 교육과 익명검사를 희망했을 정도로 적극적이었다. 그녀는 "콘돔도 100% 안전하지 않고, 손님에 따라 쓸 수 없을 때가 있기 때문에, 결국 이 생활 하면서 제일 안전한 건 병원에 자주 다니는 것"이라고 했다. 성병 위주의 검진에 대해서도 "여기 있는 아가씨들에게는 그것도 큰 도움이 되는 거"라고 했는데, "물론 전반적으로 건강을 챙길 수 있게 다른 검진도 해주면 좋겠지만, 어쨌든 항상 불안한 게 '(성매매와 관련된) 그런 부분'이고 (성매매와 관련이 없어 보이는) 다른 병에 걸리면 병원 가서 말이라도 할 수 있지만, 이거는 창피해서 이런 말 못하기 때문"이라고 이야기했다. 그녀는 자신을 포함해 이 일을 하는 여성들과 이들의 건강에 대한 염려가 컸다. 한편 그녀는 자신의 건강에 관심을 갖고 전반적으로 잘 챙기려 노력하고 있음에도 불구하고 현장지원센터의 의료지원이 끝난 다음에는* 여전히 비용이 많이 들어가는 일반적인 의료체계는 낯설고 접근하기도 어렵다고 했다.

---

* 집결지 자활지원사업은 여성 개인당 지원한도금액 및 지원기간(최장 1년)에 제한이 있다. 탈성매매한 여성의 경우 상담소 및 쉼터의 이용자로서 지원이 가능하나 이 역시도 기간과 한도의 제한을 받는다.

또한 최경순 씨는 '인생에서 정말 많이 아팠던 경험' (몇 년 전 심각한 척추성 결핵으로 수술을 받은 후 1~2년간 누워 지내야 할 수도 있다는 진단을 받은 적이 있다)을 설명하면서 이러한 계기가 스스로 건강하게 살려고 노력하게 된 요인이 되었다고 했다. 그녀는 이 결핵의 원인을 자살시도로 인해 폐에 들어갔던 바닷물을 "다 말리지 못하고" 퇴원을 하여 늑막염으로 발전한 것에서 찾았다. 그리고 그렇게 아팠음에도 불구하고 지금 큰 탈 없이 지낼 수 있는 이유는 평소에 식생활에 신경을 쓰고 자신의 건강을 돌보려고 했던 생활자세 때문이라고 생각했다.

> 건강해야지 내가 잘 사니까. 내가 이런(성매매) 생활을 해서 이걸로 인해서 내가 병든 거거든. 왜? 이런 생활을 안 했으면 죽고 싶다는 생각도 안 했을 거거든. 내 자신이 (이렇게 산 것에 대해) 후회하고 그런 것이 아니라, 내가 이렇게 살았기 때문에 앞으로 남은 인생은 잘 살고 싶기 때문에 챙기는 거지……. 이거(성매매) 하는 것도 서러운데 몸까지 아파봐. 더 서럽지. 몸이라도 건강하면 희망이라도 있거든. 근데 몸까지 아프면 희망이 없어. (최경순 씨)

그녀가 "남은 인생을 잘 살고 싶기 때문에" 노력하는 것에는 "사람이 알아서 (스스로의 건강을) 챙겨야 하지만, 몰라서 못 챙기는 사람이 있고 그러면 옆에서도 챙겨줘야" 되기 때문에 건강에 대한 이런 저런 정보를 챙겨 보며 다른 사람들에게도 알려주고, 방에 러닝 머신을 놓고 운동도 하고, 보건소에서 검진도 받고, 이것저것 건강에 좋은 음식을 골고루 먹는 것들이 포함되어 있었다. 인터뷰를 마치면서도 그녀가 가장 강조해서 이야기했던 것은 "(성매매공간) 여성들의 건강을 위해서는 지속적인 의료지원이 꼭 필요하다"는 내용이었다.

또 다른 인터뷰 참여자인 유희정 씨는 "상황에 따라 병원 갈 때마다 마음이 바뀌는 것 같아요. 대화를 하고 느끼는 것도 달라지고, 어떤 상태에서 누구랑 어떻게 병원을 가느냐에 따라서도 달라지는 것 같고요"라고 하면서 같은 산부인과를 가면서도 더 이상 수치심을 느끼지 않았던 경험을 이야기했다. 쉼터에 입소한 후 1년여가 지난 뒤 생리불순이 있어 산부인과에 갔던 경험이 있었는데 이때는 스스로 '성관계' 문제가 아니었기 때문에 앞서 말한 수치심, '나를 어떻게 볼까' 하는 걱정은 강하게 들지 않았다고 했다. 한편 그녀는 지난 경험을 통해 "무조건 아프면 방치하지 말고 병원 가야 한다"는 것을 알게 되었다며 "엄마가 살아계셨을 때는 병원에 잘 다닐 수 있었다"고 어린 시절의 기억을 떠올렸다. 그러면서 어렸을 적에 그녀의 어머니 덕분에 몸에 좋다는 개구리 뒷다리를 튀겨먹기도 하고, 보약도 지어먹고, 감기에라도 걸리면 "꼬박꼬박" 병원에 가곤 했던 경험을 들려주었다.

또 유희정 씨는 1종 의료급여증에 대한 정확한 사실을 알게 되고 나서 병원도 잘 다닐 수 있게 되었고, 급여카드에 써 있는 막달레나의 집이라는 곳이 어떤 곳인지 궁금해 하는 사람도 있겠지만 누군가 알아볼까봐 걱정이 되지는 않으며, 오히려 급여카드를 병원에 제시할 때 기분이 좋을 때도 있다고 했다. 진료비도 안 드니 때로는 자신이 "왠지 특별한 혜택을 받는 것 같은" 느낌이 들 때도 있어서였다. 유희정 씨는 쉼터에 있으면서 자신이 많이 변했다고 이야기한다. "쉼터에 처음 왔을 때의 위축되었던 모습"과 비교해 보면, 지금은 "생각하는 것도 변하고,

자신감이 회복이 되고, 할 말은 할 수 있게 된" 자신의 변화를 이야기하는 그녀에게 그 이유를 물었다. 그랬더니 잠시 생각하다가 그녀는 "일단 아프지 않고, 아프면 언제 어떻게든 병원에 갈 수 있는 환경이 마련되었고, 학력도 생겼고, 나이 먹어서도 할 수 있는 직업이 생겼고, 집에 편히 와서 쉴 수 있는 공간이 있으니" 가능했을 것이라고 했다.

4) 건강이란 무엇인가?

보통의 의료인들은 아마 자신의 일상적인 의료공간에서 '성판매 여성'을 만나기 힘들 것이다. 유희정 씨가 "누가 그러고 싶겠냐"고 반문했던 것처럼, 대부분의 여성들은 병원에서 성매매와 관련된 자신의 경험을 일부러 밝히지 않을 것이라는 생각이 든다. 송화수 치과 의사와 정이은정 가정의학과 의사는 막달레나의집을 통해 성판매 경험 여성들을 만나면서 일반적인 용어로 뭉뚱그려진 어떤 '집단'이 아닌 구체적인 삶의 내력을 가지고 있는 '개인들'을 만날 수 있었다는 점을 매우 중요하게 보고 있었다. 물론 그전에도 노숙자나 외국인노동자 등을 대상으로 무료 의료지원활동을 했던 경험은 있었지만, 정이은정 의사는 환자와의 소통과 변화 없이 너무 짧은 시간 안에 이루어지는 단편적 의료행위가 계속되면서 진료 후에도 공허함이 많이 남았다고 했다. 그러나 햇살고운진료소에서의 경험은 그녀에게 이전의 활동과는 달랐던 것으로 기억되고 있었다.

인터뷰를 하면서 의료진들은 자신들이 진료했던 여성들을 떠올리며, 꽤 오랜 시간이 지났음에도 불구하고, 진료과정 중 이들과 어떻게 소통했는지를 생생하게 묘사했다. 기술적인 의료행위가 개개인의 삶에 얼마나 영향을 미치며 사람들이 좀더 행복해지는 데 어떻게 도움이 되는지를 선명하게 느끼게 해주는, 의사로서 행한 노동의 근본적인 가치를 확인시켜 주는 계기이기도 했다는 것이었다. 의료진들은 이러한 '만남'이 단지 개인적으로 이루어진 것이 아니라 햇살고운진료소라는 구조적인 배경과 그간 노력해 온 여러 사람들이 있었기에 가능했다며, 자신들 혼자서는 하기 힘들었을 것이라는 점을 강조했다.

의료진들의 이야기를 들으며, 우리 역시도 의료지원 과정에서 만났던 여성들의 얼굴이 하나하나 떠올랐다. 의료진과 상담원들에게 심리적 거리를 두며 냉소적인 태도로 일관했던 여성이 처음으로 "○○씨, 요새 어떻게 지내세요?"하며 진심이 느껴지는 따뜻한 인사를 건네기 시작했던 때, 매사에 자신이 없다며 사람들을 대하기 두려워했던 한 여성이 치과치료 이후 "이젠 웃는 것이 두렵지 않다"며 좀더 자신감 있는 삶을 계획하기 시작했을 때, '바깥세계'에 있는 병원을 처음 가보았던 한 여성이 얼마 후에는 '의사선생님의 지도편달(?)' 없이도 스스로 자기 건강에 관심을 갖고 병원을 찾기 시작했던 때, 콜레스테롤 수치가 높다는 의료진의 이야기를 듣고 평소 즐겨먹던 오징어를 입에 전혀 대지 않는 한 여성을 보며 놀랐던 때들이 떠올랐다. 많은 여성들이 햇살고운진료소에 그리 큰 거부감 없이 찾아올 수 있었던 것은, 진료소에 대한 편견이 덜 했던 것도 있었겠지만, 동시에 그녀들이 호소하는 건강문제를 열린 자세로 듣고자 했던 상담원과 의료진들이 있었기에 가능한 점도 있었다고 생각한다.

정이은정 의사는 성판매 경험 여성들을 진료하기 이전에는 막연히 여성들의 인권을 위해 사회적인 시스템이 바뀌는 것이 우선이라고 생각했는데, 막상 진료소에서 활동하면서는 "구체적으로 의사와 환자가 만나는 과정과 상황의 중요성, 시스템이 다 해결해 줄 수 없는 부분"을 인식하게 되었다고 했다. 그녀는 여성들의 현재 상태를 인정하면서 자신의 건강상태에 대해 어떤 불편이 있는지 그녀들의 맥락에서 건강의 의미를 더 잘 듣고 이해하려고 노력하게 되었고, 다른 한편으로는 일반적인 의사-환자와의 관계, 건강의 정의에 대한 성찰을 하게 되었다고 했다. "현 의료시스템에서 증상을 만들어낸 환자의 삶의 맥락을 고려하기보다는, 질병을 규정하는 증상 자체에 대해서만 보게 되는 의료적 행위에 대해 근본적인 고민을 하게 되었다"는 것이었다.

한편 여성들에게 의료지원 과정은 자신의 건강을 고민하고 나름의 실천 방법을 몸소 알게 되는 경험이기도 했다. 인터뷰에 참여한 여성들에게 건강이 무엇이라고 생각하는지 질문 했더니 "지금 현재, 몸과 마음, 기분을 모두 포함한 나의 상태 전부"(유희정), "남들에게 손가락질 안 받고 좀 떳떳하게 할 수 있는 일"(최경순)이라는 대답을 들을 수 있었는데, 둘 다 공통적으로는 "몸과 마음의 건강"이라는 정의를 내렸다. 병을 앓았거나 의료지원을 받았던 경험과 관련한 우리의 질문에 여성들은 몸과 마음, 사회적 위치, 안정적인 주거, 자신에 대한 존중감 등을 건강에 대한 대답으로 포함시켰다.

의료지원 과정을 경험한 사람들의 이야기는 건강에 대한 자기 민감성을 높이기 위해 노력하고 실천하는 것, 여성들의 건강문제를 있는 그대로 바라보려고 노력하는 것 자체가 넓은 의미에서 여성들의 건강을 위한 의미 있는 시도라는 점을 우리에게 깨우쳐 주었다. 이와 관련해 현장지원센터의 홍춘희 팀장은 "이러한 지원으로 당장 여성들이 집결지에서 나올 거라는 것은 단지 우리의 기대와 환상뿐일 수도 있다"는 점을 상기시켜 주었다. 중요한 것은 "여성들이 자신의 욕구에 기반해서 나오지 않았을 때 또 다른 문제가 생기는 것"이라는 점이다. 단지 어떠어떠한 지원이 이루어졌다고 해서 그것이 바로 여성들이 자신의 삶을 바꾸어야 하고 바꿀 수 있다는 '충분조건'이 되지는 않는 것이다. 또한 그녀는 진료소의 의미에 대해 설명하면서 여성들이 자신의 건강에 대한 '민감성'이 높아졌다는 점을 들었다. 그러면서 예전에는 어디가 아프다 하더라도 막연하고 낯설기 때문에 그냥 약국에서 약을 타다 먹는다든가 했는데, 진료소를 이용한 후에는 스스로 예약을 해서 병원을 찾아가고, 건강에 관심을 가지면서 변화된 모습을 주변에 자랑하고, 다른 사람의 건강에 문제가 생겼을 때 조언을 하는 모습 등을 그 예로 들었다. 또한 여성들이 매주 진료소를 와야 한다는 약속을 지키려고 노력하는 과정에서 자기 생활과 시간을 조정할 수 있는 힘을 발휘할 수 있었던 것이 아닐까 했다.

정책적 의미에서 여성들에 대한 의료지원은 '성매매에 의한 질환'으로 한정되었고, '탈업소'를 유도하기 위한 것이긴 하지만 예전보다 나아진 의료적 서비스를 제공하면 곧바로 눈에 띄는 효과가 나타나야 한다는 생각은 조급한 기대이기 쉽다. 여성들에 대한 의료지원 과정을 통해 우리는 단지 병에 대한 진료적 차원으로서만 의료지원을 생각하지 않게 되었다. 돌이켜 보면 우리는 쉽게, 건강을 질병중심으로 파악하고 건강에 대한 욕구를 듣기보다는 무엇이 문제인지를 확인하려 했던 부끄러운 경험을 가지고 있다. 누구에게나 마찬가지이겠지만 성판매 경험 여성들의 건강한 삶을 위해 중요한 것은, 홍춘희 팀장의 말처럼 "자신에게 병이 무엇인가를 확인하고 진단하고 치료하고 그 이후에 계속 건강에 대한 관심을 갖는다는 총체적 과정 속에서 자신을 바라볼 수 있게 하는 것"이 아닐까. 물론, 이것이 한 순간에 이루어질 수 있는 쉬운 일은 아닌 것 같다. 그리고 그런 의미에서 여성들의 건강을 위한 노력은 이제까지 그래왔던 것처럼 앞으로도 계속 다양한 방법으로 시도될 것이다.

나가며

이 글은 여성들의 건강을 위한 여러 노력과 시도 가운데 막달레나의집을 배경으로 이루어진 일부분만을 담고 있을 뿐이다. 여성들의 건강문제를 해결하기 위해 해왔던 시도를 되짚어 가면서, '건강'이란 주제를 풀어내기 위해 우리 역시 '의료서비스'나 '질환'을 중심으로 생각했던 것이 아닌지 반성해 본다. 자신들의 경험을 해석하고 건강을 바라보고자 하는 인터뷰 참여자들의 이야기 속에서, 삶의 건강에 대한 수많은 해답들이 존재했다. 그리고 여성들의 건강을 위해 노력하는 과정에는 '건강성에 대한 인식의 변화와 삶에 대한 성찰'이 있었던 것 같다. 스스로 건강해지고 자기 자신에 대해 편안해지기 위해 끊임없이 찾아 가야 하는 개개인의 긴 여정들이 있기 때문에, 여성들의 건강문제에 대해 논하거나 판단하기 이전에 먼저 '잘 듣고 살피기'의 과정이 있어야 한다는 생각을 한다. 여성들이 가진 건강문제는 누가 규정해 주어야만 하는 것이 아니며, 실은 그 자신들로부터 건강에 대한 정의가 시작되기 때문이다.

그래서 이글을 마무리하면서도 우리는 여전히 성판매 여성의 건강에 대해 말할 수 있는 것이 없다. 어쩌면 당연한 것일지도 모른다. 이 작은 돌아봄을 통해 우리에게 남은 것은 더 많은 소통과 논의가 필요한 의문들뿐이다. 그리고 새삼스럽게, 단순한 생각 하나가 떠오른다. 사람들은 인생을 살면서 온갖 크고 작은 병에 걸린다. 우리 역시도 아프기 싫어하며, 병원 가는 것을 두려워하기도 하고, 병원비 부담에 대한 걱정 없이 필요한 진료를 받고 싶어 한다. 이왕이면 좀더 친절하게 대해 주는 의사를 만나고 싶고, 환자를 무시하지 않고 존중할 것이라고 신뢰할 수 있는 병원에 가고 싶다. 건강하고 행복해지고 싶다. 그리고 우리가 원하는 것만큼이나 다른 사람들도 그러하다는 것을 알고 있다. 이것은 인생에서 어떤 경험을 가졌든 무슨 일을 하든, 누구나 누려야 할 권리이다.

그래서 다시 또 누군가가 성판매 여성의 건강문제를 묻는다면 우리는 여전히 대답을 얼버무릴 수도 있지만, "어떻게 생각하시는데요?"라고 되물을 수도 있을 것 같다. 그 질문에, 성판매 여성에 대한 자신의 선입견을 돌이켜 보는 마음이 있기를, 그리고 진정으로 타인의 목소리에 귀기울일 수 있는 성찰이 있기를, 그리고 우리 자신도 그러한지 돌아볼 수 있기를, 바라면서 말이다.

·참고문헌·

1장 _ '성매매', 경계를 두드리는 소수자의 물음들

고병권, 「우리는 모두 소수자이다: 박경석과 고병권의 대담」, 『소수성의 정치학』(부커진R 제1호), 그린비, 2007.

고정갑희, 「성매매방지법과 여성주의자들의 방향감각」, 『여/성이론』 통권 12호, 여성문화이론연구소, 2005.

김애령 · 원미혜, 「성매매로부터의 탈주, 그리고 전업」, 『탈성매매, 미래를 준비하는 여성들』, 막달레나의집, 2003.

김은실, 「일상의 억압과 인권」, 『일상의 억압과 소수자의 인권』, 사람생각, 2000.

김지혜, 「몸, 자기치유 워크샵」, 『서울시 늘푸른여성지원센터 실무자아카데미-VI 자료』(미간행), 2005.

김현숙, 「민족의 상징, '양공주'」, 일레인 김 · 최정무 엮음, 『위험한 여성』, 삼인, 2001.

다시함께센터, 「다시함께센터의 상담사례를 중심으로 본 성매매 피해여성 법률지원의 성과와 과제」, 『다시함께센터 개소 2주년 기념 자료집』, 2005.

문은미, 「노동자원으로서의 섹슈얼리티 연구 : 이십대 행사도우미를 중심으로」, 『여/성이론』 통권3호, 여성문화이론연구소, 2000.

민경자, 「한국 성매매여성의 연대와 집단화」, 『우리 시대의 소수자운동』, 이학사, 2005.

민주성노동자연대 외, 『'성매매방지법 1년 평가와 성노동자운동의 방향과 전망'

자료집』, 2005.
박홍주, 「성별화된 노동시장과 여성의 일」, 『황해문화』 제46호, 2005.
백재희, 「한국사회의 성매매 담론, 정책 그리고 현실간의 '간극'」, 『서울시 늘푸른 여성지원센터 실무자아카데미-IV 자료』(미간행), 2005.
______, 「의료, 법률분야 전문직 여성활동가를 위한 여성학 세미나」, 『서울시 늘푸른여성지원센터 실무자아카데미-IV 자료』(미간행), 2005.
(사)성내매피해여성지원센터 살림 엮음, 『너희는 봄을 사지만 우리는 겨울을 판다』, 삼인, 2006.
송관재 · 이재창 · 홍영오, 「사회적 오점보유자들에 대한 편견과 차별 및 자존감에 관한 연구 : 지체장애인 및 윤락녀를 중심으로」, 『한국심리학회지 : 사회문제』 7권 1호, 2001.
엄상미, 「어떤 역사 : 성매매 지역 여성들의 자치 조직, 개나리회」, 막달레나의집 엮음, 『용감한 여성들, 늑대를 타고 달리는』, 삼인, 2002.
원미혜, 「토론 "성판매 여성의 '인권', 어떻게 접근할 것인가?"」, 서울대 여성연구소 기획, 이재인 엮음, 『성매매의 정치학』, 한울, 2006.
______, 「여성주의 성정치 : 성매매 '근절' 운동을 넘어서」, 『여/성이론』 통권 10호, 여성문화이론연구소, 2004.
유숙란, 「한국과 독일의 성매매정책 결정과정 비교분석 : 도덕, 젠더, 평등 프레임 논쟁을 중심으로」, 『여성학의 쟁점과 젠더질서의 재편』(2007 한국여성학회 제 23차 춘계학술대회 자료집), 2007.
윤덕경 · 변화순 · 박선영, 『성매매방지법상 성매매피해자에 관한 연구』(미간행), 한국여성개발원, 2005.
이진경, 『노마디즘 1』, 휴머니스트, 2002.
______, 「소수자와 반역사적 돌발 : 소수적인 역사는 어떻게 가능한가?」, 『소수성의 정치학』(부커진R 제1호), 그린비, 2007.
장필화 외, 『성매매방지를 위한 국외 대안사례 연구』(연구용역보고서), 여성부, 2001.
정봉엽, 「여성가족부의 성매매방지법 시행 1년 평가 : 성과와 과제」, 『성매매방지법 시행 1년, 그 성과와 과제』(성매매근절을위한한소리회 · 한국여성의전화연합 공동 포럼 자료집), 2005.

조선일보, 「"경찰이 진정서 냈다고 행패" 윤락여성들 인권위에 호소」, 2002년 1월 5일.
최협 외, 『한국의 소수자, 실태와 전망』, 한울아카데미, 2004.
태혜숙, 『한국의 탈식민 페미니즘과 지식생산』, 문화과학사, 2005.
한인섭, 「왜 소수자 약자의 인권인가?」, 『일상의 억압과 소수자의 인권』, 사람생각, 2000.
허라금, 「여성주의 윤리의 개념화 : 관계의 민주화를 향하여」, 『여성주의 윤리학 : 이론과 그 응용』(한국여성학회 제14차 춘계학술대회 자료집), 한국여성학회, 1998.
앤 퍼거슨, 「도덕적 위험부담, 매매춘」, 『매매춘에 대한 여성학적 접근』(제2차 아시아여성학워크샵 자료집), 아시아여성학센터, 1996.
에이미 플라워즈, 『판타지공장 : 내부자의 시각에서 본 폰섹스 산업』, 박범수 옮김, 동문선, 2001.
질 들뢰즈 · 펠릭스 가타리, 『천 개의고원』, 김재인 옮김, 새물결, 2001.
캐슬린 배리, 『섹슈얼리티의 매춘화』, 김은정 · 정금나 옮김, 삼인, 2002.
Rubin, Gayle, "Thinking Sex: Notes for a Radical Theory of the Politics of Sexuality", Carole S. Vance ed., *Pleasure and Danger: Exploring Female Sexuality.* Routledge & Kegan Paul, 1984.
Sandoval, Chela, "U.S Third World Feminism: The Theory and Method of Oppositional Consciousness in the Postmodern World", *Genders*, vol. 10, 1991.
Scott, W. Joan, "The Evidence of Experience", *Critical Inquiry*, Vol. 17, 1991.
Truong, Thanh-Dam, *Sex, Money and Morality*, Zed Books, 1990.

3장_법은 무엇을 할 수 없는가

김애령, "'Women' in the "Juvenile Sex Protection Law" and "Preventive Act of Prostitution" in Korea: Ideas of Justice and the Practice of Law" (제9차 세계여성학 대회 패널 발표자료, 미간행), 2005.

김애령·원미혜, 「성매매로부터의 탈주, 그리고 전업」, 『탈성매매, 미래를 준비하는 여성들』, 막달레나의집, 2003.
김은경, 「성매매에 관한 페미니즘 담론과 형사정책적 딜레마」, 『형사정책』 제 14권 2호, 한국형사정책학회, 2002.
막달레나의집, 『2004 성매매로부터의 탈주, 그리고 전업』, 막달레나의 집, 2004.
______, 『태양을 꿈꾸다 : 용산집결지 삶에 관한 보고서』, 막달레나의집, 2005.
막달레나의집·민주사회를 위한 변호사 모임, 『성매매 관련 법률 안내서』, 막달레나의집, 2004.
양현아, 「성매매방지법: 법과 사회구조, 성매매여성」, 『황해문화』 46호, 2005년 봄호.
여성부, 「성매매 없는 사회를 위하여」, 여성부, 2004.
원미혜, 「성매매 감소와 성판매자의 인권을 위한 모색: 해외의 경우」, 『황해문화』 46호, 2005년 봄호.
______, 「여성주의 성정치 : 성매매 '근절' 운동을 넘어서서」, 서울대 여성연구소 기획, 이재인 엮음, 『성매매의 정치학』, 한울아카데미, 2006.
______, 「토론 "성판매 여성의 '인권', 어떻게 접근할 것인가?"」, 서울대 여성연구소 기획, 이재인 엮음, 『성매매의 정치학』, 한울, 2006.
유숙란, 「한국과 독일의 성매매정책 결정과정 비교분석 : '도덕', '젠더', '평등' 프레임 논쟁을 중심으로」, 『여성학의 쟁점과 젠더질서의 재편』(2007 한국여성학회 제 23차 춘계학술대회 자료집), 2007.
윤덕경·변화순·박선영, 『성매매방지법상 성매매 피해자에 관한 연구』, 한국여성개발원, 2005.
이근무·유은주, 「성매매 여성들의 탈성매매 저해요인에 관한 연구」, 『한국사회복지학』 58권 2호, 2006.
이현재, 「'여성철학' 의 시각으로 매춘을 보다 : 독일의 매춘법을 중심으로」, 『여/성이론』 통권 15호, 2006.
이호중, 「성매매방지법안에 대한 비판적 고찰」, 조국 엮음, 『성매매 : 새로운 법적 대책의 모색』, 사람생각, 2004.
임상규, 「성매매특별법의 필요성과 문제점」, 『형사정책』 제17권 1호, 한국형사정책학회, 2005.

임웅, 『비범죄화의 이론』, 법문사, 1999.

조국, 「성매매에 대한 시각과 법적 대책」, 『성매매-새로운 법적 대책의 모색』, 사람생각, 2004.

혜진, 「성노동자 권리와 근절론 : 네덜란드와 스웨덴을 중심으로」, 『여/성이론』 통권 15호, 2006.

버지니아 헬드, 「권리」, 앨리슨 재거 · 아이리스 영 엮음, 한국여성철학회 옮김, 『여성주의철학 2』, 서광사, 2005.

앤 퍼거슨, 윤자영 옮김, 「도덕적 위험부담, 매매춘」, 『매매춘에 대한 여성학적 접근』(제2차 아시아 여성학 워크샵), 아시아여성학센터, 1996.

앨리슨 재거, 이경아·김정란 옮김, 「매매춘에 대한 서구 여성주의 시각들」, 『매매춘에 대한 여성학적 접근』(제2차 아시아 여성학 워크샵), 아시아여성학센터, 1996.

엘리자베스 키스, 「정의」, 앨리슨 재거 · 아이리스 영 엮음, 한국여성철학회 옮김, 『여성주의철학 2』, 서광사, 2005.

자크 데리다, 『법의 힘』, 진태원 옮김, 문학과지성사, 2004.

쿠어트 젤만, 『법철학』, 윤재왕 옮김, 지산, 2000

"Appeal: Call for Dialogue between Women Activists, Ministry of Gender Equality and Sex Workers on Huger Strike in South Korea", 2004

Cheng, Sealing, "Good intentions can do harm", *Korea Times/Asia Times Online*, 2004. 12. 13.

"Gesetz zur Regelung der Rechtsverhältnisse der Prostituierten", *Bundesgesetzblatt Jahrgang 2001*, Teil I Nr. 74, 2001.

Irmingard Schewe-Gerigk Homepage, "Berlin: Prostitutionsgesetz auf dem Prüfstand", 2004. 8. 16.[http://www.schewe-gerigk.de/10082.0.html?&no_cache=1&expand=8562&displayNon=1&cHash=b596bcc5cf]

MacKinnon, Catharine A., *Feminism Unmodified*, Harvard University Press, 1987.

_______ , "Legal Perspectives on Sexual Difference", Deborah L. Rhode ed., *Theoretical Perspectives on Sexual Difference*, Yale University Press, 1990.

Perger, Wener A., "Ende des Straßenstrichs", *Die Zeit*, Nr. 40, 2006. 9. 28.

Rhode, Deborah L., *Justice and Gender*, Harvard University Press, 1989.
Schmackpfeffer, Petra, *Frauenbewegung und Prostitution*, Oldenburg, 1989.
Schuler, Katharina, “Luftnummer”, *Die Zeit Online*, 2007. 1. 24.
“Strafe für Freier : Justizministerin Brigitte Zypries(SPD)”(interview), *Die Zeit*, Nr. 40, 2006. 9. 28.

4장_탈성매매 여성을 위한 '자활' 지원정책이 걸어온 길, 나아갈 길

사회연대은행, 「성매매 피해자 창업지원사업 보고」(내부자료), 2005.
여성가족부, 「성매매방지종합대책」, 2004.
_____, 「자활지원 통계」, 2005.
_____, 「권익증진사업안내」, 2007.
_____, 「권익증진사업안내」, 2006.
_____, 「권익증진사업안내」, 2005.
_____, 「성매매방지법 시행 2년 성과 및 향후 개선대책 발표 보도자료」, 2006.
_____, 「여성에게 도약을 가족에게 희망을」(2007년 여성가족부 대통령 업무보고자료), 2007.
여성인권중앙지원센터, 『꿈꾸는 삶을 만드는 사람들을 위한 자활지원가이드』, 2006.
이인재, 『자활정책론』, 나눔의집, 2006.
황정임, 「성매매 여성의 자활지원정책에 대한 제언」, 『황해문화』 46호, 2005 봄호.
황정임 외, 『빈곤여성을 위한 자활지원정책 개선방안 연구』, 한국여성개발원, 2005.

5장_성매매의 체험과 생애 이야기

이나영, 「성매매 : 여성주의 성정치학을 위한 시론」, 『한국여성학』, 21권 1호, 2005.
이희영, 「사회학 방법론으로서의 생애사 재구성」, 『한국사회학』, 39권 3호, 2005.
Loch, Ulrike, “Grenzen und Chancen der narrativen Gesprächsführung bei Menschen mit traumatischen Erlebnissen in der Kindheit”, Doris

Schaeffer/Gabriele Müller-Mundt Hg., *Qualitative Gesundheits- und Pflegeforschung*, Hans Huber, 2002.
Terr, Lenore, *Schreckliches Vergessen, heilsames Erinnern. Traumatische Erfahrungen drängen ans Licht*, Kindler, 1995.

6장_피해와 생존을 넘어 삶의 한복판에서

막달레나의집, 『동료교육에서 희망을 본다』, 막달레나의집, 2005.
______, 『탈성매매, 미래를 준비하는 여성들 : 자활지원사업 기록과 프로그램 매뉴얼』, 막달레나의집, 2003.
이옥정 구술, 엄상미 기록, 『막달레나, 막 달래나?』, 개마서원, 2000.
로버타 그린, 『사회복지와 탄력성』, 양옥경 외 옮김, 나눔의집, 2004.

8장_'성판매 여성'의 건강을 고민한다는 것

다시함께센터, 『성매매로 인한 질환 발생과 사회적인 책임의 상관성에 대하여』(2006 다시함께센터 의료지원 포럼), 2006.
______, 『성매매피해여성 종합적 의료지원을 위한 포럼』, 2004.
막달레나의집, 『2004 성매매로부터 탈주, 그리고 전업』, 막달레나의집, 2004.
민주성노동자연대, 「성명 : 국가인권위의 "성매매 여성에 대한 에이즈 검진 의무화 조항 삭제 의견"에 부쳐」, 2007. 3. 3.
서울시사편찬위원회, 『서울육백년사』.〔http://seoul600.visitseoul.net〕
여성가족부, 「2007 여성권익증진사업 운영지침」, 2007.
여성부, 「성매매방지 관련 법령정비 및 피해자보호제도 개선방안 연구」, 2004.
이옥정 구술, 엄상미 기록, 『막달레나, 막 달래나?』, 개마서원, 2000.
질병관리본부, 『2007년 성병관리지침』, 2007.
통계청(통계표준분류), 「한국표준질병·사인분류」, 통계청 홈페이지.〔www.nso.go.rk〕